COMPLÉMENT
DU CODE EXPLIQUÉ
DE LA PRESSE

COMPRENANT :

La révision générale, d'après le dernier état de la jurisprudence, des matières traitées dans le Code expliqué de la presse.
Le commentaire des dernières lois, modifiant la loi du 29 juillet 1881 ou se rattachant à elle : Loi du 11 juin 1887, concernant la diffamation et l'injure commises par les correspondances postales ou télégraphiques circulant à découvert.
Loi du 19 mars 1889 relatives aux annonces sur la voie publique.
Loi du 3 février 1893, tendant à compléter les articles 419 et 420 du Code pénal.
Loi du 16 mars 1893, portant modification des articles 45, 47 et 60 de la loi du 29 juillet 1881, sur la presse.
Loi du 12 décembre 1893 modifiant les articles 24, 25 et 49 de la loi du 29 juillet 1881 sur la presse.
Loi du 28 juillet 1894 ayant pour objet de réprimer les menées anarchistes.

PAR

M. Georges BARBIER
Avocat à la Cour d'Appel de Paris
Docteur en Droit

PARIS
MARCHAL ET BILLARD
LIBRAIRES DE LA COUR DE CASSATION
27, place Dauphine
—
1895

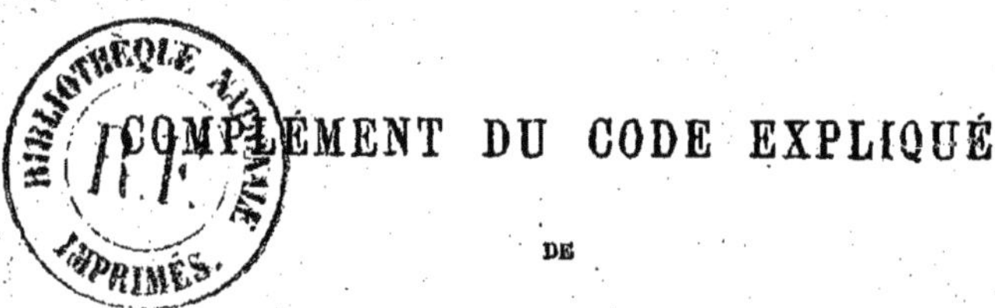

COMPLÉMENT DU CODE EXPLIQUÉ

DE

LA PRESSE

COMPLÉMENT

DU CODE EXPLIQUÉ

DE LA PRESSE

COMPRENANT :

La révision générale, d'après le dernier état de la jurisprudence, des matières traitées dans le Code expliqué de la presse.

Le commentaire des dernières lois, modifiant la loi du 29 juillet 1881 ou se rattachant à elle : Loi du 11 juin 1887, concernant la diffamation et l'injure commises par les correspondances postales ou télégraphiques circulant à découvert.

Loi du 19 mars 1889 relatives aux annonces sur la voie publique.

Loi du 3 février 1893, tendant à compléter les articles 419 et 420 du Code pénal.

Loi du 16 mars 1893, portant modification des articles 45, 47 et 60 de la loi du 29 juillet 1881, sur la presse.

Loi du 12 décembre 1893 modifiant les articles 24, 25 et 49 de la loi du 29 juillet 1881 sur la presse.

Loi du 28 juillet 1894 ayant pour objet de réprimer les menées anarchistes.

PAR

M. Georges BARBIER
Avocat à la Cour d'Appel de Paris
Docteur en Droit

PARIS
MARCHAL ET BILLARD
LIBRAIRES DE LA COUR DE CASSATION
27, place Dauphine
—
1895

AVERTISSEMENT

L'accueil fait à notre *Code expliqué de la presse* nous encourage à lui donner aujourd'hui un *Complément*, pour le mettre au courant du mouvement législatif et judiciaire de ces huit dernières années.

Avec le commentaire des lois qui ont été promulguées depuis 1887, modifiant la loi du 29 juillet 1881 ou se rattachant à elle, ce complément comprend la révision générale des matières traitées dans le Code expliqué de la presse.

Ayant tenté de faire une œuvre de doctrine, nous aurions dévié de notre but primitif, si nous nous étions contenté aujourd'hui d'enregistrer, sans discussion et dans un ordre plus ou moins logique, les textes nouveaux et les récentes décisions judiciaires.

Pour donner un complément utile au Code expliqué de la presse, sans modifier ni son caractère, ni son cadre, nous avons suivi exactement ses subdivisions par numéros, en complétant ou révisant, d'après le dernier état de la législation et de la jurisprudence, les numéros intéressés de l'œuvre première, par des numéros correspondants (*bis*, *ter*..,) du complément.

Ainsi soudé au Code, ce complément présentera, croyons-nous, tous les avantages d'une édition nouvelle complètement refondue. Le soin par nous apporté dans l'exécution de ce travail nous permet en effet de penser qu'il suffira au lecteur de vouloir bien prendre la peine de se reporter au Complément, après avoir consulté le Code, pour connaître sur les questions l'intéressant, le dernier état du droit, avec l'opinion raisonnée de l'auteur.

Afin de faciliter les recherches, nous avons d'ailleurs placé à la fin de ce volume une table alphabétique générale, renvoyant tant aux n^{os} du Complément qu'aux numéros du Code.

TABLEAU DE LA LÉGISLATION RELATIVE

AUX DÉLITS DE PRESSE

ET AUX DÉLITS CONNEXES

A. Textes composant la législation sur la presse proprement dite.

1. Loi sur la liberté de la presse du 29 juillet 1881.

Nota. — Le texte de cette loi (Voir T. I, pages 21 et suiv.) a été modifié par les deux lois des 16 mars 1893 et 12 décembre 1893, ci-après.

2. Loi du 16 mars 1893 portant modification des articles 45, 47 et 60 de la loi du 29 juillet 1881 sur la presse.

Cette loi a uniquement pour objet 1° de déférer aux *Tribunaux correctionnels* les délits d'offense ou d'outrage envers les chefs d'état et agents diplomatiques étrangers (art. 36 et 37), délits que l'article 45 ancien déférait à la Cour d'assises; 2° d'autoriser, dans ces cas d'offense ou d'outrage, la *saisie* des écrits incriminés et l'*arrestation des prévenus.*

*Voir le commentaire des textes ainsi modifiés sous les n*os 832 *bis et suiv., dans la note précédant le n*° 864 *bis, et sous les* nos 891 *bis*, 892 *bis et* 964 *bis*.

3. Loi du 12 décembre 1893 modifiant les articles 24, 25 et 49 de la loi du 29 juillet 1881 sur la Presse.

Cette loi a pour objet :

1° D'incriminer les provocations, non suivies d'effet, soit au vol, soit à l'un des crimes punis par l'article 435 du code pénal, ainsi que l'apologie des crimes de meurtre, de pillage ou d'incendie, ou du vol, ou de l'un des crimes prévus par l'article 435 du code pénal (article modifié par la loi du 2 avril 1892);

2° D'aggraver les peines prononcées par les anciens articles 24 et 25 ;

3° D'autoriser la saisie et l'arrestation des prévenus, dans la plupart des cas prévus par les articles 23, 24 et 25.

Voir les textes des articles 24, 25 *et* 49 *nouveaux, et leur commentaire sous les n*os 283 *bis et s., sous la note précédant le n*° 889 *bis et sous les n*os 891 *bis et s.*

Conférer en outre, ci-après, la loi du 28 juillet 1894 ayant pour objet de réprimer les menées anarchistes.

B. — Textes, ne faisant pas partie de la législation sur la presse proprement dite, mais se rattachant à cette législation et se combinant avec elle.

A. — TEXTES DU CODE PÉNAL ET DES LOIS SPÉCIALES, NON ABROGÉS PAR LA LOI DU 29 JUILLET 1881, ET DEVANT SE COMBINER AVEC ELLE.

Voir l'énumération de ces textes, T. II, nos 1021 et suivants.

B. — TEXTES DES LOIS SPÉCIALES, PROMULGUÉES POSTÉRIEUREMENT A LA LOI DU 29 JUILLET 1881, ET DEVANT SE COMBINER AVEC ELLE.

1. Loi du 2 août 1882 ayant pour objet la répression des outrages aux bonnes mœurs (commis par imprimés autres que le livre et par dessins, gravures, peintures, emblèmes ou images).

Voir le texte et le commentaire de cette loi, qui abroge partiellement l'article 28, T. I, p. 307 et suiv. et comp. nos 365 bis et s.

2. Loi du 11 juin 1887, concernant la diffamation et l'injure commises par les correspondances postales ou télégraphiques circulant à découvert.

Voir le texte et le commentaire de cette loi sous les nos 264 bis et suivants du complément.

3. Loi du 19 mars 1889 relative aux annonces sur la voie publique.

Voir le texte et le commentaire de cette loi sous les nos 229 bis et suivants du complément.

4. Loi du 3 février 1893, tendant à compléter les articles 419 et 420 du code pénal.

Voir le texte et le commentaire de cette loi sous le n° 360 bis du complément (1).

5. Loi du 28 juillet 1894 ayant pour objet de réprimer les menées anarchistes.

L'article 1er de cette loi a pour objet de déférer aux tribunaux correctionnels les délits de provocation et d'apologie prévus par les articles 24, § 1 et 3, et 25 de la loi sur la presse, modifiés par la loi du 12 décembre 1893, *quand ils ont pour but un acte de propagande anarchiste.*

Aux termes des articles 3 et 4, les condamnés sont, en ce cas, passibles de la peine accessoire de la *relégation* et doivent être soumis à *l'emprisonnement individuel.*

L'article 5 interdit la reproduction des débats, ainsi que la publication ou la divulgation des actes de procédure.

En dehors de ces dispositions qui touchent à la loi sur la presse et qui auraient dû trouver place dans cette loi sous forme d'additions ou de modifications apportées à ses articles 24, 25, 38, 39 et 45, la loi du 28 juillet 1894, par son article 2, crée un nouveau délit de droit commun dans le but d'atteindre la propagande anarchiste réalisée à l'aide de moyens échappant aux prévisions de la loi sur la presse.

Voir le texte et le commentaire de cette loi, sous l'appendice aux articles 24 et 25, n° 316 bis.

---

(1) Au point de vue d'une bonne codification, les dispositions formant les lois du 2 août 1882, du 11 juin 1887 et du 19 mars 1889 auraient dû s'incorporer dans la loi organique sur la presse du 2 juillet 1881, par voie d'addition ou de modification aux articles de cette loi, qu'on avait justement nommée le code de la presse, et qui, par suite de la méthode vicieuse suivie par nos législateurs, ne comporte plus cette qualification.

De même, les dispositions de la loi du 3 février 1893 auraient dû s'incorporer dans les articles 409 et 420 du code pénal.

COMPLÉMENT

DU

CODE EXPLIQUÉ DE LA PRESSE

CHAPITRE PREMIER

DE L'IMPRIMERIE ET DE LA LIBRAIRIE

(Art. 1 à 4)

9 bis. Imprimés devant porter le nom et le domicile de l'imprimeur. — Voir n° 28 bis.

22 bis. Personnes responsables des infractions à l'article 2. — L'imprimeur seul, aux termes des articles 2 et 3, est responsable des contraventions prévues par ces articles.

Il a été jugé que les peines de simple police édictées par l'article 2 ne peuvent atteindre les *colporteurs* et *distributeurs*, alors même que l'imprimeur, auquel incombe l'obligation d'accomplir les formalités voulues par la loi, reste inconnu et ne peut être poursuivi (Trib. corr. Epernay, 9 juin 1888, Gaz. Pal. 88, 2, 252). *Adde :* — Trib. Lavaur, 5 mars 1890, Gaz. Midi 23 mars 1890. Ce jugement fait observer avec raison que l'article 42 de la loi sur la presse ne se réfère en aucune façon à l'article 2 de cette loi, qui prévoit une simple *contravention*.

Un jugement du tribunal de simple police de Lille, en date du 17 septembre 1892 (D. 93, 1, 366) s'est prononcé dans le même sens, en se fondant sur ce que l'article 22 de la loi du 29 juillet 1881 était sans portée légale et faisait double emploi avec les articles 42 et 43 de la même loi qui déterminent la responsabilité des colporteurs en matière de *crimes et délits seulement.*

Mais sur un pourvoi formé contre cette dernière décision, celle-ci a été cassée par un arrêt de la chambre criminelle du 30 décembre 1892 (Gaz. Pal. 93, 1, 120). Nous critiquons plus loin (n° 228 bis) cet arrêt de la Cour de cassation, basé sur une interprétation de l'article 22 qui nous paraît manifestement erronée.

Quant à nous, nous n'hésitons pas, malgré cet arrêt de la Cour suprême, à tenir pour parfaitement exactes et seules juridiques, les trois décisions de simple police ci-dessus rapportées.

Ajoutons que ce qui est vrai, à notre avis, de la contravention à l'article 2, l'est également de la contravention à l'article 3 (défaut de dépôt). Cette dernière infraction, à la différence de la première, est punie, il est vrai, d'une peine correctionnelle, mais elle n'en a pas moins le caractère d'une simple *contravention matérielle* à la police de l'imprimerie (voir n° 230 et suiv.), dont l'imprimeur seul est responsable, et à raison de laquelle les colporteurs (sur qui l'article 22 n'a nullement entendu faire peser une responsabilité nouvelle, contraire au droit commun et qui n'atteint certainement pas les autres agents de vente et de distribution) ne peuvent être recherchés, ni comme auteurs principaux, ni comme complices (V. n° 228 bis).

28 bis. Imprimés soumis à la formalité du dépôt. — Affiche autographiée. — La formalité du dépôt est obligatoire, quel que soit le mode employé pour reproduire l'écrit et bien que celui qui en a fait la reproduction ne soit pas imprimeur de profession. Ainsi est soumise à cette formalité une affiche électorale écrite par l'auteur et autographiée par lui, alors même qu'il n'exerce pas la profession d'imprimeur (Trib. corr. Loudun, 23 mai 1884, Gaz. Pal. 84, 2, Supp. 95).

Ajoutons qu'un écrit de cette nature devrait également porter l'indication du nom et du domicile de celui qui l'a imprimé, l'article 2 n'admettant d'exception à la règle qu'il édicte que pour les ouvrages dits de ville ou bilboquets. — Voir n°s 9 à 12, 28 et 54.

38 bis. — 39 bis. Constatation du dépôt. — Refus par l'administration. — Heure de nuit. — Voir T. II, page 537, n° 1026. — *Adde* : Poitiers, 19 février 1886, Droit du 18 mai 86.

43 bis. Personnes responsables des infractions prévues par l'article 3. — Voir n° 22 bis.

54 bis. — Conf. 28 bis.

CHAPITRE II

DE LA PRESSE PÉRIODIQUE

—

§ Ier — *Du droit de publication, de la gérance, de la déclaration et du dépôt au parquet.*

(Art. 5 à 11)

78 bis. Du gérant. — Le point de savoir si un individu est gérant d'un journal est une question de fait, dont la solution ne peut dépendre de cette circonstance qu'il a ou non fait au parquet la déclaration prescrite par l'article 7 (Cons. 812 bis).

82 bis. Le failli non réhabilité peut-il être gérant? — L'affirmative, conformément à l'opinion par nous émise, a été adoptée par un arrêt de la Cour de Paris du 12 juin 1886 (D. 86, 2, 158); mais cet arrêt a été cassé par la Chambre criminelle le 17 déc. 1886 (Gaz. Pal. 9 janv. 87). Saisie de la question comme cour de renvoi, la Cour de Caen l'a résolue dans le même sens que la Cour de Paris dans un arrêt du 24 mars 1887, mais sur pourvoi est intervenu le 22 juin 1887 un arrêt de la Cour de Cassation, toutes chambres réunies, qui s'est prononcé dans le sens de l'incapacité du failli (Gaz. Pal. 27-28 juin 1887 et D. 87, 1, 281 avec les conclusions de M. l'Avocat Général Petiton).

Voici le texte de cet arrêt:

Attendu, en droit, que les jugements déclaratifs de faillite ont pour conséquence de priver ceux qui en sont l'objet de leurs droits civiques, aux termes de l'art. 5 de la Constitution du 22 frimaire an VIII et d'un grand nombre de lois postérieures concernant l'exercice de ces droits que, d'après l'art. 6 de la loi du 29 juillet 1881, le gérant d'un journal doit être Français, majeur, avoir la jouissance de ses droits civils et n'être privé de ses droits civiques par aucune condamnation judiciaire ;

Attendu qu'on ne peut trouver dans ces termes de la loi une distinction entre les incapacités qu'elle détermine et qu'elle fait résulter de décisions judiciaires, suivant que les décisions émaneraient de la justice civile ou de la justice répressive;

Attendu que l'un des buts multiples que s'est proposé le législateur de 1881, a été de réviser les lois antérieures sur l'affichage, le colportage et la vente sur la voie publique des imprimés de toute nature, comme le porte le titre du chapitre III; qu'à cet effet, la loi du 17 juin 1880 sur le colportage a été refondue dans celle du 29 juillet 1881, et que c'est précisément à cette loi de 1880 que le projet avait emprunté la rédaction de l'art. 6 concernant les gérants et de l'art. 18 concernant les colporteurs; que c'est, dès lors, à la discussion de la loi de 1880 qu'il faut recourir pour apprécier la portée de la disposition qui lui a été empruntée :

Et attendu, quant à ce, que la rédaction de l'art. 1er de la loi de 1880, tel qu'il avait été proposé au Sénat et adopté par lui, indiquait que, pour être colporteur, il ne fallait pas être privé de ses droits civils ni de ses droits politiques ; que si, ensuite, on a substitué à cette rédaction, celle qui déclare que, pour être colporteur il ne fallait avoir encouru aucune condamnation pouvant entraîner privation des droits civils et politiques, ce n'a été exclusivement que pour qu'on ne pût mettre en doute la capacité des femmes pour exercer cette profession et nullement pour relever de leur incapacité toutes autres personnes privées par décisions judiciaires de leurs droits politiques, et entre autres les faillis; que, dès lors, les faillis non réhabilités restent atteints par l'incapacité qui les frappe, et que, partant, la Cour d'appel de Caen, en relaxant Jouve de la poursuite dirigée contre lui, a violé les dispositions de loi sus-visées :

Par ces motifs, casse.

Après un nouvel examen attentif de la question, nous n'hésitons pas à persister dans notre première opinion.

Tout d'abord, il est permis d'affirmer que jamais, ni dans le langage actuel, ni dans le langage juridique, un jugement déclaratif de faillite n'a été qualifié de *condamnation judiciaire*. Comment, en effet, désigner par ces dernières expressions une décision de justice qui ne fait que constater chez un commerçant l'état de cassation de paiements, sans porter contre lui aucune condamnation?

La *condamnation judiciaire* emportant privation des droits civiques s'est toujours entendue d'une décision de justice prononçant une peine et attachant une note d'infamie à celui qu'elle atteint ; elle éveille nécessairement l'idée d'un coupable et d'un condamné, déchu de ses droits à raison de son indignité. Or, le failli, non banqueroutier, n'est ni un coupable, ni un condamné ; il n'est qu'un commerçant malheureux. Et si une loi rigoureuse le prive, tant qu'il n'est pas réhabilité, de ses droits politiques, c'est bien moins parce qu'elle le juge indigne, que parce qu'elle veut l'inciter à réparer les ruines qu'il a pu causer, en lui donnant intérêt à poursuivre sa réhabilitation.

Il est donc impossible, sans faire violence aux mots et aux faits, d'assimiler le failli au condamné, et de confondre un jugement déclaratif de faillite avec une condamnation judiciaire. C'est d'ailleurs ce que la Chambre criminelle avait elle-même reconnu dans son arrêt du 17 décembre 1886.

En déclarant que le gérant doit n'être privé de ses droits civiques « *par aucune condamnation judiciaire* », et non pas « *par aucune décision judiciaire* », la loi, par ses termes mêmes, contrairement à ce qu'affirme l'arrêt, établit donc une distinction entre les incapacités résultant d'un jugement déclaratif de faillite et celles résultant d'une décision de la justice répressive.

S'il en est ainsi, il semble que la question doive être résolue au profit du failli non réhabilité ; car il est de principe qu'en matière de répression, les textes ne peuvent s'étendre arbitrairement, et qu'on ne crée pas par voie d'interprétation des incapacités qui ne résultent pas formellement des dispositions de la loi.

Cependant, nous consentirions encore à laisser fléchir ce principe, s'il nous était clairement prouvé qu'il conduit à une solution manifestement contraire aux traditions de notre législation passée et à l'esprit de la loi présente. C'est cette preuve que tentent les Chambres réunies dans la dernière partie de leur arrêt. Mais jamais preuve, si nous faisons abstraction de la haute autorité qui s'attache à un tel document judiciaire, ne nous a paru moins convaincante.

Nous remarquerons en premier lieu que l'arrêt affirme d'une façon bien téméraire que le législateur de 1881 a emprunté la rédaction de l'article 6 concernant les gérants à l'article 1er de la loi du 17 juin 1880 sur les colporteurs.

Si on rapproche en effet les deux textes, on relève aussitôt entre eux de notables différences de rédaction. « Quiconque, porte le 1er, voudra « exercer la profession de colporteur... sera tenu de justifier qu'il est « *Français et qu'il n'a pas encouru une condamnation pouvant entraîner pri-* « *vation de ses droits civils et politiques.* » Le gérant, porte le second, de- « vra être *Français, majeur, avoir la jouissance de ses droits civils, et n'être* « *privé de ses droits civiques par aucune condamnation judiciaire.* »

Pourquoi affirmer dès lors que le second a été inspiré par le premier ?

Cette affirmation, à laquelle on chercherait vainement une base dans les travaux préparatoires, est d'autant plus invraisemblable et inexplicable, qu'on conçoit difficilement *a priori* que le rédacteur d'un article de loi relatif à la gérance songe à emprunter sa rédaction à une loi sur le colportage, les conditions de capacité exigées des gérants et des colporteurs n'ayant jamais été et ne devant évidemment point être les mêmes. Les textes, auxquels devaient naturellement se référer les auteurs de l'article 6, étaient ceux, qui, sous l'ancienne législation, fixaient les conditions de capacité imposées aux gérants, c'est-à-dire l'article 5 de la loi du 18 juin 1828 et l'article 1er de la loi du 11 mai 1868 ; et si l'on observe que ce dernier article était ainsi conçu : « *Tout Français majeur et jouissant de ses droits civils et politiques peut....,* », il n'est guère douteux qu'on se trouve là en présence du texte ancien qui a inspiré le texte nouveau. Et pour lever toute espèce de doute à cet égard, il suffit d'ajouter que M. Lisbonne, dans son rapport à la Chambre des Députés, sur l'art. 6 qui nous occupe, renvoie, non pas à la loi sur le colportage qui était hors son sujet, mais précisément à l'article 1er de la loi de 1868, et que comparant à cet article le texte nouveau, il explique lui-même le sens et la portée de la différence des rédactions, dans des termes qui condamnent absolument la thèse que nous combattons.

Nous reviendrons bientôt au rapport si concluant de M. Lisbonne ; ce que nous voulons retenir pour le moment, c'est que le rédacteur de l'article 6 de la loi de 1881 avait manifestement sous les yeux le texte de la loi de 1868 relatif à la gérance et non celui de la loi du 17 juin 1880 concernant le colportage, et que, dès lors, c'est faire fausse route que de recourir à la discussion de cette dernière loi pour apprécier la portée de l'article 6.

Ceci constaté, il nous paraît inutile de suivre la Cour suprême dans l'étude qu'elle fait des travaux préparatoires de la loi de 1880 sur le colportage. Son argumentation serait-elle irréprochable sur ce point, qu'elle ne serait, à raison du faux point de départ, aucunement concluante. (1)

Si l'on veut essayer de saisir, hors du texte, la véritable pensée du législateur, c'est exclusivement aux précédents législatifs en matière de

---

(1) Au surplus, cette argumentation elle-même est inexacte. En effet, d'après l'article 1er de la loi de 1880, le colporteur était tenu de justifier qu'il était Français et qu'il n'avait pas encouru une *condamnation pouvant entraîner privation de ses droits civils et politiques*. Or, le jugement déclaratif de faillite ne portant point une condamnation, et n'ayant pour effet dans tous les cas que de priver le failli de ses *droits politiques* en laissant entière sa *capacité civile*, il est certain que sous l'empire de cette loi de 1880 (dont le rédacteur de l'article 6 se serait inspiré d'après la cour suprême), le *failli pouvait être colporteur*.

Vainement, la Cour suprême tente-t-elle d'échapper à cette conclusion, en essayant de faire résulter l'incapacité du failli des travaux préparatoires de la loi de 1880. Non seulement, il est interdit à l'interprète de créer, par voie de discussion, une incapacité qui ne résulte pas du texte de la loi ; mais une étude approfondie des travaux préparatoires de la loi de 1880, de la loi de 1878, et des lois antérieures démontre que jamais, à aucune époque (même sous l'empire de la loi de 1878, dont le texte, littéralement interprété, et qui avait passé dans le projet *primitif* de la loi de 1880, sert de base au raisonnement de la Cour de cassation) le législateur n'a songé à interdire au *failli* l'exercice de l'humble profession de *colporteur*, si bien que la loi de 1880 n'avait pas en réalité à relever le failli d'une incapacité préexistante, mais simplement à lui maintenir sa capacité antérieure, capacité que la loi de 1878, malgré un texte équivoque corrigé en 1880, n'avait pas entendu lui enlever les travaux préparatoires de ces lois démontrant qu'on n'avait voulu interdire le colportage qu'aux *individus* privés de leurs droits par des *condamnations judiciaires*, c'est-à-dire par des décisions de la justice répressive.

En tous cas, si la capacité du failli, en présence du texte de la loi de 1878, pouvait être discutée, le texte définitif de l'article 1er de la loi de 1880, ne permettait plus de conclure à son incapacité, incapacité qui, en raison, serait d'ailleurs injustifiable. Si donc le rédacteur de l'article 6 de la loi de 1881, pour déterminer la capacité des gérants, s'était inspiré des dispositions de la loi de 1880, comme le pense à tort la Cour de cassation, il faudrait décider sans hésitation que le failli, qui pouvait être colporteur sous la loi de 1880, peut être gérant sous la loi de 1881.

gérance, c'est-à-dire aux lois de 1819, de 1828 et de 1868, et aux travaux préparatoires de la loi de 1881 elle-même, qu'il convient de recourir.

Tout d'abord, il est certain que sous l'empire des lois du 9 juin 1819 et 18 juin 1828, le failli non réhabilité avait la capacité d'être éditeur responsable ou gérant d'un journal.

Le premier texte de notre législation, qui ait porté atteinte à cette capacité, est l'article 1er du décret du 17 février 1852 ; encore ne visait-il que les gérants des journaux politiques.

Puis est venue la loi du 11 mai 1868, qui, sans distinguer entre les journeaux politiques et autres, a exigé de tout gérant qu'il fût Français, majeur et *jouissant de ses droits civils et politiques*. Indiscutablement ce texte, qui est resté en vigueur jusqu'en 1881, excluait les faillis de la gérance.

Les précédents étant tels, on peut affirmer que l'incapacité du failli, en matière de gérance de journaux, n'apparaît nullement comme un de ces dogmes traditionnels que se transmettent successivement les diverses lois qui régissent la matière, puisque notre législation sur la presse était vieille d'un demi siècle, avant que n'apparût un texte duquel il fût permis de faire résulter cette incapacité.

Qu'a voulu le législateur de 1881 ? — S'il avait entendu ne modifier en rien la législation alors en vigueur, c'est-à-dire la loi du 11 mai 1868, et notamment maintenir les faillis dans l'état d'incapacité où les plaçait cette loi au point de vue de la gérance, on ne comprendrait pas qu'il eût éprouvé le besoin d'adopter une rédaction nouvelle, et encore moins qu'il eût fait choix d'expressions impliquant la capacité du failli.

Mais il y a plus ; et on peut tenir pour constant qu'il a été dans la volonté des rédacteurs de l'article 6 de la loi de 1881, d'apporter à la disposition de la loi de 1868, relative à la capacité des gérants, une modification touchant le fond du droit. Nous en trouvons la preuve dans le rapport de M. Lisbonne.

En effet, celui-ci s'expliquant sur les conditions de capacité imposées au gérant par la loi nouvelle et les précisant, s'exprime de la façon suivante : « Elle n'exige que certaines conditions de nationalité, d'âge, de *sexe* et de *capacité civile* ; » et dans le texte officiel du rapport distribué aux Chambres, ces derniers mots renvoient à une note ainsi conçue : « *Capacité civile et non politique, par dérogation à l'article* 1er *de la loi du* 11 mai 1868. »

Ces derniers mots « capacité civile et non politique » caractérisent nettement la situation du failli, qui se trouve précisément avoir la capacité civile sans avoir la capacité politique.

82 ter. Le commerçant en état de liquidation judiciaire peut-il être gérant ? — L'article 21 de la loi du 24 mars 1889 sur la liquidation judiciaire est ainsi conçu : « A partir du jugement d'ouverture de « la liquidation judiciaire, le débiteur ne peut être nommé à aucune

« fonction élective, s'il exerce une fonction de cette nature, il est réputé « démissionnaire. »

Telle est la seule incapacité dont la loi de 1889 frappe le commerçant admis au bénéfice de la liquidation judiciaire. Abstraction faite des *fonctions électives* qui lui sont interdites, sa capacité politique est entière ; il est électeur, il peut être juré et même fonctionnaire public. Ajoutons qu'il jouit de cette capacité politique presque complète, non seulement quand il obtient un concordat, mais encore, quand, après refus de concordat, le tribunal de commerce ne le déclare pas en état de faillite (art. 19).

Pour nous, il ne peut être un seul instant douteux que le commerçant en état de liquidation judiciaire soit capable d'être gérant (Voir n° précédent).

La Cour de cassation elle-même, si elle persistait dans sa jurisprudence concernant le failli, hésiterait, pensons-nous, à l'appliquer au commerçant admis par jugement au bénéfice de la liquidation judiciaire.

Elle trouverait en effet, sans doute, pour échapper à une solution manifestement contraire à la loi, une raison de distinguer, dans cette circonstance, que le jugement d'ouverture de la liquidation judiciaire, à la différence du jugement déclaratif de faillite, ne prive le commerçant que *d'une partie de ses droits politiques*.

82-4° L'individu condamné pour outrages aux bonnes mœurs peut-il être gérant ? — Sur cette question, qui dépend de celle de savoir si la condamnation pour outrage aux bonnes mœurs, prononcée en vertu soit de l'article 28 de la loi sur la presse, soit de la loi du 2 août 1882, emporte privation des droits politiques, voir n° 396 bis.

85 bis. Le gérant peut-il résider à l'étranger ? La résidence à l'étranger est incompatible avec la gérance d'un journal publié en France (Lyon, 23 janv. 1884, D. 84. 2. 116). — Voir T. II, p. 537, n° 1027.

86 bis. Pluralité de gérants. — Un journal peut avoir plusieurs gérants (Cass. cr. 16 août 1884, D. 85, 1, 180). — Voir n° 813.

91 bis. Indication de l'imprimerie. — La Cour de Poitiers, par arrêt du 17 août 1883, a jugé que, pour satisfaire à l'article 7, il suffisait de faire connaître le lieu où est située l'imprimerie où s'imprime le journal. Mais la Cour de cassation, par arrêt du 3 janvier 1884 (D. 84. 1. 371) a cassé cette décision, en déclarant « que l'indication d'une imprimerie n'est précise et complète qu'autant qu'elle contient non seulement l'adresse de l'établissement, mais aussi le nom de celui ou de ceux qui le dirigent ; que cette double mention qui, seule, détermine exactement l'identité de l'imprimerie, est indispensable pour assurer la surveillance de l'autorité, et, en cas de saisie de numéros du journal ou de poursuites judiciaires, éviter les chances de confusion et d'erreur dommageable. »

En conformité de cet arrêt de la Cour de cassation, il a été jugé par la Cour de Bordeaux (20 févr. 85, Gaz. Pal. 85, 2. supp. 60), que, pour satisfaire au vœu de la loi, il faut indiquer, non seulement l'adresse de l'imprimerie, mais aussi le nom de l'imprimeur.

Mais la Cour de Lyon, par arrêt du 7 août 1884 (Gaz. Pal. 84. 2 supp. 140), a jugé encore qu'on ne saurait induire des termes de l'article 7 l'obligation de déclarer le nom même de l'imprimeur, et que la déclaration était régulière dès qu'elle fournissait toutes les indications utiles à la constatation de l'identité de cet imprimeur et à sa recherche.

99 bis. Déclaration inexacte. — L'inexactitude de la déclaration, qui doit être faite au Parquet préalablement à la publication d'un journal, tombe sous le coup des pénalités édictées par l'article 9, comme le défaut de déclaration (Paris, 9 mai 1888, Gaz. Pal. 88. 1. 779 ; Trib. corr. Seine, 1er févr. 1887, La Loi du 2 févr. 88).

101 bis. Amende unique. — En cas de contravention aux dispositions des articles 6, 7 et 8, le propriétaire et le gérant du journal n'encourent point chacun une amende distincte, mais bien une amende unique, au paiement de laquelle ils doivent être condamnés solidairement (Paris, 9 mai 1888, *loc. cit.*).

110 bis. A quel moment doit être effectué le dépôt ? — Il n'y a pas contravention aux prescriptions de la loi, quand il résulte de l'information que le dépôt légal a été effectué, si non avant la publication du journal, au moins en même temps que cette publication (Besançon, 14 mars 1879, D. supp. Pr. out. n° 234).

113 bis. Signature en blanc des exemplaires du journal. — Le dépôt d'exemplaires signés en blanc ou par avance sur les feuilles destinées à l'impression du journal ne saurait donner lieu, suivant nous, à l'application des peines portées par l'article 10. — Voir T. II, p. 538, n° 1031.

114 bis. Gérant seul responsable. — Le gérant seul est responsable de l'inaccomplissement des dépôts prescrits par l'article 10 ; et les peines édictées par cet article ne peuvent frapper l'imprimeur (Trib. corr. St-Etienne, 19 juin 89, *Droit* du 6 juill. 89). — Conf. en outre n° 78 bis.

—

§ 2. — *Des rectifications et réponses.*

(Art. 12 et 13)

121 bis. Des conditions requises pour que l'insertion de la rectification soit obligatoire. — Actes de la fonction inexactement rapportés. — Appréciation de la teneur de la rectification. — Séparation des pouvoirs. — Voir T. II, supp. Nos 1032 et 1033.

130 bis. Etendue du droit de réponse. — Conformément à son ancienne jurisprudence, la Cour de cassation, dans plusieurs arrêts récents, a affirmé le caractère général et absolu du droit de réponse concédé par l'article 13 à toute personne *nommée* ou *désignée* dans un article de journal.

C'est à celui qui exerce ce droit, dit la Cour suprême, qu'il appartient de *régler la forme et la teneur de la réponse*, sans avoir à subir le contrôle du journaliste, et *il n'appartient aux tribunaux* de limiter l'exercice de ce droit qu'autant que les termes de la réponse sont contraires aux lois et aux bonnes mœurs, à l'intérêt légitime des tiers, à l'honneur ou à la considération du journaliste auquel cette réponse est adressée (Cass. cr. 14 mai 1887, Gaz. Pal. 87, 1, 824 ; Cass. cr. 8 mai 1890, D. 90. I, 452 et Gaz. Pal. 90, 1, 728 ; Cass. cr. 8 janv. 1892, Gaz. Pal. 92, 1, 457. — *Adde* : Cass. cr. 20 mars 1884, Gaz. Pal. 84. 1. 806 ; Cass. cr. 20 mars 1885, Gaz. Pal. 85, 1, 544 ; Cass. cr. 6 févr. 1886, Gaz. Pal. 86, 1, 435).

Il convient d'observer que le pouvoir d'appréciation des tribunaux, même dans cette limite, ne s'exerce que sous le contrôle de la Cour de cassation (V. 132 bis).

132 bis. — Réponse contraire à l'intérêt des tiers ou à l'honneur du journaliste. — D'une façon générale, le *propriétaire* d'un journal, civilement responsable des actes de son gérant, ne peut être considéré comme un *tiers* (Cass. cr. 6 févr. 1886, Gaz. Pal. 86, 1, 435).

Le gérant d'un journal peut à bon droit refuser l'insertion d'une réponse, qui contient certaines appréciations contraires à l'intérêt légitime d'un autre journal, alors que l'auteur de l'article qui a provoqué la réponse n'est ni le gérant, ni l'éditeur, ni le propriétaire du journal visé dans la réponse (Cass. cr. 8 janv. 1892, D. 92, 1, 440).

Dans l'appréciation d'une réponse, et à l'effet de décider si elle dépasse ou non les droits d'une légitime défense, les juges sont fondés à prendre en considération la nature et la forme de l'attaque, les besoins de la défense et la juste susceptibilité de la personne nommée ou désignée (Cass. cr. 6 févr. 1886, Gaz. Pal. 86. 1, 435 ; Cass. cr. 8 mai 1890, D. 90. 1, 452 ; — Toulouse, 20 juill. 1892, Gaz. Pal. 92, 2, 236 ; Cass. cr. 3 juin 1892, D, 93, 1, 461). Mais le pouvoir d'appréciation des juges du fait, en cette matière, ne s'exerce que sous le contrôle de la Cour suprême (Cass. cr. 17 août 1883, Gaz. Pal. 83, 2, 89 ; — Cass. cr. 8 janv. 1892, D. 92, 1, 440).

134 bis. — Refus d'insertion basé sur le défaut d'intérêt. — Dans un arrêt du 12 juillet 1884 (Gaz. Pal. 84, 2, 646), qui nous avait échappé lors de notre premier travail, la Cour de cassation a posé en principe que le droit de réponse, sous l'empire de la loi de 1881, n'est aucunement subordonné à l'intérêt plus ou moins sérieux de celui qui l'exerce, et qu'en conséquence doit être cassée la décision qui rejette une demande en dommages et intérêts pour refus d'insertion et condamne le demandeur aux dépens, en se bornant à constater que celui-ci n'a éprouvé, de l'article qui l'a nommé ou désigné, aucun préjudice matériel ou moral, sans relever aucun motif tiré du contexte même de la réponse.

Cette jurisprudence, comme nous le faisions précédemment remarquer, peut engendrer de véritables abus du droit de réponse ; et l'on conçoit la tendance marquée des tribunaux et des cours à y résister.

Ajoutons toutefois que la Cour de cassation, dans son arrêt du 12 juillet 1884, indique elle-même au juge du fait un moyen de concilier dans une mesure relative l'équité avec l'application du principe rigoureux qu'elle pose, en faisant entendre que, si même en l'absence de tout préjudice, le refus d'insertion constitue une infraction punissable, devant motiver la condamnation de son auteur, il est loisible aux tribunaux, tout en lui faisant une application très modérée de la loi pénale, de ne le condamner qu'aux dépens envers la partie civile pour tous dommages et intérêts, sans ordonner l'insertion de la réponse (Conf. 160 bis).

135 bis. — Forme de la réponse. — Si, disions-nous (n° 135), la personne désignée a le choix de la forme à donner à sa réponse, il faut au moins que le texte dont elle réclame l'insertion ait le caractère d'une réponse.

Dans cet ordre d'idées, la Cour de Rennes, par arrêt du 20 nov. 1889 (Loi, 3 septembre 90), a jugé avec raison, suivant nous, que la personne qui prétend exercer le droit de réponse doit se révéler aux lecteurs du journal comme usant de ce droit, à l'occasion d'un article précédemment publié, et qu'une annonce anonyme et sans aucune référence à la publication à laquelle elle doit servir de réponse ne saurait être considérée comme constituant une réponse dans le sens de la loi.

Suivant un autre arrêt de la Cour de Rennes, en date du 22 juin 1887 (Gaz. Pal. 87, 2, 513), la personne désignée dans plusieurs numéros d'un journal doit indiquer le ou les numéros du journal qu'elle a en vue et auxquels se rapporte la réponse dont elle réclame l'insertion. Cette obligation, dit l'arrêt, résulte implicitement de l'article 13 de la loi de 1881 ; en effet, pour que l'insertion de la réponse puisse être faite, selon le vœu de cet article, à la même place et en mêmes caractères que l'article qui l'a provoquée, il faut bien que celui-ci soit visé dans la sommation ; et, ajoute l'arrêt, il est d'autant plus nécessaire de bien préciser ce point que la dite insertion doit ou ne doit pas être entièrement gratuite, suivant sa longueur comparée à celle de l'article auquel il est fait allusion.

Les motifs invoqués par la Cour de Rennes pour justifier dans l'espèce le refus d'insertion nous paraissent plus subtils et ingénieux que sérieux et fondés. Le défaut de précision reproché à l'auteur de la réponse peut bien donner au journaliste la faculté d'insérer la réponse à la place où a paru l'un des articles précédemment publiés à son choix, si, par son contexte, elle se rapporte aussi bien à celui-là qu'aux autres, mais elle ne saurait autoriser un refus complet d'insertion. Quant à la question de gratuité de la réponse, elle pourra donner lieu à un débat ultérieur, mais elle est indépendante de celle de savoir si la réponse doit ou non être insérée. Notons même qu'en pareil cas, il serait juste de faire bénéficier la réponse de la gratuité, si elle ne dépassait pas le double des divers articles précédemment publiés.

136 bis. — Réponse à un article de critique littéraire. Voir n° 149 bis.

137 bis. — Réponse à un compte-rendu de débats judiciaires. — Les comptes-rendus de débats judiciaires, même fidèles et de bonne foi, ne jouissent d'aucune immunité particulière, en ce qui concerne l'exercice du droit de réponse (Rouen, 29 mars 1884, Gaz. Pal. 84. 2, 699).

142 bis. — Droit de réplique. — Le droit de réponse entraîne nécessairement le droit de répliquer aux observations qui peuvent accompagner une réponse régulièrement insérée. S'il en était autrement, le droit de défense auquel l'article 13 a eu pour but de pourvoir serait illusoire et insuffisamment protégé (Cass. cr. 21 février 1889. D. 90. 1. 189).

144 bis. Personne nommée ou désignée. — Les juges du fait décident souverainement si la personne qui requiert l'insertion est ou non suffisamment désignée par l'article qui provoque sa réponse (Cass. cr. 10 avril 1891, D. 92, 1, 80).

146 bis. — Des dépositaires de l'autorité publique. — Par deux arrêts en date des 28 février 1889 et 10 avril 1891 (D. 90, 1, 189 et 92, 1, 80), la Cour de cassation a jugé que si l'article 12 confère aux dépositaires de l'autorité publique la faculté de faire insérer dans un journal, en tête du plus prochain numéro, des rectifications au sujet des actes de leurs fonctions qui auraient été inexactement rapportés, sous peine d'une amende de 100 à 1000 fr., cette disposition ne les exclut pas du bénéfice du droit plus large ouvert par l'article 13, sous d'autres conditions et sous une pénalité différente, à toutes les personnes sans exception qui sont nommées ou désignées dans un journal.

Cette jurisprudence, qui condamne l'opinion par nous précédemment émise, si elle n'est pas contraire au texte de la loi, est en absolue contradiction avec la volonté exprimée par le législateur de 1881 dans les travaux préparatoires.

148 bis. Des gérants et journalistes. — Le droit de réponse appartient aussi bien au journaliste et au gérant ou au propriétaire d'un journal qu'à toute autre personne n'ayant pas à sa disposition un organe de publicité (Trib. Toulouse, 13 nov. 1885, Gaz. Pal. 86, 1, Supp. 96 ; — Aix, 21 avril 93, D. 93, 2, 352).

149 bis. Des personnes qui ont consenti à la publication de l'article. — L'auteur qui a fait hommage de deux exemplaires de son ouvrage à la rédaction d'un journal a ainsi manifesté d'une façon suffisante son désir de voir paraître dans ce journal un compte-rendu de son livre. Il doit dès lors être considéré comme ayant renoncé d'avance au droit de se plaindre de la critique qui en est faite, si celle-ci, d'ailleurs, ne contient aucune attaque personnelle (Trib. corr. Bruxelles, 2 mars 1887, Sir. 16, 2, 1887). — Conf. Douai, 29 janv. 1878, D. 80, 2, 72).

Suivant un arrêt de la Cour de Caen du 26 mars 1890 (Gaz. Trib. du 27 avril 1890), le droit de réponse ne saurait appartenir à la personne, qui, de son libre consentement, par le rôle politique qu'elle s'est donné, a appelé sur elle l'attention de l'opinion et provoqué un débat public en se faisant défendre par un journal dévoué à ses intérêts. Il appartient, dit l'arrêt, au publiciste comme à l'historien de discuter librement les actes de la vie publique de tous ceux qui veulent rattacher leur personnalité à l'histoire du pays ; ce droit, qui entre dans la mission même de la presse, serait singulièrement entravé si la personne attaquée pouvait, à chaque article publié sur son compte, imposer au journaliste une réponse dont elle seule réglerait la teneur et l'étendue.

Cette décision aura certainement l'approbation des journalistes, mais elle nous paraît en complet désaccord avec la jurisprudence de la Cour suprême (Conf. 134 bis).

150 bis. Obligation d'insérer l'intégralité de la réponse. — Exceptions. — La réponse constitue un ensemble indivisible ; il n'appartient pas au journaliste de diviser et de scinder la réponse qui lui est adressée pour n'en insérer que des extraits (Cass. cr. 14 mai 1887, Gaz. Pal. 87, 1, 824).

Tel est le principe. Mais il convient de n'en pas exagérer la portée et de reconnaître que le journaliste peut supprimer les passages de la réponse, qui sont contraires aux bonnes mœurs, à l'intérêt des tiers ou à l'honneur du journaliste lui-même (Paris, 27 févr. 1884, Gaz. Pal.

84, 1, 753 et solution implicite résultant de l'arrêt ci-dessus visé du 14 mai 1887).

Au surplus, la jurisprudence est fixée en ce sens que le gérant peut refuser purement et simplement l'insertion d'une réponse, dont certains passages sont contraires à la loi, à l'honneur du journaliste ou à l'intérêt des tiers (Cass. cr. 17 août 1883, Gaz Pal. 83, 2, 89 et Besançon, 25 mars 1885, Gaz. Pal. 85, 1, 126).

151 bis. Constatation de la remise de la réponse. — Sommation. — Citation. — Co-gérant. — Changement de gérant. — S'il est obtempéré à la sommation d'insérer, le coût de l'exploit doit évidemment rester à la charge de la personne qui requiert l'insertion. Celle-ci doit donc s'abstenir d'émettre dans son exploit la prétention d'en exiger le coût du gérant auquel il est signifié. Toutefois, une telle prétention émise par le réquérant ne saurait légalement justifier, de la part du gérant, un refus d'insertion, cette prétention, essentiellement distincte de la demande d'insertion à laquelle elle ne se rattache par aucun lien d'indivisibilité, ne pouvant faire obstacle à ce que le gérant, tout en se refusant à payer le coût de l'exploit, fasse l'insertion réclamée (Toulouse, 20 juill. 1892, Gaz. Pal. 92, 2, 326 et Cass. cr. 3 juin 1892, D. 93, 1, 461).

Les mêmes arrêts décident avec raison (Conf. toutefois, Trib. corr. Marseille, 1er déc. 86, Mon. Lyon, 1er mars 1887), que l'exploit, *en prévision du cas où l'insertion requise serait refusée*, peut juridiquement contenir *citation* du gérant en police correctionnelle, pour s'entendre condamner, *à titre de dommages et intérêts*, à l'insertion intégrale et *gratuite* de la réponse (même si elle dépasse le double de l'article), et au paiement du coût de l'exploit portant sommation d'insérer. En ce cas, le gérant, pour justifier son refus d'insertion, ne saurait utilement prétexter que la demande d'insertion lui imposait une condition de gratuité contraire à l'article 13 de la loi sur la presse, le bénéfice de la gratuité n'étant réclamé qu'à titre des dommages et intérêts en cas de refus d'insertion.

Mais le refus d'insertion d'une réponse dépassant le double de l'article serait justifié, au contraire, si l'insertion était exigée *a priori* à titre gratuit (Cass. cr. 3 juin 1892, précité).

C'est au gérant du journal que la sommation doit être signifiée. Un jugement du tribunal correctionnel de Lyon du 8 mars 1887 (Moniteur Lyon du 29 mars) a décidé que, lorsqu'un journal a deux gérants, rien n'oblige la personne qui a une réponse à y faire insérer à l'adresser à l'un plutôt qu'à l'autre.

Notons que c'est celui des deux gérants, qui aura signé le n° du journal, dans lequel aurait dû au plus tard être insérée la réponse, qui, en principe, apparaît comme responsable du défaut d'insertion (V. nos 813 et 1029). Et comme il y a lieu de présumer que les significations faites à l'un des gérants sont communiquées à l'autre, le gérant signataire aurait peine à faire admettre qu'il a ignoré la signification faite à son co-gérant. Ajoutons que si la citation correctionnelle était dirigée contre le gérant auquel a été notifiée la sommation d'insérer, celui-ci serait mal venu, pour dégager sa responsabilité, à soutenir que le n° du journal, dont la publication a consommé l'infraction, a été signé non par lui, mais par son co-gérant. Il lui incombait, en effet, de veiller à ce que l'insertion fût faite dans le délai légal.

Quoi qu'il en soit, pour éviter des difficultés, il sera prudent, en pareil cas, d'adresser la réquisition aux deux gérants, et en cas de non-insertion, de les mettre tous deux en cause.

Il peut arriver aussi que le journal change de gérant dans l'intervalle séparant la réception de la réponse de la publication du n° qui doit la contenir. En ce cas, si l'insertion n'est pas faite, il paraît difficile d'en rendre responsable le gérant qui n'était plus en fonction lors de l'expiration du délai légal. Quant au nouveau gérant, il devra, sur la citation à lui délivrée, être reconnu responsable du défaut d'insertion, s'il résulte des circonstances que la réquisition d'insertion signifiée à son prédécesseur a été connue de lui. Toutefois, il serait expédient, en pareille occurrence, d'adresser au nouveau gérant une seconde sommation, contenant, pour le cas où il n'y serait pas obtempéré, citation en police correctionnelle.

153 bis. Caractères et place de l'insertion. L'insertion doit être faite à la même place et en mêmes caractères que l'article qui l'a provoquée.

L'application de cette règle ne peut souffrir aucune difficulté, lorsque la réponse se réfère à un article unique. En ce cas, et lorsque l'insertion réclamée présente réellement le caractère d'une réponse à l'article provocateur, le fait par le requérant de ne pas indiquer le n° du journal dans lequel a paru l'article, ne saurait, à coup sûr, justifier un refus d'insertion. Mais lorsque la réponse intervient à la suite de divers articles précédemment publiés, auxquels par son contexte elle se réfère également, il est au moins très prudent de désigner dans la réquisition d'insertion celui des articles auquel il est répondu, afin de ne pas fournir au gérant un prétexte de se dérober en prétendant qu'il ne pouvait pas savoir en quelle place et en quels caractères il devait faire paraître l'insertion (Conf. 135 bis).

Il résulte d'un arrêt de la Cour d'Agen du 16 mars 1894 (Gaz. Pal. 94, 1, 615) que, lorsqu'un journal publie deux éditions, et que l'article désignant un tiers n'a paru que dans l'une des éditions, le tiers désigné ne peut requérir l'insertion de sa réponse que dans cette seule édition. Cette solution est conforme au texte de la loi, qui veut que la réponse soit insérée à la même place que l'attaque qui la motive, et, à son esprit, la mesure du droit de réponse devant être réglée sur celle de l'attaque.

155 bis. Le gérant du journal peut-il exiger le paiement préalable du prix de l'insertion ? L'article 13 de la loi sur la presse ne subordonne en aucune façon l'insertion de la réponse au paiement ou à la consignation, ou même à l'offre préalable du prix de la partie de l'insertion excédant le double de l'article. La loi crée uniquement au profit du journal un simple droit de créance, dont l'exercice est soumis aux règles du droit commun (Pau, 12 mars 1892, D. 92. 2. 495. — Toulouse, 20 juill. 92, Gaz. Pal. 92, 2, 326, Cass. cr. 3 juin 1892, D. 93, 1, 461). Conf. en outre, n° 151 bis.

156 bis. Caractère de l'infraction. — Les infractions à l'article 13 constituent *des contraventions* (Cass. cr. 14 févr. 1889, D. 90, 1, 187).

158 bis. Tribunal compétent. — L'infraction à l'article 13 de la loi sur la presse, étant constituée par la *publication*, dans le délai fixé audit article, d'un ou plusieurs numéros du journal ne contenant pas l'insertion requise, ou ne contenant qu'une insertion incomplète ou non conforme aux prescriptions légales, il s'en suit que, conformément au droit commun, la poursuite peut être portée devant tout tribunal dans le ressort duquel le journal a été publié, puisque, en matière de presse, c'est la *publication* qui fait le délit (Cass. cr. 10 nov. 1883, D. 84, 1, 370; 27 févr. 1885, D. 85, 1, 379 ; 14 févr. 1889, D. 90, 1, 87). — *Contra* : D. Supp. Pr. outr. n° 337.

159 bis et 160 bis. — Sanction pénale. — Sanction civile. — Prescription de l'action à fin d'insertion — Mise en cause du propriétaire du journal. — En dehors de l'amende prononcée par l'article 13, le refus d'insertion peut donner lieu à des dommages et intérêts, s'il en résulte un préjudice pour le demandeur en insertion.

L'insertion de la réponse étant la stricte sanction du droit concédé par l'article 13 et le meilleur mode de réparation du préjudice que cause au plaignant le refus d'insertion, les tribunaux, toutes les fois que ce refus est illégitime, doivent en fait faire droit aux conclusions de la partie civile tendant à ce que le gérant soit condamné à insérer la réponse intégrale dans son journal, à la même place et en mêmes caractères que l'article qui l'a provoquée, et ce, gratuitement et au plus tard dans un certain délai à partir de l'arrêt, à peine d'une astreinte par chaque jour de retard pendant un delai imparti, passé lequel il sera à nouveau statué et fait droit (Aix, 21 avril 1893, D. 93, 2, 352).

Notons que l'insertion, après refus, peut être ordonnée *gratuitement*, à titre de dommages et intérêts, même lorsqu'elle dépasse le double de l'article provocateur. Le journal peut également, à titre de dommages-intérêts, être condamné à payer le coût de l'exploit portant réquisition d'insérer (Toulouse. 20 juill. 1892, Gaz. Pal. 92, 2, 236).

Toutefois, il est bien entendu que les juges du fait apprécient souverainement le bien ou le mal fondé des réparations qui peuvent être ainsi réclamées par la partie civile. Et il leur appartient, toutes les fois qu'ils se trouvent en présence d'un refus d'insertion, qui, sans être légalement justifié paraît cependant excusable en fait, soit à raison du défaut d'intérêt du plaignant, soit pour toute autre cause, de condamner simplement le gérant aux dépens, pour tous dommages et intérêts, envers la partie civile (Cass. cr. 12 juill. 1884, Gaz. Pal. 84, 2, 646. — Conf. 134 bis).

Rappelons que les juges peuvent aussi, toujours à titre de réparations civiles, ordonner l'insertion de la réponse et du jugement dans d'autres journaux, aux frais du gérant. En ce cas, pour éviter des abus, les tribunaux sont dans l'habitude de déterminer le chiffre à concurrence duquel la partie qui obtient ce mode de réparation pourra recouvrer contre la partie condamnée les frais d'insertion. Cette fixation du coût *maximum* de chaque insertion ordonnée ne concerne d'ailleurs que les rapports des parties entre elles, et ne s'impose pas aux journaux désignés pour recevoir l'insertion (Voir n°s 160 et 161).

Lorsque le jugement, dont l'insertion a été ordonnée dans un journal à titre de réparation civile, n'a pas déterminé le coût maximum de l'insertion, la partie qui a obtenu ce jugement ne peut le faire publier à tel endroit du journal et à tel prix que lui dicte sa fantaisie. Elle doit, en pareil cas, s'en tenir aux usages suivis en la matière et faire insérer le jugement à la place réservée dans le journal aux annonces et au prix ordinaire de ces annonces (Trib. civ. Tarbes, 7 déc. 1893, D. 94, 2, 516).

Un jugement du tribunal de paix de Paris du 9 juillet 1891 (Loi, 30 juill. 91), a décidé qu'une personne citée dans un journal, sans avoir été injuriée ou diffamée, ne peut, à son gré, intenter une action judiciaire en dommages et intérêts contre ce journal, et qu'elle n'a d'autre droit que d'exiger l'insertion dans ce journal d'une réponse, conformément à l'article 13 de la loi de 1881.

Ainsi formulée, cette décision n'est pas rigoureusement exacte. La vérité est que la personne nommée dans un journal, alors même que l'article qui la vise ne lui cause aucun préjudice, peut exiger l'insertion d'une réponse, et, en cas de refus d'insertion, obtenir une réparation qui consistera au moins dans la condamnation du gérant aux dépens de l'instance, tandis qu'elle ne peut intenter utilement devant les tribunaux civils une action en dommages et intérêts uniquement basée sur la publication de l'article qui l'a désignée, si en fait il n'en peut résulter pour elle aucun préjudice appréciable. Au surplus, ce préjudice pourrait fort bien exister, sans que cependant l'article du journal fût diffamatoire ou injurieux.

Si l'article présente ces caractères, la personne désignée, après avoir usé du droit de réponse, est encore recevable à réclamer des dommages et intérêts en raison des diffamations ou injures qui ont provoqué sa réponse, soit devant la juridiction répressive, soit devant le juge civil (Cass. cr. 18 nov. 1892, D. 94, 1, 139).

En ce qui concerne la *prescription* du droit de réponse, et conformément à l'opinion par nous émise (Voir T. II, Supp. n° 1017), un jugement du tribunal correctionnel de Marseille du 1er déc. 1886 (Mon. Lyon, 1er mars 1887) a jugé que ce droit n'était soumis qu'à la prescription trentenaire.

Dans l'action dirigée contre le gérant pour refus d'insertion (action qui se prescrit par trois mois à compter de l'expiration du délai légal dans lequel la réponse doit être insérée), il est toujours très-important de mettre en cause le propriétaire du journal, comme civilement responsable du gérant, celui-ci étant le plus souvent insolvable et pouvant cesser ses fonctions du jour au lendemain.

Si le propriétaire n'a pas été appelé en cause, pour être condamné solidairement avec le gérant aux dommages et intérêts dus à la partie civile et aux dépens, celle-ci peut encore citer ce propriétaire devant le tribunal civil et faire prononcer contre lui cette condamnation, à condition d'agir dans les trois mois du jugement rendu contre le gérant, ce jugement ayant pour effet d'interrompre la prescription à l'égard de toutes les parties (Trib. civil, Seine, 8 juin 1893, Gaz. Pal. 93, 2, 136).

CHAPITRE III

DE L'AFFICHAGE, DU COLPORTAGE ET DE LA VENTE SUR LA VOIE PUBLIQUE

---

§ Ier. — *De l'affichage.*

(Art. 15 à 17).

174 bis. Affiches peintes. — Timbre. — Déclaration. — Loi du 26 décembre 1890 et décret du 18 février 1891. — Aux termes de l'article 5 de la loi de finances du 26 décembre 1890 (D. 91. 4. 50), le droit édicté par l'article 30 de la loi du 8 juillet 1852, pour les affiches peintes, est remplacé par une taxe annuelle de timbre fixée ainsi qu'il suit :

Soixante centimes par mètre carré pour les affiches apposées dans les communes dont la population est de moins de 2.500 habitants ;

Soixante-quinze centimes dans les communes de 2.500 à 40.000 habitants ;

Un franc dans les communes d'une population supérieure à 40.000 habitants ;

Un franc cinquante centimes par mètre carré à Paris.

Pour la liquidation du droit, toute fraction de mètre carré est comptée pour un mètre carré et la taxe est due pour l'année entière, sans fraction.

Ces droits ne sont pas soumis aux décimes.

En conformité de l'article 7 de la loi du 26 décembre 1890, un règlement d'administration publique en date du 18 février 1891 (D. 91. 4. 63) a déterminé les diverses mesures d'exécution des dispositions des articles 5 et 6 de la dite loi.

D'après ce décret, toute personne qui veut recourir à la publicité par affiches peintes est tenue, préalablement à toute inscription, d'en faire la déclaration à l'enregistrement et d'acquitter la taxe (Conf. T. II, p. 543, N° 1038).

La taxe est due pour une année entière.

Toute affiche doit porter dans la partie inférieure, à gauche, l'indication, en caractères suffisamment apparents, de la date et du N° de la quittance de taxe, *etc. etc...*

Toute infraction est punie d'une amende de 100 fr. en principal, sans préjudice du payement des droits dont le Trésor aura été frustré (art. 8 de la loi du 26 décembre 90).

184 bis. Contravention imputable à l'imprimeur seul. — L'affichage par un tiers de circulaires imprimées sur papier blanc, uniquement destinées à être distribuées aux électeurs, ne peut donner lieu à l'application d'une peine contre les auteurs ou propriétaires de ces circulaires (Cass. 9 janv. 1890, Gaz. Pal. 90, 1, 318).

186 bis. Affiches électorales, manuscrites, anonymes. — La loi de 1881 défend contre la lacération toutes les affiches électorales sans distinction, c'est-à-dire tous les placards relatifs aux élections, qu'ils soient imprimés ou manuscrits, signés ou anonymes (Cass. cr. 16 janvier 1886, Gaz. Trib. du 31 janvier 86).

190 bis. Affiches séditieuses. — Lacération par agents de l'autorité. — Acte de gouvernement. — Acte administratif. — Compétence de l'autorité judiciaire. — Voir T. II, page 544, N° 1041.

204 bis. Propriétés privées. — Droit de lacération. — Locataire unique. — Pluralité de locataires. — Propriétaire. — Voir T. II, p. 543, N° 1040.

§ 2. — *Du colportage et des annonces sur la voie publique.*

(Art. 18 à 22 et loi du 19 mars 1889.)

208 bis. — Droit de réglementation de l'autorité municipale en matière de colportage de journaux. — Il est incontestable que l'arrêté d'un maire, qui soumettrait la profession de *colporteur* de journaux, imprimés ou dessins à une autorisation préalable par lui délivrée, serait nul, comme contraire au principe de liberté consacré par la loi de 1881. La Cour de cassation a même jugé que l'exercice de la profession de *crieur public* de journaux, imprimés ou dessins ne pouvait être subordonné à une telle autorisation, et que, d'une façon plus générale, le pouvoir attribué à l'autorité municipale de prendre dans la commune toutes les mesures nécessaires au maintien du bon ordre et de la tranquillité publique, ne s'étend plus aux matières réglementées par la loi de 1881 (Voir 229 bis et quin.).

En présence de cette jurisprudence et de la loi du 19 mars 1889, qui a réglementé le criage public des journaux, écrits et imprimés, il est incontestable que tout arrêté municipal qui tendrait à restreindre la liberté du colportage et du criage public, telle qu'elle est réglementée par les lois du 29 juillet 1881 et du 19 mars 1889, n'aurait aucune force obligatoire.

Mais, sous prétexte d'assurer la liberté du colportage et du criage, il ne faut pas aller, ce nous semble, jusqu'à soustraire les colporteurs et les crieurs de journaux aux /réglements généraux, qui, sans tendre directement ou indirectement à violer les lois sus-visées, peuvent prescrire, dans le but réel d'assurer le bon ordre et la libre circulation, certaines mesures s'imposant à tous les colporteurs et crieurs, quelle que soit la marchandise par eux vendue ou annoncée.

Par exemple, il nous paraîtrait excessif de soustraire les colporteurs et crieurs de journaux à l'application d'un arrêté municipal, qui ferait défense à tous marchands ambulants, colporteurs ou crieurs publics, de stationner dans certains lieux déterminés dont il importe particulièrement d'assurer le libre accès, d'exercer leur profession à certaines heures dans une promenade publique, *etc. etc...*

Il est en tous cas incontestable que le pouvoir de l'autorité municipale est demeuré intact, en tant qu'il s'agit de réglementer la vente et l'annonce sur la voie publique d'objets autres que ceux prévus par les lois de 1881 et de 1889 (Cass. cr. 31 déc. 1891, Gaz. Pal. 92, 1, 178).

210 bis. Du colportage professionnel ou accidentel. — Suivant un jugement du tribunal correctionnel de Pont-l'Évêque du 6 fév. 1889 (Sir. 1889, 2, 120), le fait d'avoir distribué à trois reprises des gravures sur la voie publique ne serait pas suffisant pour constituer l'exercice de la profession de colporteur, alors même qu'il est établi que le prévenu a précédemment fait à la mairie une déclaration pour la distribution d'un journal.

La solution contraire nous paraîtrait plus conforme à l'esprit de la loi.

225 bis. Défaut de présentation du récépissé — Ne commet pas la contravention prévue par l'article 21, le colporteur de profession, qui, n'étant pas porteur de son récépissé au moment où il est requis de le présenter, se conforme aux injonctions des agents de l'autorité, en le produisant dans le délai qui lui a été accordé pour en justifier (Trib. corr. Montreuil-sur-mer, 7 mars 1889, Gaz. Pal. 89, 1, 817).

228 bis. De la responsabilité des colporteurs à raison de la vente ou de la distribution faite sciemment d'écrits ou dessins dont la publication présente les caractères d'une contravention à la loi sur la presse. — En donnant le commentaire de l'article 22, nous avons indiqué, à la suite d'une courte analyse des travaux préparatoires, que cette disposition était au fond inutile, son seul objet étant de rappeler que les colporteurs, en dehors des peines de simple police dont ils étaient passibles, d'après l'article 21, en cas de contravention à la police du colportage, pouvaient être, en vertu des articles 42 et 43, poursuivis, soit comme auteurs principaux, soit comme complices, à raison des *crimes* ou *délits* de presse auxquels ils participaient, en colportant *sciemment* des écrits ou dessins criminels ou délictueux.

Il ne nous est même pas venu à l'idée qu'on puisse songer à tirer argument de cette disposition surabondante, pour soutenir que par dérogation aux précédents et au droit commun, l'article 22 entendait rendre les *colporteurs,* à la différence des autres agents de vente ou de distribution, responsables, non seulement des crimes et délits de publication proprement dits, mais encore des *contraventions* à la police de la presse, commises par les imprimeurs ou les gérants des journaux, toutes les fois qu'ils colporteraient *sciemment* des écrits ou dessins, publiés en contravention aux dispositions de la loi concernant la police de l'imprimerie ou de la presse périodique.

Telle est cependant l'interprétation qui a été donnée à l'article 22 par la Cour suprême, dans un arrêt en date du 30 décembre 1892 (Gaz. Pal. 93,1, 120 et D. 93, 1, 366), par lequel elle a cassé un jugement du tribunal de simple police de Lille, du 17 septembre 1892, qui avait déclaré, très-justement suivant nous, que le fait de distribuer sciemment sur la voie publique un imprimé n'indiquant pas le nom et le domicile de l'imprimeur, ne constituait pas, à la charge du colporteur de cet imprimé, une contravention punissable (Voir N° 22 bis).

Voici dans quels termes a statué la Cour de cassation :

« Attendu que la loi du 29 juillet 1881... dispose expressément par « l'article 22 que les colporteurs et distributeurs, s'ils ont sciemment col« porté ou distribué des livres, écrits, brochures, journaux, dessins, gra« vures, lithographies et photographies présentant un caractère délictueux, « pourront être poursuivis conformément au droit commun ;

« Attendu que les termes de cet article sont généraux et absolus ; qu'il « déclare punissable, lorsqu'il a été accompli sciemment, tout fait de col« portage ou de distribution de livres, écrits, brochures, etc... présentant un « caractère délictueux, sans qu'il y ait à distinguer si ce caractère délictueux « consiste en un crime, en un délit, ou en une simple contravention ; que « la poursuite en cette matière doit, aux termes de l'art. 22, être exercée « conformément au droit commun ; d'où il suit que chaque fait de colpor« tage ou de distribution d'un écrit présentant un caractère délictueux se « trouve régi, quant à la juridiction qui doit en connaître et quant à la « peine encourue, par la loi qui s'applique au crime, au délit ou à la con« travention contenus dans l'écrit indûment colporté ou distribué. »

Pour mieux faire apparaître l'erreur, dans laquelle nous semble avoir versé la Chambre criminelle, il importe de bien noter la portée générale de son arrêt. Rendu à l'occasion d'un imprimé colporté, sans indication du nom et du domicile de l'imprimeur, il pose un principe absolu, qui frappe nécessairement le colporteur, non seulement dans ce cas particulier, mais dans tous les cas où *sciemment* il colporte des imprimés ou dessins, dont la publication présente les caractères d'une *simple contravention matérielle* (Voir Nos 230 et suiv.), qu'il s'agisse d'une infraction à la police de l'imprimerie commise par l'imprimeur (art. 2 et 3), ou d'une infraction à la police de la presse périodique commise par le gérant d'un journal (art. 6 et suiv., 12 et suiv., 38 et suiv.).

Or, jamais à aucune époque, dans notre législation antérieure, une telle responsabilité générale n'a pesé sur les colporteurs. Il est certain, au contraire, que ceux-ci, en principe, ne pouvaient être poursuivis ni comme auteurs principaux ni comme complices, à raison de la distribution par eux faite, même sciemment, d'imprimés ou dessins publiés en contravention à la police de la presse, mais ne présentant pas les caractères d'un crime ou d'un délit.

Il est vrai toutefois, que, par dérogation à cette règle, les articles 283 et 284 du code pénal incriminaient, comme auteurs principaux, les colporteurs, qui, sciemment, contribuaient à la publication d'imprimés, dans lesquels ne se trouvait pas l'indication vraie du nom et de la demeure de l'imprimeur. La peine portée contre eux (différente de celle qui frappait l'imprimeur, aux termes de l'article 17 de la loi du 21 octobre 1814) consistait dans un emprisonnement de six jours à six mois, qui se transformait en une peine de simple police à l'égard des vendeurs et distributeurs qui faisaient connaître la personne de qui ils tenaient l'imprimé. Mais il importe de remarquer que ces dispositions, qui sont restées en vigueur jusqu'à la promulgation de la loi du 29 juillet 1881, outre qu'elles n'incriminaient pas les colporteurs comme complices des imprimeurs, visaient, non seulement les colporteurs, mais tous les agents de vente et de distribution, et notamment les libraires, qui, traités plus durement même que les colporteurs, étaient, aux termes de l'article 19 de la loi de 1814, passibles d'une amende de 2000 fr., dès qu'ils étaient convaincus d'avoir mis en vente, sciemment ou non, un ouvrage sans nom d'imprimeur.

Or, sous l'empire de la loi du 29 juillet 1881, qui a abrogé la loi de 1814 et les articles 283 et 284 du code pénal (V. N° 207), il est certain que les libraires et tous les agents de vente, autres que les colporteurs, ne peuvent en aucune façon être recherchés à raison de la mise en vente d'imprimés ne portant pas le nom de l'imprimeur. Ils ne peuvent être en effet incriminés comme auteurs principaux, puisque la loi de 1881 a abrogé les articles 283 et 284 du code pénal, et ils ne peuvent l'être davantage comme complices des imprimeurs, puisque l'infraction prévue par l'article 2 de la loi sur la presse constitue une contravention matérielle exclusive d'après le droit commun, comme d'après les articles 42 et 43 de la dite loi, de la complicité légale.

Est-il admissible que le législateur de 1881 ait entendu dans l'article 22, édicter exceptionnellement contre les colporteurs, qui vendraient sciemment des imprimés ne portant pas le nom et la demeure de l'imprimeur, une pénalité, identique à celle qui atteint ce dernier (contrairement aux précédents), alors qu'il est constant que les autres agents de vente, à raison du même fait, ne peuvent plus être frappés d'aucune peine ?

Est-il admissible, que, dérogeant à tous les précédents législatifs et aux règles générales du droit commun en matière de complicité, il ait entendu, dans l'article 22, édicter contre les seuls colporteurs, c'est-à-dire contre les plus humbles agents de vente et de distribution, une responsabilité pénale toute nouvelle, en les frappant des peines édictées contre les imprimeurs et gérants de journaux, toutes les fois qu'ils seraient convaincus d'avoir sciemment vendu ou distribué des imprimés ou dessins en contravention des prescriptions de la loi concernant la police de la presse ?

Pour en décider ainsi, il faudrait au moins un texte formel, commandant impérieusement cette étrange solution. Est-ce le cas? En aucune façon. L'article 22 dispose en substance que les colporteurs qui distribueront *sciemment* des écrits ou dessins ayant un caractère *délectueux*, pourront être poursuivis *en conformité du droit commun*. Or, d'après le droit commun (art. 60 C. P. ; art. 43 de la loi de 1881) les vendeurs et distributeurs, quels qu'ils soient, ne peuvent être poursuivis comme *complices*, qu'en matière de crimes et délits, et non en matière de contraventions. Il est vrai que la Cour de cassation, dans l'arrêt que nous critiquons, a évité soigneusement de prononcer le mot de *complicité* ; mais, à défaut du mot, on y trouve la chose, puisque l'arrêt affirme « que chaque fait « de colportage ou de distribution d'un écrit présentant un caractère dé- « lictueux se trouve régi, quant à la juridiction qui doit en connaître et « *quant à la peine encourue*, par la loi qui s'applique au crime, au délit ou « à la contravention contenus dans l'écrit indûment colporté ou distri- « bué ». Cela signifie nécessairement que les peines de la *complicité* atteignent le colporteur, qui agit *sciemment*, aussi bien quand la publication de l'écrit colporté constitue une simple contravention, qu'au cas où elle renferme les éléments d'un crime ou d'un délit. Or, rien n'est plus contraire que cette solution *au droit commun*, auquel se réfère précisément l'article 22.

Nous ne nions pas que le mot « *délictueux* » dont se sert cet article, puisse, dans son acception la plus large, embrasser tous les genres d'infractions, crimes, délits et contraventions ; mais, dans un sens plus restreint, et qui ne manque pas d'être usité, il désigne spécialement les infractions ayant le caractère de *délits*, et dans lesquelles l'intention de nuire constitue un élément essentiel. Bref, c'est là une expression de notre langue juridique, qu'il convient, sous peine de graves erreurs, d'entendre *secundum subjectam materiam*.

Or, la portée de l'expression est ici définie par l'ensemble des dispositions de l'article, et spécialement par les mots « *conformément au droit commun* » et « *sciemment* », lesquels indiquent que le rédacteur de l'article 22 n'a eu en vue que le colportage des imprimés ou dessins présentant les caractères de crimes ou de délits de publication, à raison desquels, les colporteurs, *conformément au droit commun* écrit dans l'article 60 du code pénal et dans l'article 43 de la loi sur la presse, peuvent être recherchés comme *complices*, à la condition d'avoir agi *sciemment*, sans préjudice du cas prévu à l'article 42, dans lequel ils peuvent être poursuivis comme auteurs principaux.

Cette interprétation si naturelle, qui consiste à voir dans l'article 22 un simple renvoi au droit commun en matière de complicité, avec réserve du cas particulier où les colporteurs peuvent être, d'après l'article 22, atteints comme auteurs principaux, outre qu'elle est de tous points conforme au texte, se dégage d'une façon éclatante des travaux préparatoires.

Tout d'abord, il est impossible de découvrir dans les dits travaux un mot duquel on puisse induire chez le législateur de 1881 la volonté d'innover, soit en substituant, au regard des colporteurs, à la peine édictée par les articles 283 et 284 du code pénal celle prévue par l'article 2 de la loi sur la presse, soit en faisant peser à l'avenir sur les colporteurs des responsabilités pénales absolument exceptionnelles et jusque-là inconnues.

Un tel silence est par lui-même suffisamment significatif. Quand un législateur innove, il s'explique. Mais il est au surplus aisé de démontrer, comme l'affirmait très judicieusement le juge de simple police de Lille dont la décision a été cassée, que l'article 22 de la loi de 1881 est une disposition sans portée légale, faisant double emploi avec les articles 42 et 43 de la même loi, et même d'expliquer la présence dans la dite loi de cette disposition inutile.

Le législateur, auquel nous devons la loi de 1881, avait, par une loi tout récemment votée par lui-même et portant la date du 17 juin 1880, réglementé le colportage. Les cinq articles qui composaient cette loi furent littéralement reproduits dans le projet de la commission, et devinrent, à la suite de certaines modifications, les articles 18 à 22 de la loi générale sur la presse.

L'article 5 de la loi du 17 juin 1880, tel qu'il avait été voté par la Chambre des députés, était ainsi conçu : « Quiconque aura été condamné « par application de l'article 287 du code pénal (*outrage aux bonnes « mœurs*) ne pourra *exercer la profession* de colporteur. »

A ce texte, la commission du Sénat, après le vote en première lecture, substitua le suivant : « Les colporteurs et distributeurs pourront être « l'objet de poursuites *conformément au droit commun* pour tout *crime* ou » *délit* résultant de la nature des objets colportés.

« Le colportage est assimilé à la distribution dans tous les cas où elle « est punie par la loi.

« Les tribunaux pourront prononcer l'interdiction de l'exercice de la « profession de colporteur ou de distributeur à tout individu condamné « en vertu du présent article. »

Dans la séance du 5 décembre 1880, cette rédaction, dans un but de clarté et de précision, (a déclaré M. Labiche au nom de la commission) a été remplacée par la suivante, qui devint le texte définitif de l'article 5 :

« Les colporteurs et distribnteurs pourront être poursuivis *conformé-* « *ment au droit commun* s'ils ont *sciemment* colporté ou distribué des li- « vres, écrits, *présentant un caractère délictueux.*

« Les tribunaux pourront prononcer l'interdiction de la profession...... *etc. etc.*

Ajoutons que M. Labiche, dans cette séance du 5 décembre, a expliqué nettement la portée de cet article 5, en portant à la tribune la décla- « ration qui suit : « Voilà donc une série d'infractions spéciales (celles pré- « vues par l'article 4) que nous créons pour les distributeurs et colpor- « teurs. Cela ne veut pas dire que ces distributeurs et colporteurs seront « soustraits au droit commun lorsqu'ils se rendront *complices* d'une in- « fraction punie par le droit commun et qui constituera soit un *délit*, soit « un *crime*, dans ce cas il y aura lieu à l'application de l'article 5 du « contre-projet. » (Journ. Off. Séance du 5 déc. 79, p. 10655).

Il est donc permis d'affirmer que le rédacteur de l'article 5 (qui d'ailleurs n'abrogeait pas les articles 283 et 284 du code pénal), n'entendait d'aucune manière, par dérogation au droit commun en matière de complicité, rendre applicables aux colporteurs les peines très sévères édictées par la législation antérieure à 1881 contre les imprimeurs et gérants de journaux pour contraventions à la police de l'imprimerie et de la presse périodique. Cet article 5 n'avait qu'un but : affirmer que les colporteurs, comme tous autres vendeurs ou distributeurs, seraient poursuivis *conformément au droit commun* (art. 60 C. P.), quand ils se rendraient *complice* d'un *crime* ou d'un *délit*, en colportant *sciemment* des écrits ayant un caractère *délictueux*, et permettre aux tribunaux d'interdire l'exercice de leur profession aux colporteurs ainsi condamnés. Lors de l'élaboration de la loi de 1881, la disposition de l'article 5 de la loi du 17 juin 1880 passa sans changement dans le *projet* de la commission, qui, comme l'a expliqué M. Lisbonne, n'avait pas voulu apporter la moindre modification à une loi votée quelques mois auparavant par le Parlement. A la Chambre des députés, M. Trarieux déposa un amendement tendant à la suppression du dernier paragraphe concernant le droit d'interdiction attribué aux tribunaux.

A l'appui de cet amendement, M. Trarieux fit observer que ce droit pour les tribunaux « d'interdire aux colporteurs et aux distributeurs *condamnés comme complices d'un délit de presse*, l'exercice de leur profession », ne pouvait plus se justifier sous l'empire de la loi nouvelle, et la Chambre des députés, partageant cet avis, repoussa le second paragraphe de l'article après avoir adopté le premier (Séance du 25 janvier 1881).

Ainsi réduite à son premier paragraphe, qui n'était qu'un renvoi au droit commun en matière de complicité, cette disposition perdait en réalité toute utilité. Elle était d'autant plus surabondante que l'article 43 de la loi contenait une référence générale à l'article 60 du code pénal. Ajoutons qu'elle n'était pas en complète harmonie avec l'article 42, qui entendait frapper, non pas comme complices, mais bien comme auteurs principaux, les vendeurs et distributeurs, dans le cas spécial où les éditeurs, auteurs et imprimeurs seraient inconnus.

C'est précisément pour parer à ce défaut d'harmonie, qu'entre la première et la deuxième délibération, la commission ajouta au texte précédemment voté la phrase suivante : « sans préjudice des cas prévus au n° 4 de l'article 42 (41 du projet) ». Nous avons ainsi « coordonné, a dit « M. Lisbonne, l'article 22 (23 du projet) avec l'article 42. C'est une sim« ple reprise, par voie de corrélation, que nous avons voulu exprimer. »

En laissant subsister dans la loi générale sur la presse la disposition inutile, qui forme l'article 22, le législateur de 1881 ne pouvait réellement pas prévoir que la Cour de cassation ferait jaillir un jour de ce texte une théorie absolument inédite sur la responsabilité des colporteurs en matière de contraventions à la police de l'imprimerie et de la presse périodique, théorie en complète contradiction avec le *droit commun*, auquel il déclarait formellement se référer.

En résumé, et conformément à la jurisprudence consacrée par les décisions des tribunaux de simple police ci-dessus rapportées (n° 22 bis), nous tenons pour constant que les colporteurs, de même que tous autres vendeurs ou distributeurs, ne peuvent être poursuivis, comme complices, d'après le droit commun, qu'en matière de crimes ou de délits de publication. Les peines de la complicité ne peuvent donc les atteindre quand ils distribuent sciemment des écrits dont la publication constitue une simple contravention matérielle, dont les seuls auteurs responsables, aux termes de la loi sur la presse, sont les imprimeurs ou les gérants de feuilles périodiques. Spécialement, le colporteur qui distribue sciemment des écrits n'indiquant pas le nom et la demeure de l'imprimeur ne peut être puni, comme complice de ce dernier, des peines portées par l'article 2. Ajoutons qu'à raison de ce fait, il ne peut davantage, comme auteur principal, être poursuivi en vertu des articles 283 et 284, ces dispositions ayant été abrogées par la loi de 1881.

229 bis. Loi du 19 mars 1889 relative aux annonces sur la voie publique. — Historique et texte de la loi. — Postérieurement à la loi du 29 juillet 1881, qui avait abrogé les lois du 19 décembre 1830 et du 10 février 1834, certains maires crurent trouver dans les pouvoirs de police que leur confère la loi sur l'organisation municipale du 5 avril 1884, à l'effet d'assurer le bon ordre dans la rue, le droit de réglementer par des arrêtés le criage public des journaux et imprimés, soit en soumettant l'exercice de la profession de *crieur public* à la nécessité d'une autorisation préalable, soit en interdisant aux crieurs d'annoncer leurs imprimés ou journaux autrement que par leur titre.

Contrairement à l'opinion par nous émise (et à l'appui de laquelle nous avions cité par erreur un arrêté du Conseil d'Etat du 18 janv. 1884, D. 85. 3, 73), la Cour de cassation a refusé de reconnaître à ces arrêtés force obligatoire, en jugeant que, par suite de l'abrogation sur la loi de 1881 des lois de 1830 et de 1834, le criage des journaux sur la voie publique pouvait être librement exercé, sans pouvoir être restreint par des règlements administratifs, puisque le droit de réglementation résultant pour l'autorité municipale des lois des 16-24 août 1790 et 22 juillet 1791 avait cessé d'exister en vertu de la législation édictée en 1830 et 1834, et n'avait pu revivre après sa disparition, par suite de la promulgation de la loi du 5 avril 1884, qui n'avait apporté aucun changement à la situation créée par la loi de 1881 (Cass. 30 oct. 1885, D. 86, 1, 177 ; Cass. 16 févr. 1888, D. 88, 1, 137).

Cette jurisprudence, à la supposer fondée en droit (Voir nos 229 et 1023), n'était point faite pour réprimer les abus et les scandales du criage des journaux sur la voie publique. Déjà la Chambre des députés, sur la proposition de M. Waldeck-Rousseau, avait voté, le 16 février 1884, une disposition ainsi conçue : « Les journaux, placards, affiches et généralement tous écrits ou imprimés distribués ou vendus dans les rues ou lieux « publics ne peuvent être annoncés que par leur titre. Aucun titre contenant des imputations ou expressions injurieuses pour une ou plusieurs « personnes ne pourra être annoncé sur la voie publique. Les infractions « aux dispositions qui précédent seront punies d'un emprisonnement de « six jours à un mois et d'une amende de 160 à 500 francs, ou de l'une de « ces deux peines seulement. »

Cette disposition, qui faisait partie d'un projet de loi relatif aux manifestations sur la voie publique, fut abandonnée avec le projet de loi tout entier, après une première délibération.

En 1887, M. Lefèvre-Pontalis soumit à la Chambre une disposition analogue, en substituant toutefois la juridiction et les peines de simple police à la juridiction et aux peines correctionnelles.

Cette proposition, après avoir subi quelques modifications (voir le rapport de M. Thellier de Poncheville, D. 89, 4, 49), aboutit au vote de la loi du 19 mars 1889, dont voici le texte :

Art. 1er. — « Les journaux et tous les écrits ou imprimés distribués ou vendus dans les rues ou lieux publics ne pourront « être annoncés que par leur titre, leur prix, l'indication de leur « opinion et les noms de leurs auteurs ou rédacteurs.

« Aucun titre obscène ou contenant des imputations, diffamations ou expressions injurieuses pour une ou plusieurs personnes ne pourra être annoncé sur la voie publique.

Art. 2. — Les infractions aux dispositions qui précédent se-

« ront punies d'une amende d'un franc à quinze francs (1 fr. à « 15 fr.) et, en cas de récidive, d'un emprisonnement d'un jour « à cinq jours. Toutefois, l'article 463 c. pén. pourra toujours « être appliqué (1). »

229 ter. Portée de la loi du 19 mars 1889. — Distinction entre les annonces par cris et les annonces faites par un autre mode. — Des travaux préparatoires de la loi du 19 mars 1889 et des circonstances qui en ont provoqué l'adoption, il résulte que le législateur n'a « entendu, par cette loi, réglementer autre chose que l'annonce des journaux *par le cri* dans les rues et lieux publics. » (Cass. cr. 6 juill. 1889, D. 89. 5. 376).

Ainsi, le fait par un libraire d'exposer à l'extérieur de son magasin un placard annonçant au public un article de journal, ne saurait constituer la contravention prévue par la loi du 19 mars 1889 (ainsi jugé par l'arrêt précité de la Cour de cassation, rejetant le pourvoi formé par le ministère public contre un jugement du tribunal de simple police de Rennes, du 24 mai 1889, et basé sur ce que le dit jugement, en acquittant le contrevenant, avait méconnu la portée littérale de la loi sus visée).

Dans le même ordre d'idées, la Cour de cassation a jugé avec raison que le fait par le colporteur d'un journal d'annoncer son passage à *son de trompe* échappait aux prévisions de la loi du 19 mars 1889 (Cass. 17 mai 1889, D. 90, 1, 143). En effet, comme le dit très-bien la Cour de cassation « les sons de trompe à l'aide desquels le colporteur d'un journal signale son passage sur la voie publique ne constituent pas par eux-mêmes, au sens légal du mot, l'annonce de ce journal ; » et l'arrêt ajoute « que les abus que la loi nouvelle a voulu réprimer sont ceux qui résultaient de l'annonce des journaux sur la voie publique *à l'aide de cris de toutes sortes* et de commentaires souvent scandaleux et indécents. »

Notons d'ailleurs que le fait dont il s'agit constituerait la contravention prévue par l'article 471-15° du code pénal, s'il existait, dans la commune où il se produit, un arrêté municipal classant le cornet ou la trompe au nombre des instruments bruyants dont l'usage est interdit aux habitants de cette commune sur la voie publique. — Le fait pourrait également être réprimé, en vertu de l'article 479-8° du code pénal, s'il présentait tous les éléments constitutifs de la contravention de bruit ou tapage injurieux ou nocturne ayant troublé la tranquillité des habitants. Ces solutions résultent implicitement de l'arrêt précité.

---

(1) *Chambre des députés.* — Proposition de loi, le 19 mars 1889. Exposé des motifs (*Journ. Off.* du 25 août 1887, annexe n° 1660, p. 506. Rapport de M. Thellier de Poncheville, le 19 mars 1888, ann. n° 2550, p. 411).

Sénat. — Rapport de M. de Verninac, le 19 mars 1889. Discussion et adoption le même jour.

229-4°. Annonce de journaux, écrits ou imprimés. — L'article 1er vise les journaux et tous les écrits ou imprimés distribués ou vendus.....

La loi nouvelle est donc incontestablement applicable non seulement a l'annonce des journaux, mais encore à l'annonce de tous imprimés, et même de tous écrits, autographiés ou *manuscrits*. Le doute ne nous paraît pas possible à cet égard, bien que l'opinion contraire ait été soutenue en ce qui concerne les manuscrits (Voir Moniteur des juges de paix, 89, 1re partie, p. 197, et la réfutation de cette opinion par M. Schaffauser, Lois Nouvelles, 89, 1re partie, p. 505).

Il est également incontestable que la loi nouvelle doit s'appliquer sans difficulté à tous les journaux sans distinction, et, par conséquent, aux journaux *illustrés*, c'est-à-dire accompagnés de dessins, comme aux autres.

Mais il nous paraît très-douteux qu'on puisse faire application de cette loi à l'annonce, par cris, d'estampes, dessins ou gravures mis en vente ou distribués sur la voie publique. En admettant que ce soit par pure omission que le législateur ait négligé de viser les dessins et gravures, on ne pourrait combler cette lacune, sans ajouter au texte, qu'en soutenant que le mot « imprimés » peut s'entendre de toutes les reproductions obtenues par l'impression et embrasser aussi bien les reproductions de dessins que les reproductions d'écrits. La prétention, en soi, est soutenable ; mais il faut convenir qu'elle s'accorde bien mal avec le sens usuel du mot « imprimés, » et avec les habitudes de langage du législateur lui-même, qui par imprimés désigne exclusivement les écrits reproduits par l'impression, en leur opposant les dessins, gravures, estampes et en général toutes reproductions autres que les imprimés (Voir, T. Ier, art. 4, n° 57).

229-5°. Réglementation des annonces. — Cris autorisés. — Cris prohibés. — Réglementation par l'autorité municipale. — Aux termes de l'article 1er, les journaux et tous les écrits, distribués mis en vente dans les rues ou lieux publics, ne peuvent être annoncés, à l'aide de cris, que par leur *titre*, leur *prix*, *l'indication de leur opinion* et les *noms de leurs auteurs et rédacteurs*.

Ce texte indique suffisamment par lui-même ce qui est permis et ce qui est défendu.

Tous cris annonçant autre chose que le titre, le prix, l'indication de l'opinion et les noms des auteurs ou rédacteurs sont prohibés.

Ainsi, toute annonce concernant les titres des articles contenus dans le corps du journal ou faisant allusion aux faits ou événements qui y sont relatés, si insignifiante ou si inoffensive qu'elle puisse être, constitue l'infraction prévue par l'article 1er de la loi de 1889. C'est ainsi qu'il a été jugé avec raison par le tribunal de simple police d'Angers (11 avril 1889, Lois Nouvelles, 89, 2, 64), que les peines édictées par cette loi étaient applicables au colporteur, qui annonçait le journal par lui vendu, en criant : « Un fait curieux et intéressant à lire aujourd'hui. »

En ce qui concerne les cris permis, nous nous contenterons d'observer que le droit d'annoncer le journal par son titre comporte, à notre avis, le droit de désigner le *sous-titre*; que l'annonce, concernant l'opinion du journal, doit se borner à une simple indication, sans aucun commentaire ; et que celle concernant les noms des auteurs ou rédacteurs peut être faite sous cette forme, qui a passé d'ailleurs dans la pratique courante : « Voir l'article de M. X..... »

Il est bien entendu qu'un arrêt municipal qui apporterait une restriction quelconque à la liberté des annonces, telle qu'elle est réglementée par la loi nouvelle, serait entaché d'illégalité. Mais comme cette loi ne vise que les annonces de *journaux, écrits ou imprimés*, à l'aide de *cris* quelconques, il est certain qu'un arrêté, interdisant dans une commune l'emploi des trompes ou autres instruments bruyants dans les rues, s'imposerait aux vendeurs de journaux, comme aux vendeurs de toutes autres marchandises (Voir n° 229 ter *in fine*). De même, le pouvoir de l'autorité municipale est demeuré intact, en ce qui concerne la réglementation des annonces relatives à des objets autres que ceux visés par la loi de 1881 (ou celle de 1889). Spécialement, l'arrêté du maire qui, dans sa commune, subordonne à une autorisation émanée de lui, la profession de crieur public pour les annonces des ventes publiques, des objets perdus, *etc*.... est encore aujourd'hui légal et obligatoire (Cass. cr. 31 déc. 1891, Gaz. Pal. 92, 1, 178. Cont. Cons. d'Etat, 18 janvier 1884, D. 85, 3, 73). Voir en outre n° 208 bis.

Le projet de loi originaire, à l'exemple de la loi du 10 décembre 1830, n'autorisait que l'annonce du titre ; mais « la commission de la Chambre, « a fait observer M. Thellier de Poncheville dans son rapport — a voulu « sauvegarder, plus que les législations antérieures ne l'avaient fait, et « plus que la proposition de la loi ne le faisait, le droit d'annonce des « écrits mis en vente. Elle a cru que l'indication seule du titre pouvait « être insuffisante pour renseigner le public ; qu'il serait souvent utile d'y « joindre d'autres énonciations dont personne n'aura le droit de s'offenser : « le prix de vente, l'opinion ou la nuance du journal ou de l'écrit, le nom « de l'auteur ou des rédacteurs. »

On peut s'étonner qu'un législateur, préoccupé de réprimer les abus du criage des journaux et d'assurer le bon ordre et la tranquillité de la rue, ait cru devoir donner cette extension à la liberté de l'annonce sur la voie publique, liberté qui dégénère facilement en licence, sous un régime qui a affranchi de toute autorisation préalable l'exercice de la profession de colporteurs de journaux (Comp. art. 1er de la loi du 10 déc. 1834), alors surtout que la loi qui consacre cette liberté n'en réprime les pires abus que par des peines de simple police (Voir nos suivants).

229 6°. Annonce de titres diffamatoires, injurieux ou obs-

cènes. — **Annonce de titres séditieux, etc..... — Saisie et arrestation préventive. — Critique de la loi.** — « Aucun titre *obscène*, ou « contenant *des imputations, diffamations ou expressions injurieuses* pour « une ou plusieurs personnes, ne pourra être annoncé sur la voie publi- « que. »

Tel est le texte du paragraphe 2 de l'article 1er, tel qu'il figure au *Journal Officiel* du 20 mars et dans le *Bulletin des Lois.* Il convient de noter que le texte voté par la Chambre des députés, à la séance du 12 mars, sur la proposition de M. Bovier-Lapierre, portait : « Aucun titre obscène, ou contenant des imputations diffamatoires ou expressions injurieuses.... » Il est fâcheux que cette correction ait été perdue de vue.

M. Thellier de Poncheville, dans son rapport à la Chambre des députés, a fourni, au sujet de ce paragraphe 2 de l'article 1er, les explications sui- « vantes : « Le *titre* lui-même peut être *injurieux* ou *diffamatoire* ; en ce « cas, le but que l'on poursuit serait manqué, si on n'en interdisait pas « l'annonce. Il est bien entendu que la personne diffamée ou injuriée « puisse poursuivre l'auteur de l'écrit devant la police correctionnelle ou « devant la Cour d'assises ; mais le remède sera souvent tardif et ineffi- « cace, si en attendant, la diffamation peut impunément se crier dans « tous les carrefours. »

« Ne convient-il pas de traiter les *titres obscènes* comme ceux qui se- « raient injurieux ou diffamatoires ? Sur l'observation même de M. Le- « fèvre-Pontalis, la majorité de la Commission a pensé qu'il convenait de « compléter sur ce point le texte de sa proposition. Le législateur ne « saurait être indifférent à ce débordement de pornographie, qui, dans « nos grandes villes, contamine trop souvent la voie publique. Si la po- « lice, comme il faut le croire, n'est pas suffisamment armée pour y faire « obstacle, nous ne devons pas négliger cette occasion de lui fournir une « arme nouvelle. »

Il est difficile à un législateur de se montrer plus imprévoyant et de manquer plus complètement le but qu'il se propose.

Voulant réprimer d'une façon prompte et efficace les diffamations, injures et outrages aux bonnes mœurs commis, au moyen d'annonces criées sur la voie publique, le législateur ne trouve rien de mieux que de greffer sur ces délits caractérisés une *contravention de simple police*, qui, en attendant les poursuites contre qui de droit devant la police correctionnelle ou la Cour d'assises, permettra d'infliger aux crieurs une peine dérisoire par rapport à la gravité du fait, sans même donner aux agents de l'autorité le pouvoir de faire cesser immédiatement le scandale en procédant à l'arrestation des coupables. Il est de règle, en effet, qu'en matière d'infractions de simple police, il ne peut être procédé, sans abus, à l'arrestation des contrevenants (art. 106 C. I. Cr. ; Circulaire du Ministre de l'Intérieur du 21 juill. 1858, D. 58, 3, 76).

Pour réprimer efficacement l'annonce des titres *diffamatoires* ou *injurieux*, envers les personnes publiques et privées, il était indispensable d'autoriser la saisie des journaux ainsi colportés et annoncés et l'arrestation préventive des crieurs, indépendamment de toute plainte des personnes atteintes par la diffamation ou l'injure. En fait, la saisie et l'arrestation ne pourront être opérées que dans le cas exceptionnel où l'annonce des titres diffamatoires ou injurieux visera les chefs d'Etat et les agents diplomatiques étrangers (Voir article 60 de la loi sur la presse, modifiée par la loi du 16 mars 1893; n° 964 bis).

Quoi qu'il en soit, il est bien entendu que les poursuites qui pourront être exercées d'office devant le tribunal de simple police contre les crieurs, ne feront aucun obstacle à celles qui, sur la plainte des parties lésées, pourront être dirigées contre les mêmes, comme auteurs principaux ou complices des diffamations et injures contenues dans les titres annoncés sur la voie publique. La peine de simple police édictée par l'article 2 de la loi nouvelle réprime simplement une infraction à la police de la rue, et non le délit connexe de diffamation, d'injure, d'offense ou d'outrage (Sur la simultanéité des incriminations pouvant résulter des mêmes faits, quand ils lèsent des intérêts différents, voir n°s 358 et 887).

En ce qui concerne les annonces de *titres obscènes*, le législateur s'est singulièrement mépris en s'imaginant que leur incrimination, à titre de contravention, allait fournir à la police une arme nouvelle et plus efficace que celle dont elle disposait. Si la police est suffisamment armée en ce cas, c'est uniquement parce que la loi du 2 août 1882, qui réprime l'outrage aux bonnes mœurs, par la vente ou la distribution sur la voie publique d'écrits ou imprimés, autres que le livre, autorise la saisie des exemplaires incriminés et l'arrestation des prévenus, conformément au droit commun.

Notons toutefois que l'annonce d'un livre par un *titre obscène* n'autoriserait ni la saisie, ni l'arrestation préventive du crieur. En dehors de la contravention prévue par la loi nouvelle, on ne peut en effet dans ce cas relever contre le crieur qu'un délit d'outrage aux bonnes mœurs, commis soit par des *cris* proférés dans des lieux publics, soit par des *livres* mis en vente ou distribués sur la voie publique, délit qui reste réprimé par l'article 28 de la loi du 29 juillet 1881, et dont les auteurs bénéficient des dispositions spéciales de cette loi concernant la saisie et l'arrestation préventive.

Se préoccupant de l'annonce des titres diffamatoires, injurieux ou obscènes, le législateur de 1889 aurait bien dû se préoccuper également des *annonces des titres*, pouvant constituer des *cris séditieux*, des *fausses nouvelles* ou des *provocations à commettre des crimes ou délits*.

Mais on ne saurait songer à tout, si bien que les annonces de semblables titres ne sont aucunement réprimées par la loi nouvelle. Il n'y a pas lieu de regretter autrement cette inconséquence ; il importe assez peu, en effet, que ces annonces délictueuses ne puissent, à la différence de celles contenant des diffamations, injures, ou outrages aux bonnes mœurs, donner lieu contre leurs auteurs à l'application d'une peine dérisoire de simple police, et il est évident, d'autre part, qu'elles peuvent être réprimées en vertu des dispositions de la loi sur la presse qui punissent les cris séditieux, les fausses nouvelles, *etc*.....

229-7°. Caractères des infractions. — Compétence. — Procédure. — Pénalités. — Récidive. — Circonstances atténuantes. — Aux termes de l'article 2, les infractions aux dispositions de l'article 1er « seront punies d'une amende d'un franc à quinze francs, et, en cas de « récidive, d'un emprisonnement de un à cinq jours. Toutefois, l'article « 463 du code pénal pourra toujours être appliqué. »

Les infractions aux dispositions de la présente loi, sans distinguer entre celles prévues par le paragraphe 1er de l'article 1er et celles, bien autrement graves, prévues par le paragraphe 2 du même article, constituent donc de simples contraventions, de la compétence exclusive des tribunaux de simple police.

La peine est d'une simple amende d'un franc à 15 francs ; en cas de *récidive* (Voir art. 483 du code pénal), la peine est d'un emprisonnement de un jour à cinq jours, mais, même en ce cas, elle peut être réduite à une simple amende, par application de l'article 463 du code pénal sur les circonstances atténuantes.

Le cumul des contraventions, conformément au droit commun, donnera lieu au cumul des peines (Art. 365 C. I. C.)

Les poursuites doivent avoir lieu conformément aux règles du code d'instruction criminelle, les dispositions spéciales de la loi sur la presse étant ici sans aucune application.

Le projet de loi qui avait été voté en première lecture par la Chambre en 1884 punissait les mêmes infractions d'un emprisonnement de 6 jours à un mois et d'une amende de 16 francs à 500 francs, ou de l'une de ces deux peines seulement.

Pour les raisons que nous avons ci-dessus déduites, nous estimons que le législateur de 1889 a été mal inspiré, en substituant à ces peines correctionelles des peines de simple police, et en traitant ces infractions comme simples contraventions, lors même que les faits qui les constituent sont qualifiés délits par la loi sur la presse.

« Il s'agit ici, a dit M. Thellier de Poncheville dans son rapport, « d'une simple contravention, d'une question de police de la rue. Si « l'auteur, l'imprimeur et l'éditeur de l'écrit ou du journal a commis un « délit de presse, il pourra être poursuivi conformément à la loi de 1881 ; « c'est là un ordre d'idées tout différent de celui qui fait l'objet de nos « préoccupations. Pour le crieur, il n'importe que l'écrit soit ou non « délictueux, que lui-même soit ou non de bonne foi ; il a commis une « infraction matérielle ; c'est devant le juge de simple police qu'il sera « traduit. »

Ces raisons acceptables, en tant qu'elles s'appliquent aux infractions prévues par le paragraphe 1er de l'article 1er de la loi, sont sans valeur relativement aux infractions, d'un caractère tout différent, que prévoit le paragraphe 2. Le rapporteur paraît ne pas s'être rendu compte que le crieur qui annonce sur la voie publique des titres diffamatoires, injurieux, obscènes, séditieux, *etc*..., commet, non pas une simple infraction matérielle, mais un délit de presse caractérisé.

229-8°. Des chanteurs sur la voie publique. — La loi du 10 février 1834, qui soumettait à l'autorisation préalable de l'autorité municipale l'exercice de la profession de vendeur ou de crieur d'imprimés ou dessins, sous peine d'un emprisonnement de 6 jours à 2 mois, déclarait ces dispositions applicables aux *chanteurs sur la voie publique*.

Il est certain, comme l'a jugé la Cour de Limoges (29 déc. 1887, D. 89, 2. 192), que la loi de 1881 a abrogé aussi bien les dispositions de la loi de 1834 relatives aux chanteurs sur la voie publique que celles visant les crieurs, vendeurs et distributeurs.

Mais on peut se demander si un arrêté municipal, réglementant le chant dans les rues, et soumettant notamment l'exercice de la profession de chanteur public à une autorisation préalable, serait ou non entaché d'illégalité.

Si le doute existe, c'est uniquement, à nos yeux, parce que la Cour de cassation a affirmé, sans hésitation, que le droit pour l'autorité municipale de réglementer le *criage public* avait cessé d'exister en vertu de la législation édictée en 1830 et 1834, et qu'on aperçoit mal, si on tient cette affirmation pour exacte, une raison de décider autrement, en ce qui concerne la réglementation du *chant public*, la loi de 1834 assimilant, relativement à l'autorisation préalable à l'excercice de la profession, le chanteur ou crieur.

Nous n'avons jamais cru, quant à nous, que la législation de 1830 et de 1834 avait eu pour effet d'anéantir ainsi les pouvoirs de police de l'autorité municipale. Sans doute, celle-ci n'avait plus à prendre d'arrêté pour subordonner la profession de crieur public à une autorisation par elle délivrée, puisque la loi elle-même imposait cette autorisation, sous une sanction bien autrement sévère que celle édictée par l'article 471 du code pénal ; mais, après que la loi de 1881 eut abrogé la législation de 1834, rien ne pouvait s'opposer, suivant nous, à ce que l'autorité municipale, en vertu de ses pouvoirs de police généraux, réglementât l'exercice de la profession de crieur public, en la soumettant notamment à l'autorisation préalable. Une telle mesure prise à l'égard des colporteurs, exerçant leur profession sans cris, eût été sans doute entachée d'illégalité, la loi de 1881 ne subordonnant l'exercice de cette profession qu'à une simple déclaration ; mais si la loi de 1881 assurait, sous cette seule condition, la liberté du colportage, elle restait muette sur la liberté du criage des journaux, et dès lors, sans porter aucune atteinte aux libertés consacrées par la loi sur la presse, l'autorité municipale pouvait, en vertu de ses pouvoirs généraux demeurés intacts, réglementer le criage des journaux comme le criage de tous autres objets.

S'il en est autrement aujourd'hui, c'est parce que la loi du 17 mars 1889, à la différence de la loi de 1881, a consacré, en la réglementant, la liberté du criage des journaux sur la voie publique.

Les lois de 1881 et de 1889, n'ayant aucunement visé les chanteurs sur la voie publique, il n'est pas douteux pour nous, que l'autorité municipale puise aujourd'hui dans l'article 97 de la loi du 5 avril 1884 le droit de prendre des arrêtés réglementant leur profession, en les soumettant notamment à l'autorisation préalable, sans qu'il y ait à distinguer d'ailleurs entre les chanteurs qui se contentent de chanter, et ceux dont les chants ont pour but de faciliter la vente de leurs chansons.

Ajoutons que les peines édictées par l'article 2 de la loi du 17 mars 1889 ne sauraient atteindre le chanteur qui, sur la voie publique, chante ses chansons, après les avoir annoncées par l'indication de leur titre et de leur prix. La loi de 1889 ne l'a évidemment point visé.

CHAPITRE IV

DES CRIMES ET DÉLITS COMMIS PAR LA VOIE DE LA PRESSE OU PAR TOUT AUTRE MOYEN DE PUBLICATION

—

I. DE LA PUBLICITÉ ET DES DIVERS MOYENS DE PUBLICATION

Art. 23, 28 et loi du 11 juin 1887.

248 bis. De la profération. — Doit être réputé *proféré* le propos qui, dans une conversation particulière, a été tenu à haute voix, de manière à être entendu des personnes qui se trouvaient ou auraient pu se trouver dans le lieu public (salle de mairie) où ce propos a été tenu (Poitiers, 22 mars 1889, Gaz. Pal. 89, 1,750).

252 bis. Des lieux publics par leur destination. — *La salle d'une mairie* dans laquelle se trouvent réunis les membres d'un conseil municipal, et dont les portes sont ouvertes au public, est un lieu public par destination ; la circonstance que la séance n'est pas encore ouverte et que les membres présents se livrent à des conversations particulières, n'empêche pas que cette salle, où le public est admis à pénétrer, soit un lieu public (Poitiers, *loc. cit.*)

Suivant un jugement du tribunal correctionnel de Loudun du 9 janvier 1886 (Journal *Le Droit* du 11 février), dont il convient d'approuver la doctrine, les *voitures de chemin de fer* n'ont le caractère de lieux publics *par destination*, que lorsque les trains sont arrêtés aux gares et stations et que le public y a libre accès. Dès que les trains sont en marche, les voitures perdent ce caractère et ne peuvent être réputées lieux publics qu'à raison de certaines circonstances leur imprimant ce caractère *accidentellement* (Conf. n° 254). Ainsi, pendant la marche du train, des propos diffamatoires tenus entre personnes d'une même société, en l'absence d'étrangers, ne peuvent être considérés comme tenus dans un lieu public. Mais il en est autrement si l'auteur des propos les a tenus en présence de personnes étrangères à la société des parties plaignantes (Trib. corr. Valence, 6 déc. 1886, Gaz. Pal. 87, 1, Supp. 31), ou encore, par exemple, s'il a parlé de façon à pouvoir être entendu des personnes se trouvant dans les compartiments voisins ou sur la voie.

Le *cabinet d'un juge de paix*, statuant en conciliation, n'est pas un lieu public par destination (Paris, 29 janv. 1889, Gaz. Pal. 89, 1, Supp. 57).

256 bis. Des réunions publiques. — Un arrêt de la Cour de Paris du 13 mai 1887 (Gaz. Pal. 87. 2. 425 et D. 88, 2, 275) a jugé que l'assemblée statutaire d'une société anonyme ne pouvait être considérée comme une *réunion publique*, dans le sens de la loi sur la presse.

Nous sommes d'avis, au contraire, qu'à raison du nombre des personnes étrangères les unes aux autres, qui composent une telle assemblée, celle-ci présente réellement le caractère d'une réunion publique.

261 bis. De la distribution. — L'envoi d'une lettre circulaire par un chef de maison à sa clientèle constitue la publicité par distribution (Bordeaux, 2 janv. 89, Gaz. Pal. 89. 1. 206).

Il en est de même de la communication faite à plusieurs personnes, sans motifs plausibles, d'un bulletin de renseignements commerciaux, de nature à causer un préjudice à celui sur le compte duquel ces renseignements ont été donnés (Alger, 25 octobre 1888, Rev. d'Alger, 89. 246).

263 bis. Des lettres missives. — Voir n° précédent.

264 bis. — Loi du 11 juin 1887, concernant la diffamation et l'injure commises par les correspondances postales ou télégraphiques circulant à découvert. — Texte et Historique.

Art. 1er. — Quiconque aura expédié, par l'administration des postes et télégraphes, une correspondance à découvert, contenant une diffamation, soit envers les particuliers, soit envers les corps ou les personnes désignées par les articles 26, 30, 31, 36 et 37 de la loi du 29 juillet 1881, sera puni d'un emprisonnement de cinq jours à six mois, et d'une amende de 25 fr. à 3.000 fr., ou de l'une de ces deux peines seulement.

Si la correspondance contient une injure, cette expédition sera punie d'un emprisonnement de cinq jours à deux mois et d'une amende de 16 fr. ou de l'une de ces deux peines seulement.

Art. 2. — Les délits prévus par la présente loi sont de la compétence des tribunaux correctionnels.

Les dispositions des articles 35, 46, 47, 60, 61, 62, 63, 64, 65 et 69 de la loi du 29 juill. 1881 leur sont applicables.

Les diffamations et injures commises par cartes postales ou cartes-télégrammes circulant à découvert ne pouvaient, à moins de circonstances exceptionnelles donnant à ces diffamations ou injures la publicité spécifiée par la loi du 29 juillet 1881, être réprimées que comme injures non publiques frappées d'une peine de simple police (Voir n° 264). Pour réprimer d'une façon efficace ces faits coupables, dont la fréquence augmentait chaque jour, et combler cette lacune législative, la Chambre des députés, dans sa séance du 5 juillet 1886, adopta une proposition de loi ainsi conçue :

« *Art.* 1er. — Seront considérées comme diffamation et injure publi-« ques, et punies comme telles, la diffamation et l'injure commises à « l'aide d'une carte postale ou d'une carte télégramme, ou de tous autres « objets de correspondance circulant à découvert, expédiés et transmis.

« *Art.* 2. — Les règles et dispositions de la loi du 29 juillet 1881 « seront applicables aux délits prévus par la présente loi. »

La Commission du Sénat apporta à ce projet de loi d'importantes modifications, que M. Mazeau, dans son rapport, explique de la façon suivante :

« .... Le délit d'injure ou de diffamation commis à l'aide d'une corres-« pondance à découvert, remise à l'administration des postes et télégra-« phes, est un délit *sui generis*, ayant des éléments constitutifs qui lui sont « propres. Il existe dès lors qu'avec une intention coupable, cette cor-« respondance a été expédiée, c'est-à-dire déposée dans les boîtes ou les « bureaux de la poste pour être envoyée à son destinataire. Il faut donc « le distinguer des délits de diffamation et d'injure publiques, prévus et « punis par la loi de 1881 ; c'est ce que n'avaient fait ni la formule ini-« tiale de la proposition, ni même la rédaction adoptée par la Chambre « des députés. De là une première modification dans cette rédaction ; « l'art. 1er de la proposition était ainsi conçu : « *Seront considérés comme* « *diffamation et injure publiques, et punies comme telles*, la diffamation et « l'injure commises à l'aide d'une carte postale, *etc*... » Nous ne croyons « pas que cette assimilation, même éloignée, soit juridiquement exacte, et « nous nous bornons à dire : « Quiconque aura expédié par l'administra-« tion des postes et télégraphes une correspondance à découvert conte-« nant une diffamation, sera puni.... *etc*.. »

« D'autre part, le texte actuel vise la diffamation et l'injure commises « à l'aide « *d'une carte postale ou d'une carte télégramme, ou de tous autres* « *objets de correspondance circulant à découvert* ». — Ces derniers mots « n'offrent pas à l'esprit une idée parfaitement claire ; on ne sait pas bien « ce que sont : « *des objets de correspondance* ». Il nous a semblé qu'une « expression générique pouvait remplacer avantageusement une énumé-« ration, et qu'il suffisait, pour remplir le but de la loi, de parler de la « diffamation et de l'injure commises « *par toute correspondance circulant* « *à découvert*, » qu'elle qu'en fût d'ailleurs la forme, carte postale, carte-« télégramme, ou toute autre.

« Enfin ce texte exigeait ou semblait exiger deux conditions pour qu'il « y eût délit, à savoir, que la correspondance eût été *expédiée*, et qu'elle « eût été *transmise*. Nous avons retranché ce dernier mot. Le fait délic-« tueux existe dès que la correspondance à découvert, injurieuse ou diffa-« matoire, a été expédiée avec l'intention de nuire. Il est évident toutefois « qu'il n'y aura plainte ou demande de poursuites, et poursuite, qu'au-

« tant que cette correspondance aura été connue de celui qui en était « l'objet, soit qu'elle lui ait été directement transmise par la poste, soit « qu'elle ait été remise à un tiers qui lui en aura donné connaissance. « C'est sans doute ce que la rédaction adoptée par la Chambre avait « voulu dire ; mais elle pouvait prêter à l'équivoque, et nous l'avons « modifiée.

« A ces modifications, nous avons ajouté deux dispositions qui nous « ont paru conformes à la nature spéciale du délit ; elles portent sur la « compétence et la pénalité.... »

Le projet ainsi modifié fut voté par le Sénat, accepté par la commission de la Chambre des députés et adopté par cette assemblée sans discussion.

264 ter. Éléments constitutifs du délit. — Le délit puni par la loi du 11 juin 1887, ainsi qu'il résulte de son texte et du rapport de M. Mazeau, constitue un délit *sui generis*, absolument distinct des *délits de publication* prévus par la loi sur la presse du 29 juillet 1881. Tandis en effet, que les diffamations et injures ne sont réprimées comme délits par cette loi, qu'autant qu'elles sont rendues *publiques*, à l'aide de certains moyens de publication déterminés, les diffamations et injures consignées dans une correspondance postale circulant à découvert sont punissables, aux termes de la loi de 1887, par cela seul que cette correspondance a été *expédiée*, sans qu'il y ait lieu de rechercher si ce mode de correspondance a effectivement donné aux diffamations et injures une publicité quelconque. En un mot, la *publicité*, élément essentiel des délits prévus par la loi sur la presse, n'est pas un élément constitutif du délit puni par la loi nouvelle (Trib. corr. Seine, 13 mars 1891, Gaz. Pal. 91, 2, Supp. 3).

Aussi, fût-il certain en fait que la correspondance expédiée est parvenue directement à son destinataire, sans avoir été lue par aucun intermédiaire, que les diffamations et injures renfermées dans cette correspondance tomberaient néanmoins sous le coup des peines édictées par la loi de 1887, sans que l'expéditeur, pour échapper à l'application de cette loi pénale, fût admis à se prévaloir du défaut absolu de publicité.

Dans cet ordre d'idées, il a été jugé avec raison que la loi de 1887 était applicable aux diffamations et injures consignées dans une carte postale écrite en *langue étrangère* et dont le contenu n'avait pu être compris par les intermédiaires (Trib. corr. Seine, 17 juin 1889, Gaz. Pal. 89, 2, 88), soit dans une carte postale *recommandée*, bien qu'en ce cas il n'y ait entre l'expéditeur et le destinataire diffamé ou injurié d'autres intermédiaires que les employés de la poste soumis au secret professionnel (Trib. corr. Seine, 13 mars 1891, *loc. cit.*). — La Cour de cassation saisie d'un pourvoi contre l'arrêt qui avait confirmé ce jugement l'a rejeté en déclarant que le texte de la loi, conforme aux intentions du législateur, ne distinguait par entre la carte postale non recommandée et la carte postale recommandée et exigeait seulement une correspondance à découvert (Cass. cr. 23 juillet 1891, D. 91, 1, 489).

La *transmission* au destinataire de la correspondance expédiée n'est pas non plus un élément constitutif du délit (Voir ci-dessus le rapport de M. Mazeau). Ainsi le délit existe et se trouve consommé par le seul fait du dépôt entre les mains de l'administration des postes, de telle sorte que l'expéditeur serait punissable, alors même que, par suite de circonstances particulières, la correspondance expédiée ne serait pas transmise au destinataire. Il est évident, d'ailleurs, comme l'a fait remarquer le rapporteur au Sénat, que bien que le délit soit consommé, indépendamment de toute transmission, il ne pourra y avoir plainte et poursuite qu'autant que la correspondance aura été connue de la personne diffamée ou injuriée.

En résumé, le délit existe, dès, qu'avec une intention coupable, la correspondance à découvert, diffamatoire ou injurieuse, a été expédiée par l'administration des postes et télégraphes, c'est-à-dire déposée par l'expéditeur dans les boîtes ou les bureaux de cette administration pour être envoyée à son destinataire.

Il importe peu que les diffamations et injures visent le destinataire lui-même, ou un tiers. Si, en fait, elles parviennent à la connaissance de ce tiers, celui-ci peut user du droit de plainte et de poursuite, aussi bien que si la correspondance qui les contient lui avait été directement adressée.

264-4°. Des correspondances postales ou télégraphiques circulant à découvert. — La loi de 1887 vise *toute correspondance à découvert*, expédiée par l'administration des postes et télégraphes, quelle qu'en soit la forme, carte postale, carte télégramme, ou toute autre (Voir le rapport de M. Mazeau). Ainsi, l'expédition par la poste d'une lettre ordinaire sur l'enveloppe de laquelle seraient écrites des imputations diffamatoires ou injurieuses tomberait incontestablement sous le coup de la loi.

Mais peut-on considérer comme « *correspondance à découvert* » une lettre placée *sous enveloppe non cachetée* ? — Un arrêt de la cour de Pau du 1er août 1894 (Gaz. Trib. 18 août) a résolu la question négativement, et nous estimons que cette décision a fait une très-juste application de la loi de 1887. Cette loi, dit avec raison la Cour de Pau, « inspirée au législa- « teur par la nécessité de réprimer l'emploi des cartes postales à la pu- « blicité de l'injure et de la diffamation, en assimilant à celles-ci les « correspondances à découvert, n'a pu vouloir comprendre sous cette dé- « nomination que les écrits établis dans des conditions analogues, c'est-à- « dire dont le texte devait frapper les regards de celui qui était à portée « de les voir... ; telle n'est pas une lettre fermée et ne différant que par « l'absence du cachet de lettres ordinaires, le secret n'en pouvant être « violé qu'à l'aide de manœuvres dont la nécessité la défend des indiscré- « tions dans une mesure tout au moins relative. » D'autre part, la Cour de Paris (Chambre des appels de police correctionnelle), par un arrêt rendu en 1893, a confirmé, par adoption de motifs, un jugement du tribunal de la Seine, qui faisait application de la loi du 11 juin 1887 à l'expéditeur de lettres diffamatoires placées sous enveloppe non cachetée, avec une mention écrite sur l'enveloppe invitant à ouvrir et à prendre connaissance du contenu. Cette dernière circonstance était assurément très-caractéristique de l'intention coupable de l'expéditeur et de son ingéniosité à éluder les dispositions de la loi de 1887. Néanmoins, nous ne pensons pas qu'en droit il convienne d'approuver les décisions, d'ailleurs non motivées, que nous venons de citer. Malgré cette provocation à l'indiscrétion des intermédiaires, les raisons ci-dessus déduites dans l'arrêt de la Cour de Pau ne cessent pas d'être vraies. Dans ce cas, comme dans le précédent, la correspondance diffamatoire ne se place pas d'elle-même sous les yeux des intermédiaires ; et l'on ne peut, sans violenter le texte, soutenir que cette correspondance circule à découvert. Cela suffit pour écarter l'application de loi de 1887, si l'on veut bien ne pas oublier, comme le rappelait précisément au Sénat l'honorable rapporteur de cette loi, qu'« en matière pénale surtout le respect des définitions légales est pour tous les intérêts la meilleure des garanties » (Voir n° suivant).

164-5°. Des correspondances à découvert adressées autrement que par la voie de la poste ou du télégraphe. — La loi de 1887 ne prévoit que l'expédition, *par l'administration des postes et télégraphes*, d'une correspondance à découvert. Or, une correspondance à découvert peut être adressée à une personne et lui parvenir, sans passer par l'administration des postes et télégraphes ; par exemple, des lettres non closes ou des billets ouverts peuvent être portés au domicile du destinataire par un commissionnaire et remis au concierge ou à tout autre intermédiaire. Ces correspondances à découvert, non confiées à l'administration des postes, peuvent-elles tomber sous le coup de la loi du 11 juin 1887 ? — Nous n'hésitons pas à répondre par la négative. Vainement on ferait observer que ces correspondances présentent les mêmes dangers, ou même des dangers plus grands, les agents de transmission employés n'étant pas tenus au secret professionnel ; vainement on ajouterait que si le législateur n'a visé que la correspondance à découvert expédiée par la voie des postes et télégraphes, c'est uniquement parce que cette voie d'expédition est la plus ordinaire. De tels raisonnements, si sensés qu'ils soient, ne sauraient prévaloir sur le texte d'une loi pénale. Or, la loi de 1887 vise uniquement et spécialement les correspondances à découvert postales ou télégraphiques ; en étendre l'application aux autres correspondances à découvert, ce serait peut-être combler une lacune regrettable, mais ce serait ajouter à la loi. Notons qu'ici l'interprète est d'autant moins autorisé à le faire, que les travaux préparatoires (Voir le rapport de M. Mazeau), loin de se prêter à cette interprétation extensive, sont au contraire en contradiction avec elle.

Il en faut conclure que les diffamations et injures, commises à l'aide de correspondances à découvert, expédiées autrement que par la voie des postes et télégraphes, restent purement et simplement sous le coup des dispositions de la loi du 29 juillet 1881.

Lors donc que les circonstances ne permettront pas d'établir que ces injures et diffamations ont reçu en fait la publicité spécifiée par la loi sur la presse (Voir n° 264), elles ne pourront être poursuivies et réprimées que comme injures non publiques.

264-6°. Des personnes responsables. — Les règles du droit commun en matière de responsabilité pénale doivent évidemment recevoir ici leur application (Trib. Seine, 26 juin 90, Gaz. Pal. 90, 2, 183). En conséquence, seront considérés comme *auteurs principaux* du délit créé par la loi de 1887, tous ceux qui auront exécuté les faits matériels directement producteurs du délit, et comme *complices*, tous ceux qui y auront participé sciemment dans les conditions prévues par l'article 60 du code pénal.

Ainsi, devra être réputée complice, la personne, qui, sans avoir écrit elle-même la correspondance diffamatoire ou injurieuse et sans avoir pris matériellement part au dépôt de cette correspondance dans les boîtes ou bureaux de l'administration des postes, l'aura dictée ou inspirée (Conf. Trib. Seine, 26 juin 1890, *loc. cit.*).

On a fait observer, lors de la discussion de la loi, que les cartes postales diffamatoires ou injurieuses étant presque toujours anonymes, il serait très-difficile de trouver les coupables. Il ne faut pas se dissimuler, en effet, que la partie poursuivante éprouvera souvent des difficultés pour désigner le coupable d'une façon certaine et pour prouver contre lui sa participation au délit reproché. Elle fera cette preuve par tous les moyens possibles. Souvent le contenu même de la correspondance, à défaut d'une preuve résultant de la signature ou de l'écriture, désignera suffisamment le vrai coupable.

264-7°. Des personnes protégées par la loi de 1887. — Cette loi punit les diffamations et injures qu'elle prévoit, non seulement quand elles sont commises envers les particuliers, mais encore quand elles sont commises envers les corps ou les personnes désignés par les articles 26 (Président de la République), 30 (Cours, tribunaux, corps constitués, *etc*...), 31 (ministres, députés, fonctionnaires, *etc*...), 36 et 37 (Chefs d'Etats et agents diplomatiques étrangers) de la loi du 29 juillet 1881.

Notons qu'à la différence de la loi sur la presse qui prévoit et punit sous la qualification générale *d'offenses* et *d'outrages*, les diffamations ou les injures commises envers le Président de la République (art. 26) et les chefs d'Etats ou agents diplomatiques étrangers (art. 36 et 37), la loi de 1887 donne la qualification commune de diffamations et d'injures, aux imputations diffamatoires ou injurieuses adressées aux mêmes personnes.

264-8°. Peines. — Circonstances atténuantes. — Récidive. —

Provocation. — Lorsque la correspondance à découvert contient une *diffamation*, l'expédition de cette correspondance est punie d'un emprisonnement de cinq jours à six mois, et d'une amende de 25 fr. à 3.000 fr. ou de l'une de ces deux peines seulement.

Si elle contient une *injure*, cette expédition est punie d'un emprisonnement de cinq jours à deux mois et d'une amende de 16 fr. à 300 fr. ou de l'une de ces deux peines seulement.

L'article 2 de la loi de 1887 déclarant les dispositions des articles 63 et 64 de la loi sur la presse applicables aux délits qu'elle prévoit, il en résulte qu'en cas de *récidive*, il n'y a pas lieu à aggravation de peine, et que lorsqu'il est fait application de l'article 463 du code pénal sur les circonstances atténuantes, la peine prononcée ne peut excéder la moitié de la peine édictée par la loi.

Il est à remarquer que les peines édictées sont les mêmes, quelle que soit la qualité des personnes diffamées ou injuriées, simples particuliers ou personnes publiques.

La faculté laissée au juge de se mouvoir entre le minimum et le maximum de la peine, et même de la réduire à une peine de simple police par l'admission des circonstances atténuantes, lui permettra toujours d'en faire une application proportionnée à la gravité du délit, en tenant compte de la qualité et des caractères des personnes, de la plus ou moins grande publicité des diffamations ou injures, et de l'ensemble des circonstances de la cause.

En cas *d'injures*, par correspondance à découvert, la *provocation* ne saurait faire disparaître le délit. La loi de 1887 crée en effet un délit *sui generis*, différent du délit d'injures publiques, et auquel ne peut s'appliquer de plein droit la disposition particulière de l'article 33, paragraphe 2, de la loi sur la presse. La déloyauté du mode employé pour propager l'injure justifie d'ailleurs pleinement cette solution.

264-9°. Compétence ratione materiæ. — Les délits prévus par la loi du 11 juin 1887, sont de la compétence exclusive des *tribunaux correctionnels*, aussi bien quand les diffamations et injures sont dirigées contre les corps constitués et les personnes publiques visées par l'article 1er de cette loi, que lorsqu'elles atteignent de simples particuliers.

Cette dérogation aux règles de compétence établies par la loi sur la presse a été justifiée par M. Mazeau, dans son rapport au Sénat, de la façon suivante :

« Votre commission a pensé que, quand il s'agissait de la diffamation « ou de l'injure commise à l'aide d'une carte ouverte, il était véritablement excessif, quelle que fût la qualité du plaignant, de mettre en « mouvement l'appareil judiciaire de la Cour d'assises pour le jugement « de délits dont les effets ne dépassent pas un cercle relativement étroit, « dont l'opinion n'est le plus souvent ni saisie, ni émue, et qui n'acquiè- « rent jamais une publicité de telle sorte qu'ils réclament une aussi so-

« lennelle répression. Nous avons donc attribué compétence, pour tous « ces cas, aux tribunaux correctionnels. »

264-10°. Compétence ratione loci. — L'article 2 de la loi de 1887, déclarant applicables aux délits qu'elle prévoit les dispositions de l'article 60 de la loi sur la presse, lequel article dispose que la poursuite devant les tribunaux correctionnels aura lieu, en principe, conformément aux règles du code d'instruction criminelle, il en résulte que les délits créés par la loi nouvelle peuvent, conformément aux articles 23 et 63 de ce code, être portés soit devant le tribunal de la *résidence du prévenu*, soit devant le tribunal du *lieu du délit*.

L'auteur du délit prévu par la loi de 1887 ne pouvant être mis en état d'arrestation préventive (Voir N° 264-11°) il n'y a pas à tenir compte en notre matière de l'attribution de juridiction faite par les articles précités du code d'instruction criminelle au tribunal *du lieu de la capture*.

La seule question qui naisse à l'occasion de l'application de ces règles de compétence est celle de savoir ce qu'il faut entendre ici par *lieu du délit*.

Il a été jugé antérieurement à la loi de 1887 (Trib. simple pol. Paris, 30 mai 1885, Gaz. Trib., 1-2 juin) que la contravention *d'injure non publique*, commise par *lettre close* envoyée d'un lieu dans un autre, constituait une contravention successive ou continue, apparaissant au lieu d'expédition et se perpétrant au lieu de destination, en sorte que les deux juges de paix des cantons où la lettre a été expédiée et reçue étaient l'un et l'autre compétents pour en connaître.

L'expression de contravention *successive* ou *continue* n'est pas dans l'espèce exactement employée ; dans une bonne langue juridique, on entend par délit successif où continu, non pas le délit qui, pour être consommé, exige qu'un temps plus ou moins long s'écoule entre les premiers actes d'exécution et les derniers, mais seulement le délit, qui, une fois consommé, se continue identique à lui-même plus ou moins longtemps. La contravention dont s'agit n'est donc pas, à proprement parler, une contravention continue ; ce qui est vrai, c'est que *préparée* au lieu d'expédition, elle se *consomme* au lieu de destination. Ce n'est en effet que lorsque la correspondance fermée est remise au destinataire et ouverte par lui, que l'injure qu'elle recèle apparaît et que la contravention est consommée. Notons qu'il en est ainsi, non seulement dans le cas où l'injure atteint le destinataire lui-même, mais encore dans celui où elle est dirigée contre un tiers. Seulement, il est évident que, dans ce cas, l'injure, bien que consommée par la réception de la lettre qui la contient, ne sera en fait poursuivie que si elle est portée par le destinataire à la connaissance du tiers injurié ou du ministère public, qui, en matière d'injures non publiques, peut poursuivre sans plainte préalable de la partie lésée (V. n° 862). La compétence du tribunal du lieu de destination ne saurait donc, en pareil cas, faire doute, puisque c'est en ce lieu que la contravention se consomme. Seule, la compétence du lieu d'expédition peut faire difficulté ; certaines décisions judiciaires nient cette compétence (Trib. pol. Châlons-sur-Marne, 1er juin 88, *La Loi* du 3 juin 88 ; voir aussi *Le Droit* du 28 juill. 91), et, en droit, elle ne se justifie qu'à la condition d'admettre que, lorsqu'un délit se prépare dans un lieu et se consomme dans un autre, les deux autorités sont également compétentes.

Bien différente est la question en matière de diffamations et injures commises par correspondance circulant à découvert, expédiée par les postes et télégraphes et punies par la loi de 1887. Nous avons vu, en effet, que, d'après cette loi, le délit existe et se trouve consommé, dès que la correspondance est expédiée, c'est-à-dire remise à la poste, indépendamment de la publicité consécutive à l'expédition et de la transmission au destinataire. Il en résulte qu'on peut affirmer la compétence du tribunal du lieu de l'expédition, puisque le délit se trouve consommé dans ce lieu.

Mais ce tribunal est-il le seul compétent ? Suivant un jugement du tribunal du Hâvre du 9 novembre 1887 (Gaz. Pal. 21 mars 1888), le délit se commet non seulement au lieu d'expédition de la carte postale incriminée, mais partout où ce mode de correspondance a circulé à découvert, pouvant ainsi exercer l'action nuisible qu'a entendu réprimer la loi du 11 juin 1887, et causer le préjudice, élément du délit.

Il en résulte attribution de compétence, aux termes de ce jugement, à tous les tribunaux des lieux dans lesquels a circulé la correspondance, et plus spécialement au tribunal du lieu de destination, ce lieu étant celui où elle peut causer le plus grave préjudice. La Cour de Dijon, dans un arrêt du 5 décembre 1888 (D. 90. 2. 280), s'est prononcée sur la question de la façon suivante : « Attendu, dit l'arrêt, que, si le simple fait « de mise à la boîte de la poste d'une carte postale, par exemple, qui « contiendrait une diffamation ou une injure, peut révéler d'ores et « déjà l'intention coupable de nuire, de la part de l'envoyeur, en géné- « ral le but que s'est proposé celui-ci n'est atteint, et le préjudice consti- « tuant un des éléments essentiels du délit n'est réalisé définitivement « que par la circulation à découvert de la carte postale incriminée et « par sa remise au destinataire ou par sa distribution au lieu où elle est « adressée ; — Attendu que, dans la plupart des cas, c'est ainsi seule- « ment que la victime se trouve atteinte et frappée, que le scandale « voulu éclate avec toute son intensité, et que le préjudice est causé avec « sa gravité tout entière ; — Attendu que, lorsqu'il en est ainsi, le lieu « où la carte postale est adressée ou distribuée est en réalité le lieu « principal, le lieu véritable du délit, et que, par suite, la connais- « sance et la répression de celui-ci peuvent appartenir au tribunal dans « le ressort du quel est située cette localité. »

A cette jurisprudence on pourrait objecter que, d'après sa définition légale, le délit est consommé par le seul fait de l'expédition, indépendamment des suites préjudiciables qu'elle peut avoir, et dont l'action plus ou moins nuisible ne dépend pas d'ailleurs de la volonté de l'expéditeur, qui, la correspondance une fois jetée à la poste, n'est plus maître d'en gouverner les effets ; que, sans doute, le mal qu'engendre l'expédition au lieu où elle se produit se manifeste et se perpétue dans d'autres lieux, et spécialement au lieu de destination, mais que la continuité du mal engendré par un délit n'en fait pas un délit continu, la continuité du mal produit par un délit ne devant pas être confondue avec la continuité du délit lui-même ; que l'action mauvaise consistant dans le fait d'expédier la correspondance diffamatoire ou injurieuse, on ne saurait prétendre qu'elle se prolonge et se perpétue identique à elle-même jusqu'au lieu de destination ; que le délit étant ainsi consommé au lieu d'expédition, sans présenter les caractères d'un délit continu, ce lieu est le seul qu'on puisse qualifier lieu du délit ; que si, en matière de délits de presse, qui, eux aussi, sont des délits instantanés, malgré la continuité du mal qu'ils peuvent causer après leur consommation, la compétence appartient à tous les tribunaux dans lesquels les diffamations ou injures ont été rendues publiques, c'est parce que ces délits ne sont consommés que par la publication, qui constitue leur élément essentiel.

Nous ne croyons pas cependant qu'on puisse s'arrêter à ces raisons. Que le délit, d'après sa définition légale, soit consommé au lieu d'expédition, cela est indiscutable, mais il n'en est pas moins vrai que le mal voulu par l'expéditeur se fait sentir ailleurs et particulièrement au lieu de destination. Ce que le législateur a entendu punir, c'est la diffamation ou l'injure par correspondance postale ou télégraphique circulant à découvert ; le titre même de la loi de 1887 en fait suffisamment foi. S'il a exprimé cette idée que le délit existait par le seul fait de l'expédition, c'est parce que l'expédition a pour conséquence nécessaire la circulation de la correspondance. Ces mots « Quiconque aura expédié..... » sont donc synonymes de ceux-ci : « Quiconque aura fait circuler, en l'expédiant..... ». Tout lieu, où a circulé la correspondance à découvert, peut donc, à bon droit, être qualifié *lieu du délit*.

En fait, il est d'ailleurs extrêmement désirable de ne pas mettre le plaignant, que l'insulte est venu atteindre à domicile, dans la nécessité de porter son action devant le tribunal lointain du lieu de l'expédition ou de la résidence du prévenu. Ce serait, dans bien des cas, assurer l'impunité à une classe d'insulteurs des moins intéressants.

Observons encore que le système opposé à celui que nous défendons ne permettrait pas d'atteindre en France (à moins de circonstances particulières, voir art. 5 et suiv. du code d'instruction criminelle) la correspondance diffamatoire ou injurieuse expédiée de l'étranger.

264-11° Applicabilité des articles 35, 46, 47, 60, 61, 62, 63, 64, 65, et 66, de la loi du 29 juillet 1881.— L'article 2 de la loi du 11 juin 1887 déclare applicables aux délits qu'elle prévoit les dispositions des articles 35, 46, 47, 60, 61, 62, 63, 64, 65 et 69 de la loi sur la presse.

1. *Preuve des faits diffamatoires.* — Elle est admise, conformément à l'article 35, quand la correspondance à découvert contient des diffamations contre les corps constitués, les armées de terre ou de mer, les administrations publiques, ou contre les personnes énumérées dans l'article 31, ou encore contre les directeurs et administrateurs de toute entreprise industrielle, commerciale ou financière, faisant publiquement appel à l'épargne ou au crédit (Voir art. 35).

2. *Action civile.* — L'action civile résultant des délits de diffamation, commis par correspondance à découvert envers les personnes désignées par les articles 30 et 31, ne pourra, sauf le cas de décès de l'auteur du fait incriminé ou d'amnistie, être poursuivie séparément de l'action publique (Voir art. 46).

3. *Action publique.* — Dans le cas d'injure ou de diffamation par correspondance à découvert, envers les *personnes publiques* visées par les articles 26, 30, 31 de la loi sur la presse, la poursuite aura lieu, soit d'office à la requête du ministère public, soit seulement sur la plainte de la partie lésée, d'après les distinctions établies par l'article 47 (dont le paragraphe 5 a été abrogé par la loi du 16 mars 1893).

Si l'injure ou la diffamation est commise envers les particuliers, la poursuite n'aura lieu que sur la plainte de la personne diffamée ou injuriée, conformément à l'article 60 de la loi sur la presse. D'après le même article (modifié par la loi du 16 mars 1893), si les diffamations ou injures sont commises envers les chefs d'Etat ou agents diplomatiques étrangers, la poursuite aura lieu soit à leur requête, soit d'office, sur la demande adressée au ministre des affaires étrangères et par celui-ci au ministre de la justice.

4. *Procédure par voie d'information préalable et par voie de citation directe. — Réquisitoire définitif. — Saisie et détention préventives. — Formes de la citation.* — (Voir N°s 969 et suiv.).

Nous devons noter que, contrairement à notre opinion, basée sur l'évidence de l'erreur matérielle qui s'est glissée dans le texte de l'article 60, lequel, dans son avant-dernier paragraphe, vise l'article 48 au lieu de l'article 49 (V. N° 964), la Cour de cassation, poussant trop loin à notre avis le respect du texte officiel, a décidé que le réquisitoire à fin d'information, en cas de délits de presse justiciables des tribunaux correctionnels, était, à peine de nullité, soumis aux conditions de forme prescrites par l'article 48 (Voir N° 964 bis).

En se basant sur cette jurisprudence de la Cour de cassation qui se refuse à corriger l'erreur matérielle dont nous venons de parler, on serait logiquement amené à dire qu'en matière de délits de diffamation et d'injure prévus par la loi de 1887, il peut être procédé, conformément au droit commun, à la saisie de la correspondance incriminée et à l'arrestation préventive des prévenus. En effet, l'exception au droit commun, en matière de saisie et d'arrestation préventive, est écrite dans l'article 49 de la loi sur la presse. Or, l'article 2 de la loi de 1887 ne renvoie pas à cet article 49 ; il renvoie, il est vrai, à l'article 60, mais, comme d'après la Cour de cassation, ce dernier article se réfère bien à l'article 48 et non à l'article 49, il en résulte que la loi de 1887 ne contient aucune référence directe ou indirecte à l'exception au droit commun consacrée par le dit article 49. Donc, conformément au droit commun, les délits prévus par cette loi, qui sont d'ailleurs, non pas des délits de presse, mais des délits d'un ordre particulier, peuvent donner lieu à la saisie et à l'arrestation préventive.

La Cour de cassation, persistant dans sa jurisprudence, et entraînée par la logique, consacrerait-elle cette solution ? Nous ne le pensons pas. En tous cas, cette solution, basée sur une erreur matérielle commise par les rédacteurs de la loi de 1881, serait contraire aux intentions du législateur de 1887, qui a entendu rendre applicables aux délits qu'il punissait les dispositions spéciales de la loi sur la presse en matière de poursuite (Voir le rapport de M. Mazeau, *in fine*).

Notons cependant que, depuis la promulgation de la loi du 16 mars 1893 (V. N° 964 bis), il est un cas dans lequel les diffamations ou injures, par correspondance à découvert, donnent certainement ouverture au droit de saisie et d'arrestation préventive. C'est celui où elles sont commises envers les chefs d'Etat et agents diplomatiques étrangers, l'article 60 (modifié par la loi précitée du 16 mars 1893) disposant qu'en cas d'offense (diffamation ou injure) envers lesdites personnes, il y a lieu d'appliquer les dispositions de l'article 49 sur le droit de saisie et d'arrestation préventive, relatives aux infractions qualifiées crimes.

En dehors de ce cas spécial, nous tenons pour certain, quant à nous, que la saisie et l'arrestation préventives sont interdites, aussi bien en matière de délits prévus par la loi de 1887, qu'en matière de délits de presse proprement dits.

En ce qui concerne la *citation directe*, qu'elle soit délivrée à la requête du ministère public, ou à la requête de la partie civile (V. N° suiv.), elle doit incontestablement satisfaire, à peine de nullité, aux conditions de forme (précision et qualification des faits, visa des articles) exigées par les articles 50 et 60 de la loi sur la presse (Voir N°s 975 et 914 et suiv.).

5. *Droit de citation directe de la partie lésée.* — L'article 2 de la loi de 1887 renvoie à la fois à l'article 47 et à l'article 60.

D'après l'article 47 (nouveau) relatif aux poursuites devant la *Cour d'assises*, le droit de citation directe est exceptionnellement reconnu : 1° en cas de diffamation ou d'injure envers les personnes visées par l'article 31, autres que les ministres et les membres des deux chambres, 2° en cas de diffamation seulement envers les jurés et les témoins. Il ne peut être exercé devant la Cour d'assises, ni en cas d'offense envers le Président de la République, ni en cas de diffamation ou d'injure envers les ministres ou les membres des deux Chambres, ou envers les corps constitués (art. 30), ni en cas d'injure envers les jurés et les témoins (V. N° 881).

D'après l'article 60 (nouveau), le droit de citation directe devant le tribunal correctionnel, conformément aux règles de droit commun tracées par le code d'instruction criminelle, appartient aux parties diffamées ou injuriées (simples particuliers et chefs d'État ou agents diplomatiques étrangers). — V. N° 975.

La loi de 1887, déclarant applicables aux délits qu'elle prévoit, les dispositions de l'article 47 et de l'article 60, en faut-il conclure qu'en cas de diffamation ou d'injure, par correspondance à découvert, envers le Président de la République, les corps constitués, les ministres ou les membres des deux Chambres, et en cas d'injure, par le même mode, envers les jurés ou les témoins, le droit de citation directe n'appartient pas aux parties lésées?

Nous ne le pensons pas. D'après le droit commun, en effet, le droit de citation directe appartient à toute personne lésée par un délit justiciable des tribunaux correctionnels ; dès lors, il convient de reconnaître le droit de citer directement à toute personne lésée par les délits prévus par la loi de 1887, ces délits, quelle que soit la qualité de la personne lésée, étant déférés aux tribunaux de police correctionnelle. A défaut d'une expression de volonté contraire, il convient, en effet, de faire prévaloir les règles du droit commun. Et l'on ne saurait voir une expression de volonté contraire dans la référence générale faite simultanément à l'article 60 et à l'article 47, la référence à ce dernier article s'expliquant suffisamment par la volonté de rendre applicables aux délits prévus par la loi de 1887 les dispositions de cet article concernant la nécessité d'une plainte préalable en cas de poursuites exercées à la requête du ministère public.

La question, toutefois, ne manque pas d'être délicate. On peut faire observer, en effet, qu'en matière de délits de presse, le droit de citation directe est la règle, aussi bien devant la Cour d'assises que devant le tribunal correctionnel ; que si ce droit a été exceptionnellement refusé devant la Cour d'assises à certaines personnes spécialement qualifiées, c'est uniquement parce qu'il a apparu au législateur que les délits commis envers les dites personnes, à raison de leur qualité, intéressaient particulièrement l'ordre public et politique ; que les considérations sur lesquelles est basée cette exception tenant bien moins à l'ordre des juridictions qu'à la qualité des personnes atteintes par le délit, il convient d'en tenir compte, aussi bien quand les poursuites sont dirigées devant la police correctionnelle en vertu de la loi de 1887, que lorsqu'elles sont exercées devant la Cour d'assises par application de la loi de 1881.

6. *Pourvoi en cassation.* — (V. art. 61 et 62). De même que pour les pourvois en matière de délits de presse, le délai n'est pas de trois jours francs, et le pourvoi déclaré le quatrième jour après celui où l'arrêt de condamnation a été prononcé est tardif (Cass. cr. 23 déc. 1892, D. 93, 1, 301).

7. *Circonstances atténuantes et récidive.* — Voir art. 63 et 64.

8. *Prescription.* — Voir art. 65. — La prescription de *trois mois*, applicable aux délits prévus par la loi de 1887, commencera à courir du jour de l'expédition de la correspondance incriminée, le délit étant consommé par le seul fait de l'expédition (Voir N° 264-10°).

9. La loi de 1887 est applicable à l'Algérie et aux colonies (art. 69).

264-12°. Conciliation de la loi de 1887 avec l'article 222 du code pénal. — L'article 222 du code pénal punit *l'outrage* (expression générale qui embrasse la diffamation et l'injure), par *écrit non public*, envers les magistrats de l'ordre administratif ou judiciaire et envers les jurés.

D'après la jurisprudence, pour que l'outrage prévu par l'article 222 soit punissable, il faut que l'écrit non public qui le contient soit adressé directement au magistrat ou au juré outragé, ou au moins qu'il parvienne à la connaissance de celui-ci par l'intermédiaire d'un destinataire choisi à dessein par l'auteur de l'outrage pour en opérer la communication (Voir Nos 630 et 631).

Il en résulte que la loi de 1887 est indiscutablement applicable aux diffamations ou injures, par correspondance à découvert, dirigées contre les personnes visées par l'article 222, lorsque cette correspondance est adressée à un tiers, sans qu'on puisse tirer de la qualité de ce tiers ou des circonstances la preuve que l'expéditeur a voulu faire parvenir l'outrage à la connaissance de celui qui en est l'objet. En ce cas, en effet, il n'y a pas conflit entre l'article 1er de la loi de 1887 et l'article 222 du code pénal, l'un des éléments constitutifs du délit prévu par ce dernier article faisant certainement défaut.

Mais que convient-il de décider, lorsque la correspondance à découvert, diffamatoire ou injurieuse, parvient à la connaissance d'une des personnes visées par l'article 222, soit parce qu'elle lui a été directement adressée, soit parce qu'elle lui a été remise par un destinataire, qui, dans la pensée de l'expéditeur, devait en opérer la communication?

Nous pensons, quant à nous, que, même en ce cas, il y a lieu à l'application de la loi de 1887, à l'exclusion de l'article 222 du code pénal.

Remarquons, en premier lieu, que l'article 222 ne prévoit que l'outrage *par écrit non rendu public*, et qu'il est difficile de faire rentrer sous cette qualification une *correspondance circulant à découvert*, qui donne aux outrages (diffamations ou injures) qu'elle contient une publicité *sui generis* (Voir toutefois, Lyon, 22 octobre 1889, France Judic. 1889, 360).

Et même en admettant qu'on puisse considérer une correspondance à découvert comme un écrit non rendu public, dans le sens de l'article 222, il convient au moins de reconnaître que la loi de 1887, ayant incriminé d'une *façon spéciale* les diffamations et injures envers les personnes publiques, commises à l'aide de correspondances postales circulant à découvert, doit atteindre seule aujourd'hui les injures et diffamations, réalisées par ce mode particulier de correspondance, alors même que celles-ci présentent les caractères généraux d'outrages prévus par l'article 222. Il nous paraît évident, en effet, que, lorsqu'un fait est qualifié à la fois par un texte général ancien et par un texte spécial nouveau, c'est ce dernier qui abroge l'autre et qui seul doit servir à la répression (Comp. N° 523 bis).

265 bis. Des renseignements commerciaux fournis par les agences. — La Cour d'Aix a rendu, à la date du 19 mars 1886 (Gaz. Pal. 86, 2, 160), un intéressant arrêt, concernant les *agences de renseignements*, qui s'annoncent au public, comme mettant à sa disposition, moyennant un certain prix, les renseignements les plus complets sur le compte de tous ceux avec lesquels on peut être appelé à traiter. Ce mode d'opérer, dit la Cour d'Aix, constitue la vente ou mise en vente de fiches individuelles que chacun peut se procurer moyennant le prix indiqué par ces agences, et réunit dès lors les éléments de la publicité exigée par la loi sur la presse, nonobstant le caractère confidentiel qu'elles affectent de leur donner, une confidence offerte à tout le monde, au prix convenu, perdant évidemment son caractère.

La Cour d'Aix relevait d'autre part que les fiches, visées par le plaignant, avaient été vendues à l'employé de celui-ci, *sans établir qu'elles l'eussent été à d'autres personnes, soit antérieurement, soit depuis*, en observant que la vente de ces fiches rentrant dans le trafic habituel des maisons dirigées par les prévenus, le plaignant n'était pas tenu de prolonger une expérience dont le résultat ne pouvait être douteux.

La Chambre criminelle, par arrêt du 23 octobre 1886 (Gaz. Pal. 86, 2, 716), a cassé l'arrêt de la Cour d'Aix, par ce motif, que dans l'état des faits ainsi rappelés, les constatations étaient insuffisantes pour constituer, au sens de la loi du 29 juillet 1881, une publicité imputable aux prévenus.

La Cour de cassation a évidemment considéré que le fait d'avoir remis, sur sa demande, à un employé du plaignant, une fiche contenant les renseignements incriminés, était insuffisant pour établir la vente ou mise en vente de fiches individuelles semblables à celle représentée. Il ne nous paraît pas douteux que l'arrêt de la Cour d'Aix, très justement motivé sur les autres points, aurait échappé à la censure de la Cour suprême, s'il avait pu constater la remise à plusieurs personnes des fiches incriminées.

Certaines agences de renseignements ont des abonnés auxquels, sans demande spéciale, elles signalent les commerçants dont la signature est protestée.

Si un renseignement de cette nature est fourni inexactement et de mauvaise foi par l'agence, le commerçant diffamé peut à juste titre prétendre qu'un tel mode de procéder renferme tous les éléments de la publicité par distribution. (Trib. corr. Seine, 10 déc. 1885, *Loi* du 13 déc. 85).

Notons que le commerçant lésé par les renseignements défavorables et inexacts qu'une agence, quel que soit son mode de procéder, a donnés sur son compte, peut toujours, quand les éléments constitutifs de la diffamation (publicité, intention de nuire) ne sont pas nettement caractérisés, exercer une action civile en dommages et intérêts basée uniquement sur l'article 1382 du code civil. Il est constant, en effet, que le directeur d'une agence, qui, même à titre confidentiel, donne sinon avec mauvaise foi, au moins avec une légèreté blâmable, des renseignements défavorables et inexacts sur la solvabilité d'un commerçant, commet une faute engageant sa responsabilité vis-à-vis de ce dernier (Rouen, 18 juin 1881 et Cass. 5 déc. 1881, Sir. 83, 1, 457 ; Paris, 6 mai 1886, Gaz. Pal. 86, 2, 139). Sur tous ces points, voir une dissertation publiée par nous dans les *Annales du droit commercial*, 87. 2. 92. Conf. n° 417, 417 *bis* et 440 *bis*.

268 bis. Des registres des délibérations des conseils municipaux ou généraux. — Personnes responsables. — Le registre des délibérations d'un conseil municipal ne peut, malgré la faculté donnée à tous les habitants et contribuables d'en prendre connaissance, être assimilé à un écrit exposé dans un lieu public et opérant par lui-même la publication de son contenu (Cass. 26 oct. 1887, Gaz. Pal. 87. 2. 514). Mais la publicité du contenu peut résulter des circonstances, s'il est établi en fait que la délibération inscrite au registre a été exposée aux regards du public.

Quand les propos incriminés sont relatés dans le procès-verbal de la séance, comme ayant été tenus par plusieurs conseillers, sans indiquer les noms de ceux-ci (ainsi que le prescrivent les articles 51 et 56 de la loi du 5 avril 1884 et 32 de la loi du 10 août 1871), tous les signataires du procès-verbal en assument solidairement entre eux la responsabilité. Si le compte-rendu, conformément au vœu de la loi, contient les noms des membres qui ont tenu les propos incriminés, les signataires, qui n'ont pas pris part à la discussion, sans cesser d'être absolument reprochables, peuvent invoquer l'excuse tirée de la bonne foi et dire qu'ils se sont crus obligés de rester dans le rôle de narrateurs fidèles (Limoges, 18 janvier 1886 et Cass. cr. 27 déc. 1886, D. 87. 1. 312).

270 bis. Des insertions consignées dans les exploits d'huissiers. — L'insertion d'imputations diffamatoires ou injurieuses dans un exploit d'huissier ne peut, à défaut de la publicité prévue par la loi du 29 juillet 1881, constituer le délit de diffamation ou injure publiques (Cass. 10 août 1883, D. 84, 1, 309 et Tr. Seine, 26 janv. 1894, Gaz. Pal. 94, 1, 271).

277 bis. — Conf. n° 991 bis.

II. — DE L'INTENTION DE NUIRE

280 bis. Des pouvoirs d'appréciation du juge du fait et de la Cour de Cassation. — Les imputations diffamatoires sont réputées de droit faites avec l'intention de nuire. Cette présomption ne saurait être détruite par la seule affirmation contraire du juge du fait, et ne peut disparaître qu'en présence de faits justificatifs relatés par le juge et appréciés par lui souverainement (Cass. cr. 12 juin 1891, D. 92, 1, 176).

L'arrêt qui relaxe un prévenu par ce seul motif qu'il n'est pas démontré qu'il ait agi de mauvaise foi, sans énoncer les faits justificatifs de sa bonne foi, renverse la présomption légale et doit être cassé (Cass. 4 avril 1889, Pand. franç. 1890. 1. 17). — Voir n° 417 *bis*.

PROVOCATION AUX CRIMES ET DÉLITS

Art. 23

ET ARTICLES 24 ET 25 MODIFIÉS PAR LA LOI DU 12 DÉCEMBRE 1893

283 bis à 294 bis. De la provocation suivie d'effet. — La loi du 12 décembre 1893 (Voir n° 295 bis) a laissé intact le texte de l'article 23 de la loi du 29 juillet 1881.

Mais il convient d'observer que, par suite des modifications apportées par cette loi à l'article 49 de la loi de 1881, il peut être, dans les cas prévus par l'article 23 (que la provocation suivie d'effet constitue un crime ou un délit) procédé à l'arrestation des prévenus, et même, à notre avis (bien que le texte de l'article 49 nouveau ne le dise pas) à la saisie des écrits, imprimés et placards incriminés, ainsi qu'a la confiscation des écrits condamnés (Voir sous l'art. 49 nouveau, n°s 891 bis et suiv.).

Art. 24.

MODIFIÉ PAR LA LOI DU 12 DÉCEMBRE 1893

Ceux qui, par un des moyens énoncés en l'article précédent, auront directement provoqué, soit au *vol*, soit au crime de meurtre, de pillage et d'incendie, soit à l'un des *crimes punis par l'article* 435 *du code pénal*, soit à l'un des crimes et *délits* contre la *sûreté extérieure* de l'Etat, prévus par les articles 75 et suivants jusques et y compris l'article 85 du même Code, seront punis, dans le cas où cette provocation n'aurait pas été suivie d'effet, *d'un an à cinq ans d'emprisonnement* et de 100 à 3.000 fr., d'amende.

Ceux qui, par les mêmes moyens, auront directement provoqué à l'un des crimes contre la *sûreté intérieure* de l'Etat prévus par les articles 86 et suivants, jusques et y compris l'article 101 du code pénal, seront punis des mêmes peines.

Seront punis de la *même peine* ceux qui, par l'un des moyens énoncés en l'article 23, auront fait *l'apologie des crimes de meurtre, de pillage ou d'incendie, ou du vol, ou de l'un des crimes prévus par l'article 435 du code pénal.*

Tous cris ou chants séditieux proférés dans des lieux ou réunions publics seront punis d'un emprisonnement de six jours à un mois et d'une amende de 16 francs à 500 francs ou de l'une de ces deux peines seulement.

Voir ci-après, en tête des nos 312 bis à 314 bis le texte de l'article 25 modifié par la loi du 12 déc. 1893, et sous le n° 316 bis le texte et le commentaire de la loi du 28 juillet 1894, ayant pour objet de réprimer les menées anarchistes.

295 bis. De la provocation non suivie d'effet. — Historique de la loi du 12 décembre 1893. — De la bombe lancée le 9 décembre 1893 par le socialiste-anarchiste Vaillant du haut de la tribune publique de la Chambre des députés, sont sortis quatre projets de lois, destinés à mettre aux mains du gouvernement les armes par lui jugées nécessaires pour lutter contre les energumènes violents et simplistes, qui, déséquilibrés par les utopies du collectivisme, ont entrepris de rénover la société à coups de dynamite.

Saisi de ces projets par le gouvernement, le Parlement les a adoptés d'urgence à une énorme majorité, qui a compris que son devoir était d'agir sans perdre de temps en longues délibérations.

Outre une loi d'un caractère préventif, portant ouverture de crédit à l'effet de compléter les services de la police de sûreté, le *Journal Officiel* a promulgué trois lois répressives, la première en date du 12 décembre 1893, portant modification aux articles 24, 25 et 49 de la loi sur la presse, les deux autres, en date du 18 décembre, destinées à atteindre plus efficacement les associations de malfaiteurs (art. 265 et suiv. du code pénal), et la fabrication ou la détention des explosifs (loi du 19 juin 1871).

De ces quatre lois, nous n'avons ici à retenir que la première, modificative des articles 24, 25 et 49 de la loi du 29 juillet 1881. Cette loi du 12 décembre 1893 n'a d'ailleurs fait que reproduire, avec certaines modifications et additions, une proposition de loi qui avait été discutée sous la précédente législature.

On peut résumer la portée de la loi nouvelle (Voir ci-dessus l'article 24 nouveau et ci-après les articles 25 et 49 nouveaux) de la façon suivante :

Sans apporter aucune modification aux éléments constitutifs des crimes et délits de provocation, et en maintenant dans tous les cas la compétence de la Cour d'assises, ainsi que les règles spéciales édictées par la loi 1881 concernant la procédure et la répression (sauf en ce qui concerne l'arrestation et la saisie préventive), elle modifie ou complète cette loi :

1° En incriminant les provocations, non suivies d'effet, soit au *vol*, soit à l'un des *crimes prévus par l'article 435 du code pénal* (article modifié par la loi du 2 avril 1892), soit à l'un des *délits* contre la sûreté extérieure de l'Etat prévus par les articles 75 à 86 du même code (voir article 82 *in fine*) ;

2° En incriminant l'*apologie* des crimes de meurtre, de pillage ou d'incendie, ou du vol, ou de l'un des crimes prévus par l'article 435 du code pénal ;

3° En aggravant les peines correctionnelles édictées par la loi de 1881 contre les délits de provocation (art. 24 et 25) ;

4° En autorisant (au moins dans la généralité des cas prévus par les articles 23, 24 et 25), conformément au droit commun, l'arrestation des prévenus et la saisie préventive des *écrits* incriminés, ainsi que la saisie et la confiscation des écrits publiés après condamnation (Voir article 49 nouveau, n°s 891 bis et s.).

De telles dispositions ne sont assurément point faites pour alarmer les partisans les plus convaincus de la liberté de la presse ; et nous comprenons mal qu'on ait songé à représenter la loi nouvelle comme une œuvre de réaction menaçante pour cette liberté. On pourrait plus justement lui reprocher de n'avoir pas fait assez dans le sens de la répression en laissant encore impunies de nombreuses excitations malsaines et dangereuses (notamment les provocations par *dessins* et *images*), et en ne déférant pas aux juges de droit commun, c'est-à-dire aux tribunaux correctionnels, les *délits* de provocation. — Voir en outre la loi de 18 juillet 1894, sur les menées anarchistes, à la suite des n°s 312 bis à 314 bis.

296 bis. La provocation doit être directe. — Il y a délit punissable dans les termes de l'article 24, toutes les fois qu'il y a eu provocation au meurtre ou à l'incendie directement adressée à certaines personnes, quelles que soient d'ailleurs les hypothèses et les éventualités conditionnelles dans lesquelles s'est placé l'auteur de ces provocations (Cass. cr. 8 sep., 892, D. 94, 1, 29).

297 bis. — La provocation doit être rendue publique par un

des moyens énoncés en l'article 23. —Impunité des provocations par dessins et images.— Les divers délits de provocation punis par l'article 24, modifié par la loi du 12 décembre 1893, ne sont punissables qu'autant qu'ils sont réalisés par l'un des modes de publication déterminés par l'article 23.

Cette remarque s'applique aussi bien à la provocation indirecte, consistant dans l'apologie de certains crimes et délits, qu'aux provocations directes ; elle s'applique également aux provocations adressées aux militaires des armées de terre et de mer, prévues par l'article 25.

L'article 23 ne visant point la publication par *dessins, gravures, peintures emblèmes ou images*, il en résulte que les provocations prévues par cet article, ainsi que celles prévues par les articles 24 et 25, qui se réfèrent à l'article 23 (sans renvoyer à l'article 28), échappent à toute répression, quand elles se réalisent par ce mode particulier de publication (Voir n° 285).

L'image et le dessin, sans texte, se prêtant très-bien aux provocations et tout spécialement à l'apologie des crimes et délits qu'on a voulu réprimer, on peut aisément prévoir, sans être prophète, que la presse anarchiste *illustrée* ne tardera pas à abuser de cette injustifiable immunité.

298 bis et 299 bis. Des crimes et délits visés par la loi du 12 décembre 1893 et de l'apologie des crimes et délits. — D'aprés l'article 24 de la loi de 1881, la provocation directe, non suivie d'effet, n'était punissable, qu'autant qu'elle incitait aux *crimes* de meurtre, de pillage et d'incendie, ou à l'un des *crimes* contre la sûreté de l'Etat prévus par les articles 75 à 101 du code pénal.

L'article 24 nouveau atteint en outre les provocations, non suivies d'effet, soit au *vol* (que le vol provoqué soit qualifié *crime* ou *délit*), soit à l'un des *crimes prévus par l'article 435 du code pénal* (article récemment modifié par la loi du 2 avril 1892), soit à l'un des *délits* contre la sûreté extérieure de l'Etat prévus par les articles 75 à 86 du même code (voir art. 82 *in fine).*

De plus, le nouvel article 24 érige en délits l'*apologie* des crimes de *meurtre*, de *pillage* ou d'*incendie*, ou du *vol* (crime ou délit), ou de l'un des *crimes* prévus par l'article 435 du code pénal.

Cette addition à l'article 24, proposée par le Gouvernement, a donné lieu dans l'exposé des motifs aux observations suivantes :

« La provocation n'est punie actuellement qu'autant qu'elle est di-« recte. L'*apologie* des crimes ci-dessus spécifiés échappe à toute sanc-« tion pénale. La loi laisse ainsi la société sans défense contre des exci-« tations, qui constituent un danger social au même titre et au même « degré que la provocation directe. Qu'est-ce, en effet, que l'apologie « d'un attentat comme le meurtre, le pillage, l'incendie, la destruction « d'un édifice à l'aide d'engins explosifs... *etc.*, sinon la provocation au

« renouvellement d'actes de même nature ? Produisant les mêmes effets, « elle doit exposer ceux qui s'en rendent coupables à la même répres- « sion. »

Le délit d'*apologie* n'est point nouveau dans notre législation sur la presse. L'article 8 de la loi du 9 septembre 1835 réprimait d'une façon générale l'*apologie* de *tout fait* qualifié crime ou délit par la loi pénale. La loi du 12 décembre 1893 ne fait d'ailleurs revivre cette disposition, abrogée par la loi de 1881, qu'en lui faisant subir un amendement considérable, puisque le nouvel article 24 ne punit que l'apologie de certains crimes et délits déterminés, dans l'énumération desquels ne figurent pas les crimes ou délits contre la sûreté extérieure ou intérieure de l'Etat.

Le délit d'*apologie* est assez difficile à définir ; dans la séance du 11 décembre 1893, M. le garde des sceaux, à la tribune de la Chambre des députés, cherchant à préciser les caractères de ce délit, s'est exprimé de « la façon suivante : « Qu'est-ce que la *provocation directe* ? c'est le con- « seil directement donné de commettre un crime, de suivre les traces « d'un Pallas ou d'un Léauthier. — Qu'est-ce que l'*apologie* ? C'est la « glorification de ces prétendus héros de l'anarchie donnés en exemple « à des esprits faibles et dévoyés, qu'on dirige ainsi, plus lentement, « mais plus sûrement, vers le but qu'on se propose, et auxquels on ne « les aurait peut-être pas conduits par une provocation trop directe et « trop violente. »

Ces explications, rapprochées du passage ci-dessus cité de l'exposé des motifs, montrent que, dans la pensée du législateur de 1893, il y a *apologie* des actes criminels visés par l'article 24, quand les cris, discours ou écrits, glorifiant ces actes ou tendant au moins à les justifier, présentent les caractères d'une provocation indirecte au renouvellement d'actes de même nature.

La Cour d'appel de Toulouse, par arrêt du 19 janv. 1894 (Gaz. Pal. 94, 1, 375 et D. 94, 2, 80) a jugé que le fait de proférer le cri de « vive l'anarchie », en l'associant aux cris de « Vive Ravachol » — « vive Vaillant », constituait le délit d'apologie prévu par la loi du 12 décembre 1893.

310 bis. Sanction. Compétence. Arrestation et saisie préventive. — Les provocations, non suivies d'effet, étaient punies par l'ancien article 24 d'un emprisonnement de trois mois à deux ans et d'une amende de 100 à 3,000 fr. L'article nouveau a aggravé ces pénalités, et punit les divers délits qu'il prévoit (abstraction faite des chants et cris séditieux) d'un an à cinq ans d'emprisonnement et de 100 à 3,000 francs d'amende. — Voir en outre la loi du 28 juillet 1894 sur les menées anarchistes (appendice aux art. 24 et 25).

La Cour d'assises reste seule *compétente* pour connaître de ces délits, qui sont régis par les règles spéciales de la loi sur la presse de 1881. — Voir toutefois, ci-après, la loi du 28 juillet 1894.

En ce qui concerne l'arrestation des prévenus, la saisie préventive des écrits incriminés, et la confiscation des écrits condamnés, voir, sous l'article 49 nouveau, n° 891 bis et suiv.

Art. 25.

MODIFIÉ PAR LA LOI DU 12 DÉCEMBRE 1893

Toute provocation par l'un des moyens énoncés en l'article 23, adressée à des militaires des armées de terre ou de mer, dans le but de les détourner de leurs devoirs militaires et de l'obéissance qu'il doivent à leurs chefs dans tout ce qu'ils commandent pour l'exécution des lois et règlements militaires, sera punie d'un *emprisonnement d'un à cinq ans et d'une amende de* 100 *à* 3,000 *francs.*

312 bis à 314 bis. — La loi du 12 décembre 1893 n'a fait que reproduire intégralement l'ancien article 25, en aggravant la peine.

En ce qui concerne le droit d'arrestation, de saisie préventive, et de confiscation, voir, sous l'article 49 nouveau, n° 891 bis et suiv.

APPENDICE

AUX ARTICLES 24 ET 25

316 bis. Loi du 28 juillet 1894 ayant pour objet de réprimer les menées anarchistes. — Texte de la loi. — Art. 1er. — Les infractions prévues par les articles 24, paragraphes 1 et 3, et 25 de la loi du 29 juillet 1881, modifiés par la loi du 12 décembre 1893, sont déférées aux tribunaux de police correctionnelle lorsque ces infractions ont pour but un acte de propagande anarchiste.

Art. 2. — Sera déféré aux tribunaux de police correctionnelle et puni d'un emprisonnement de trois mois à deux ans et d'une amende de 100 à 2,000 fr. tout individu qui, en dehors des cas visés par l'article précédent, sera convaincu d'avoir, dans un but de propagande anarchiste :

1° Soit par provocation, soit par apologie des faits spécifiées aux dits articles, incité une ou plusieurs personnes à commettre soit un vol, soit es crimes de meurtre, de pillage, d'incendie, soit les crimes punis par l'article 435 du Code pénal ;

2° Ou adressé une provocation à des militaires des armées de terre ou de mer, dans le but de les détourner de leurs devoirs militaires et de l'obéissance qu'ils doivent à leurs chefs dans ce qu'ils leur commandent pour l'exécution des lois et règlements militaires et la défense de la constitution républicaine.

Les pénalités prévues au paragraphe premier seront appliquées même dans le cas où la provocation adressée à des militaires des armées de terre ou de mer n'aurait pas le caractère d'un acte de propagande anarchiste ; mais, dans ce cas, la pénalité accessoire de la relégation édictée par l'article 3 de la présente loi ne pourra être prononcée.

La condamnation ne pourra être prononcée sur l'unique déclaration d'une personne affirmant avoir été l'objet des incitations ci-dessus spécifiées, si cette déclaration n'est pas corroborée par un ensemble de charges démontrant la culpabilité et expressément visées dans le jugement de condamnation.

Art. 3. — La peine accessoire de la relégation pourra être prononcée contre les individus condamnés en vertu des articles 1 et 2 de la présente loi à une peine supérieure à une année d'emprisonnement et ayant encouru, dans une période de moins de dix ans, soit une condamnation à plus de trois mois d'emprisonnement pour les faits spécifiés auxdits articles, soit une condamnation à la peine des travaux forcés, de la réclusion ou de plus de trois mois d'emprisonnement pour crime ou délit de droit commun.

Art. 4. — Les individus condamnés en vertu de la présente loi seront soumis à l'emprisonnement individuel, sans qu'il puisse résulter de cette mesure une diminution de la durée de la peine.

Les disposition du présent article seront applicables pour l'exécution de la peine de la réclusion ou de l'emprisonnement prononcée en vertu des lois du 18 décembre 1893 sur les associations de malfaiteurs et la détention illégitime d'engins explosifs.

Art. 5. — Dans les cas prévus par la présente loi, et dans tous ceux où le fait a un caractère anarchiste, les cours et tribunaux pourront interdire, en tout ou partie, la reproduction des débats, en tant que cette reproduction pourrait présenter un danger pour l'ordre public.

Toute infraction à cette défense sera poursuivie conformément aux prescriptions des articles 42, 43, 44 et 49 de la loi du 29 juillet 1881, et sera punie d'un emprisonnement de six jours à un mois et d'une amende de 1,000 à 10,000 francs.

Sera poursuivie dans les mêmes conditions et passible des mêmes peines toute publication ou divulgation dans les cas prévus au paragraphe 1 du présent article, de documents ou actes de procédure spécifiés à l'article 38 de la loi du 29 juillet 1881.

Art. 6. — Les dispositions de l'article 463 du Code pénal sont applicables à la présente loi.

But général de la loi du 28 *juillet* 1894. — Votée au lendemain de l'assassinat du Président Carnot par l'anarchiste Caserio, cette loi a pour objet la répression des menées anarchistes. Tel étant son but, « elle ne saurait, a dit M. le Garde des Sceaux dans sa circulaire du 6 août 1894, constituer une menace pour ceux qui s'efforcent de faire triompher leurs doctrines par les moyens légaux. Votée par le Parlement pour défendre la sécurité publique menacée, elle ne peut et ne doit atteindre que les partisans de la propagande par le fait. »

M. Trarieux, dans son rapport au Sénat, en a résumé les dispositions de la façon suivante :

« Deux séries de dispositions y ont pris place ; d'une part, il s'agit de « soumettre à la police correctionnelle toutes les provocations aux atten- « tats anarchistes, qui peuvent se produire par la voie de la presse ; de « l'autre, il est créé un nouveau délit, celui de propagande secrète ayant « pour objet d'exciter à ces sortes d'attentats ; les peines applicables à « ces délits sont aggravées dans certains cas que détermine l'article 3 de « la loi, du droit pour le juge d'y ajouter la relégation ; quand l'emprisonnement est prononcé pour un délit d'origine anarchiste, il doit être « individuel ; enfin, le compte rendu des débats, en cas de poursuites, « peut être interdit. »

Cette loi contient en effet deux séries de dispositions distinctes, les unes touchant à la législation sur la presse proprement dite, les autres étrangères à cette législation. Il est fâcheux que les auteurs de cette loi n'aient pas cru devoir incorporer les premières dans le texte de la loi organique sur la presse, comme l'exigeait une bonne méthode de codification.

§ 1er. — *De la propagande anarchiste réalisée par les moyens de publicité spécifiés par l'article 23 de la loi sur la presse.* (Art. 1er).

1. *Des délits de provocation et d'apologie prévus par les articles* 24 § 1 et 3, *et* 25 *de la loi du* 29 *juillet* 1881, *modifiés par la loi du* 12 *décembre* 1893, *quand ils ont pour but un acte de propagande anarchiste. Compétence correctionnelle.* — L'article 1er de la nouvelle loi du 28 juillet 1894 a pour *unique objet* d'enlever au jury, pour les déférer aux *tribunaux correctionnels*, les délits prévus par les articles 24, paragraphes 1 et 3, et 25 de la loi sur la presse, modifiés par la loi du 12 décembre 1893 (1), quand ces délits ont *pour but un acte de propagande anarchiste.*

Ainsi, quand ces délits de provocation ou d'apologie (provocation au vol, au meurtre, au pillage, à l'incendie et aux crimes prévus par l'article 435 du Code pénal et apologie des mêmes faits; provocation aux crimes contre la *sûreté extérieure* de l'État et provocation à des militaires pour les détourner de leurs devoirs) ne présentent pas un *caractère anarchiste*, la loi nouvelle leur est absolument inapplicable.

Spécialement, en ce qui concerne la compétence, c'est au jury seul qu'il appartient d'en connaître.

Notons également que le jury reste seul compétent pour connaître du délit prévu par le *deuxième paragraphe* de l'article 24 (provocation non suivie d'effet à l'un des crimes contre la *sûreté intérieure* de l'État), alors même que ce délit serait accompli dans un but de propagande anarchiste. La loi nouvelle, en effet, par respect de la liberté de discussion, a laissé en dehors de ses prévisions ce délit de provocation, a raison du caractère politique qu'il peut revêtir.

Quand, au contraire, ces délits de provocation et d'apologie, prévus par les paragraphes 1 et 3 de l'article 24 et par l'article 25, ont pour but un acte de propagande anarchiste, ils sont déférés aux *tribunaux correctionnels*; mais ils restent, à tous autres égards, soumis aux dispositions générales de la loi sur la presse. « Aucune modification — porte la cir- « culaire de M. le garde des sceaux — n'a été apportée aux éléments « constitutifs de ces diverses infractions. Pour être punissable en vertu de « l'article 24 de la loi du 29 juillet 1891, la provocation au vol, aux « crimes de meurtre, de pillage, d'incendie, *etc.*, devra, même dans le « cas où elle sera déférée aux tribunaux correctionnels, avoir été directe

(1) Voir ci-dessus N° 283 bis et suiv.

« et faite publiquement. D'autre part, les individus qui seront convaincus « de s'en être rendus coupables, continueront à bénéficier du régime de « faveur créé par la loi du 29 juillet 1881, tant au point de vue de la « prescription, de la non applicabilité des règles de la récidive, qu'au point « de vue de l'admission des circonstances atténuantes sur la durée de la peine. » Les règles de la loi sur la presse, concernant les personnes responsables (art. 42 et suiv.), et la procédure des poursuites (art. 60) s'appliqueront également aux infractions prévues par l'article 1er, qui, dans la pensée du législateur, constituent des délits de presse proprement dits, bien que le texte qui les vise aujourd'hui spécialement n'ait pas été incorporé dans la loi générale sur la presse, comme l'eût exigé une bonne méthode de codification.

Il convient d'ajouter que les infractions prévues par l'article 1er de la loi nouvelle, en même temps qu'elles bénéficient de ce régime de faveur, tombent sous les coups des dispositions rigoureuses contenues dans les articles 3, 4 et 5 de ladite loi, concernant la relégation, l'emprisonnement individuel et l'interdiction de reproduire les débats ou de divulguer les actes de procédure (Voir ci-après § 3). La rédaction des articles 3, 4 et 5 ne laissant aucun doute à ce sujet, il faut se garder de prendre à la lettre la phrase suivante que nous relevons dans la circulaire de M. le garde des sceaux : « Le caractère anarchiste de la provocation ou de l'apologie n'aura d'autre conséquence que de justifier, le cas échéant, la compétence des tribunaux correctionnels. »

En définitive, l'article 1er ne nous paraît soulever qu'une seule difficulté d'interprétation, qui se posera, sous forme d'exception d'incompétence, au début des poursuites exercées en vertu du dit article. La provocation ou l'apologie a-t-elle ou non *pour but un acte de propagande anarchiste?* M. le garde des sceaux, dans sa circulaire, n'a pas essayé de définir l'acte de propagande anarchiste. Il s'est contenté d'indiquer que « les magistrats instructeurs devront, en tenant compte tant des antécédents du prévenu que des circonstances mêmes de l'affaire, s'efforcer de dégager nettement le but poursuivi par l'auteur de l'infraction de manière à déterminer avec une certitude absolue la juridiction qui devra en connaître. »

On peut dire que les délits de provocation et d'apologie devront être considérés comme des actes de propagande anarchiste, toutes les fois que la provocation et l'apologie s'appliqueront à des crimes de meurtre, de pillage, d'incendie, de vol, etc... ayant pour but de terroriser la société ou de procurer à la secte anarchiste les moyens d'action dont elle a besoin pour poursuivre son œuvre de destruction.

2. *Des provocations et apologies anarchistes réalisées par dessins, images et emblèmes.* — En donnant le commentaire de la loi du 12 décembre 1893 (voir n° 297 bis), nous avons signalé que les provocations et apologies, réalisées par dessins, images ou emblèmes vendus, distribués, ou exposés aux regards du public, restaient complètement impunies. Les auteurs de la loi du 28 juillet 1894 n'ayant pas songé à combler cette lacune, il est

certain que les provocations et apologies, effectuées à l'aide de ce mode de publication, ne peuvent tomber sous le coup des articles 24 et 25 de la loi sur la presse modifiés par la loi du 28 juillet 1894, quand elles présentent un caractère anarchiste.

Mais nous pensons que ce mode particulier de réaliser la provocation ou l'apologie, *dans un but de propagande anarchiste*, peut être puni maintenant en vertu de l'article 2 de la loi du 28 juillet 1894, qui réprime toute incitation, par provocation ou apologie, au vol, au meurtre, au pillage, à l'incendie et aux crimes prévus par l'article 435 du Code pénal, ainsi que toute provocation adressée aux militaires pour les détourner de leurs devoirs, quand ces incitations se réalisent, *en dehors des cas visés par l'article précédent*, c'est-à-dire, ainsi que l'a exprimé M. le garde des sceaux dans sa circulaire : « *en dehors des conditions de publicité exigées par l'article* 23 *de la loi du* 29 *juillet* 1881 » (Voir ci-après, § 2).

Dans cette interprétation, absolument conforme au texte de l'article 2, la provocation, par images, dessins ou emblèmes, adressée à des militaires pour les détourner de leurs devoirs, serait atteinte par les dispositions du § 4 du dit article, alors même qu'elle n'aurait pas le caractère d'un acte de propagande anarchiste.

Ainsi se trouverait, au moins partiellement, comblée la lacune que nous avions signalée.

3 *Des cris et chants anarchistes.* — La loi du 28 juillet 1894 n'a visé d'aucune façon les cris et chants séditieux, punis par le dernier paragraphe de l'article 24. Les cris et chants séditieux, lors même qu'ils sont proférés dans un but de propagande anarchiste, restent donc soumis en principe à la juridiction de la Cour d'assises.

Notons seulement que les cris et chants, ayant pour but un acte de propagande anarchiste (qu'ils soient ou non séditieux, dans le sens attaché à ce mot par l'article 24), pourront être poursuivis devant les tribunaux correctionnels et réprimés en vertu de l'article premier de la loi du 28 juillet 1894, quand, à raison des circonstances, ils présenteront le caractère d'une provocation à commettre les faits prévus par les articles 24 § 1 et 25 de la loi sur la presse, ou d'une apologie des faits spécifiés par l'article 24 § 3 de la même loi.

Rappelons en outre que le tribunal correctionnel est toujours compétent pour réprimer tout cri délictueux proféré *à son audience* (art. 181, C.I.C. — Voir t. I, n°s 303 et suivants.

§ 2. — *De la propagande anarchiste réalisée en dehors des conditions de publicité spécifiées par l'article* 23 *de la loi sur la presse* (Art. 2).

1. *Des incitations, par provocation ou apologie, à commettre soit un vol, soit les crimes de meurtre, de pillage, d'incendie, soit les crimes punis par l'article* 435 *du Code pénal, et des provocations adressées aux militaires pour les*

détourner de leurs devoirs, quand ces incitations et provocations ont pour but un acte de propagande anarchiste et se produisent en dehors des conditions de publicité spécifiées par l'article 23 *de la loi sur la presse.* — L'article 2, qui crée des délits nouveaux et qui constitue le texte le plus important de la loi du 28 juillet 1894, a pour but d'atteindre désormais, ainsi que l'a déclaré M. le garde des sceaux dans sa circulaire, « *la propagande « anarchiste qui s'exerce en dehors des conditions de publicité exigées par « l'article* 23 *de la loi du* 29 *juillet* 1881 ». « Non moins dangereux ni « moins coupable (ajoute la circulaire) que la propagande *publique*, la « propagande *clandestine* a été trop longtemps assurée de l'impunité. Il « était indispensable de pouvoir mettre un terme à ces conciliabules se- « crets dans lesquels les partisans de l'anarchie préparent leurs auditeurs « à devenir les instruments de leurs desseins criminels. L'article 2 précise « les conditions auxquelles est subordonnée l'existence du délit. La pro- « pagande anarchiste non publique ne sera punissable que si elle se ca- « ractérise ou par des *provocations adressées à des militaires* pour les dé- « tourner de leurs devoirs militaires ou par une *incitation à commettre soit « un vol, soit les crimes de meurtre, de pillage, d'incendie, soit les crimes « prévus par l'article* 435 *du Code pénal* ».

Ces infractions, aux termes de l'article 2, sont déférées aux *tribunaux correctionnels* et punies d'un emprisonnement de trois mois à deux ans et d'une amende de 100 à 2,000 francs. *Ne constituant en aucune façon des délits de presse*, elles doivent être poursuivies conformément au droit commun et tombent, en outre, sous le coup des dispositions de rigueur des articles 3, 4 et 5 de la loi nouvelle (Voir § 3).

Pour être punissables, il faut (sauf une réserve, en ce qui concerne la provocation tendant à détourner les militaires de leurs devoirs ; voir le numéro suivant) que ces infractions soient commises *dans un but de propagande anarchiste* (Conf. ci-dessus, § 1, n° 1).

Il faut, en second lieu, que l'*incitation* au vol, au meurtre, au pillage, à l'incendie et aux crimes prévus par l'article 435 du Code pénal, se caractérise par une véritable *provocation* à commettre ces crimes, ou par une *apologie* des mêmes faits. C'est ce qui résulte à la fois du texte et des déclarations faites par M. Trarieux dans son rapport au Sénat.

La provocation adressée aux militaires doit s'entendre également d'une provocation formelle, ayant pour but de les détourner de leurs devoirs militaires et de l'obéissance qu'ils doivent à leurs chefs dans ce qu'ils leur commandent pour l'exécution des lois et règlements militaires *et la défense de la Constitution républicaine.* Ces derniers mots ont pour but de soustraire à l'application de la loi les provocations à la désobéissance, en cas d'entreprise militaire dirigée contre la Constitution républicaine.

Quant au *moyen matériel* de réaliser les incitations et provocations ainsi précisées, il peut consister dans un acte ou un fait *quelconque*, pourvu que cet acte ou ce fait ne constitue pas l'un des modes de publication prévus par l'article 23 de la loi sur la presse, la provocation et l'apologie, dans un but de propagande anarchiste, étant en ce cas réprimées par l'article 1er de la loi nouvelle.

Il résulte en effet du texte de l'article 2, que celui-ci atteint les incitations et provocations qu'il entend réprimer, toutes les fois qu'elles se réalisent *« en dehors des cas visés par l'article précédent »*, c'est-à-dire, comme le fait justement observer la circulaire du ministre de la justice, « *en dehors des conditions de publicité exigées par l'article* 23 *de la loi du* 29 *juillet* 1881 », lequel spécifie les moyens de provocation et d'apologie prévus par les articles 24 et 25, auxquels renvoie l'article 1er de la loi que nous commentons.

Pour la commodité du langage, on a pu dire (consulter le rapport de M. Trarieux et la circulaire du ministre de la justice) que la loi nouvelle, après avoir visé dans son article premier la propagande anarchiste *publique*, visait, par son article 2, la propagande anarchiste *non publique ou clandestine*. Mais il ne faut pas trop prendre à la lettre ces expressions. La vérité est que l'article premier ne punit la propagande anarchiste publique, qu'autant qu'elle se manifeste par certains faits de publication déterminés par l'article 23 de la loi sur la presse, et que l'article 2 atteint, par la généralité de son texte, non seulement la propagande anarchiste clandestine, mais encore la propagande anarchiste publique, quand elle se réalise par des modes de publication ne rentrant pas dans les prévisions de l'article 23 précité.

Nous en avons déjà tiré cette conséquence importante que les provocations et apologies, par *images, dessins ou emblèmes* rendus publics par vente, distribution, ou exposition dans des lieux ou réunions publics, peuvent, quand elles s'appliquent aux crimes visés par l'article 2, tomber sous le coup dudit article.

Cette conséquence s'impose d'une façon d'autant plus décisive que l'exposition, dans un lieu privé et dans un but de propagande anarchiste, d'une image contenant une incitation, par provocation ou apologie, à commettre les crimes spécifiés par l'article 2, pourrait incontestablement être considérée, le cas échéant, comme caractéristique de l'infraction punie par cet article. Or, il est inadmissible que le même fait de propagande reste impuni, quand il est aggravé par la publicité de l'exposition.

En terminant ce commentaire de l'article 2, notons que si la rédaction définitivement adoptée a défini, avec une certaine netteté, la propagande anarchiste, en ne la faisant résulter que de l'incitation par provocation ou apologie, à commettre certains crimes limitativement énumérés, il faut reconnaître, d'autre part, qu'elle n'a pas déterminé avec plus de précision que le projet primitif du gouvernement les moyens matériels de réaliser cette propagande. D'après le texte voté, comme d'après le texte de ce projet, les incitations constitutives de cette propagande peuvent, en dehors des cas prévus par l'article premier, se réaliser *par un moyen quelconque*, notamment par des propos proférés dans des conciliabules secrets, par des conversations particulières, par des correspondances privées, etc.....

Par méfiance des dénonciations ou des dépositions qui seraient inspirées par un sentiment de haine ou de vengeance, et pour marquer de quelles garanties il entendait entourer la constatation du délit, le législateur a inséré dans l'article 2 la disposition suivante : « La condamnation ne pourra être prononcée sur *l'unique déclaration* d'une personne affirmant avoir été l'objet des incitations ci-dessus spécifiées, si cette déclaration n'est pas corroborée par un ensemble de charges démontrant la culpabilité et expressément visées dans le jugement de condamnation. » Le jugement qui prononcerait une condamnation, en vertu de l'article 2, en se basant sur la déposition d'un unique témoin, sans viser en même temps d'une façon expresse certaines circonstances corroborant cette déposition, serait donc insuffisamment motivé, et tomberait sous la censure de la Cour suprême.

Cette disposition qui est une application mitigée de l'ancienne règle « *testis unus, testis nullus* », vise spécialement le cas où l'incitation se réalise par un propos non public. Quand l'incitation est contenue dans une correspondance privée, la seule production de l'écrit peut être une base suffisante du jugement de condamnation prononcé contre l'auteur de cette correspondance.

5. *Du cas où la provocation tendant à détourner les militaires de leurs devoirs et réalisée en dehors des conditions de publicité prévues par l'article* 23, *n'a pas le caractère d'un acte de propagande anarchiste.* — Nous avons observé, dans le numéro précédent, que les infractions punies par l'article 2 n'existent que si elles sont commises dans un but de propagande anarchiste. « Une seule exception, porte la circulaire de M. le garde des « sceaux, a été faite en ce qui concerne les provocations adressées à des « militaires pour les détourner de leurs devoirs militaires et de l'obéis- « sance qu'ils doivent à leurs chefs. La nécessité de mettre la discipline, « c'est-à-dire l'existence même de l'armée, à l'abri de toute atteinte, exige « que toute provocation à la désobéissance puisse être réprimée, *lors* « *même qu'elle ne présenterait pas un caractère de propagande anarchiste.* Il « a paru toutefois qu'il y avait lieu d'atténuer dans cette hypothèse la « rigueur de la répression. »

En effet, l'article 2 dispose que, dans ce cas, la pénalité de *la relégation* édictée par l'article 3 de la présente loi ne pourra être prononcée accessoirement à la peine principale prévue par le paragraphe premier de l'article 2 (emprisonnement de 3 mois à 2 ans et amende de 100 à 2,000 francs).

En dehors de cette immunité, l'infraction spéciale dont nous nous occupons est absolument assimilée aux autres infractions prévues par l'article 2, tant en ce qui concerne les circonstances constitutives du délit qu'en ce qui concerne la compétence correctionnelle et les règles spécifiées par les articles 4 et 5.

§ 3. — *Dispositions spéciales concernant les infractions prévues par les articles 1 et 2. Relégation. Emprisonnement individuel. Interdiction de rendre compte des débats et de divulguer les actes de procédure. Circonstances atténuantes.* (Art. 3, 4, 5 et 6).

6. *De la relégation facultative.* — La peine accessoire de la *relégation*, porte l'article 3, *pourra* être prononcée contre les individus condamnés en vertu des articles 1 et 2 de la présente loi à une peine supérieure à une année d'emprisonnement et ayant encouru dans une période de moins de dix ans soit une condamnation à plus de trois mois d'emprisonnement pour les faits spécifiés auxdits articles, soit une condamnation à la peine des travaux forcés, de la réclusion ou de plus de trois mois d'emprisonnement pour crime ou délit de droit commun.

Ce texte, parfaitement clair, se passe de tout commentaire. Rappelons seulement que la peine de la relégation ne peut pas être prononcée contre les individus condamnés, en vertu de l'article 2, pour provocation adressée à des militaires, quand la provocation ne présente pas un caractère anarchiste.

Il résulte des déclarations faites par M. Trarieux dans son rapport au Sénat et par M. le garde des sceaux dans sa circulaire que « *les tribunaux ne devront faire usage de la peine accessoire de la relégation* (édictée en cette matière par une dérogation apportée aux règles générales de la loi du 27 mai 1885, sur les récidivistes) *que lorsqu'un besoin de préservation sociale paraîtra l'exiger.* »

7. *De l'emprisonnement individuel.* — Aux termes de l'article 4, tous les individus condamnés en vertu des articles 1 et 2 de la présente loi, sans aucune exception, seront soumis à *l'emprisonnement individuel*, sans qu'il puisse résulter de cette mesure une diminution de la durée de la peine.

Cette disposition, dérogatoire au droit commun, a pour but de soustraire à la propagande anarchiste les préaux et les ateliers des prisons.

Le deuxième paragraphe de l'article 4 déclare cette disposition applicable pour l'exécution de la peine de la réclusion ou de l'emprisonnement prononcée en vertu des *lois du* 18 *décembre* 1893, sur les *associations de malfaiteurs* et la *détention illégitime d'engins explosifs*.

8. *De la faculté donnée aux cours et tribunaux d'interdire, en tout ou partie, la reproduction des débats.* — Dans les cas prévus par la présente loi, porte l'article 5, *et dans tous ceux où le fait incriminé a un caractère anarchiste*, les cours et tribunaux *pourront* interdire, *en tout ou partie*, la *reproduction des débats*, en tant que cette reproduction pourrait présenter un danger pour l'ordre public.

Toute infraction à cette défense sera poursuivie conformément aux prescriptions des articles 42, 43, 44 et 49 de la loi du 29 juillet 1881, et sera punie d'un emprisonnement de six jours à un mois et d'une amende de 1,000 à 10,000 francs.

Sur cette disposition, M. le garde des sceaux, dans sa circulaire, s'est expliqué de la façon suivante : « La faculté accordée aux tribunaux « d'interdire en tout ou en partie la reproduction des débats auxquels « donnent lieu les crimes ou les délits ayant un caractère anarchiste, ap- « paraît comme le complément logique et nécessaire des mesures prises « pour entraver la propagande anarchiste. Si la liberté la plus grande « doit être laissée au prévenu à l'audience, dans l'intérêt de sa défense, « il importe cependant au plus haut point que l'usage même de cette « liberté n'offre pas de danger pour l'ordre public. Les tribunaux ne « pourront donc pas hésiter à interdire la reproduction des débats toutes « les fois que cette reproduction totale ou partielle leur paraîtrait de « nature à pouvoir favoriser le développement de la propagande anar- « chiste. »

Il convient de remarquer que la faculté accordée aux cours et tribunaux d'interdire, en tout ou partie, la reproduction des débats, s'applique non seulement aux infractions prévues par les articles 1 et 2 de la loi nouvelle, mais encore à tous les crimes et délits quelconques ayant un *caractère anarchiste*.

L'interdiction peut n'être que *partielle* ; elle peut être prononcée soit à l'ouverture, soit au cours, soit à la fin des débats.

Ne portant que sur la reproduction des débats, l'interdiction prononcée ne peut faire obstacle à ce que les journaux reproduisent les *jugements*, dont le prononcé ne fait évidemment point partie des débats.

Les termes généraux de l'article permettent d'atteindre non seulement la reproduction par les journaux et écrits périodiques, mais encore la reproduction par écrits non périodiques, et même la reproduction orale.

Reste à déterminer le caractère de l'infraction, les règles de procédure applicables, et la juridiction qui doit en connaître.

Aux termes de l'article 39 de la loi sur la presse, il est interdit de rendre compte des procès en diffamation où la preuve des faits diffamatoires n'est pas autorisée, ainsi que des procès civils, lorsque le compte rendu de ces procès a été interdit par les cours et tribunaux. L'infraction à ces dispositions est punie d'une amende de 100 à 2,000 francs ; elle est déférée aux tribunaux correctionnels (art. 45). Elle constitue une simple *contravention matérielle*, exclusive de la bonne foi et à laquelle ne s'appliquent point les règles de la complicité (Voir t. II, n° 746).

La nouvelle infraction réprimée par l'article 5 de la loi de 1894 présente évidemment de frappantes analogies avec la précédente infraction prévue par l'article 39 de la loi sur la presse.

Malgré ces analogies, il convient de reconnaître, pensons-nous, que la nouvelle infraction constitue non pas une *contravention de presse*, mais un *délit de droit commun*, échappant en principe à l'application des règles spéciales édictées par la loi de 1881.

En effet, l'article 5, outre qu'il punit l'infraction nouvelle d'une peine beaucoup plus rigoureuse que celle édictée par l'article 39, décide qu'elle sera poursuivie conformément aux prescriptions des articles 42, 43, 44 et 49 de la loi du 29 juillet 1881. Or, les articles 42 et 43, qui déterminent les personnes responsables, à titre d'auteurs principaux et de complices, ne visent que les infractions ayant le caractère de crimes ou délits, et non les contraventions matérielles, qui sont, on le sait, exclusives de la complicité.

Le renvoi aux articles 42 et 43 indique donc suffisamment que la nouvelle infraction constitue un véritable *délit*.

De plus, en déclarant que l'infraction sera poursuivie conformément aux prescriptions générales de cette loi, l'article 5 indique qu'elle constitue une infraction de droit commun, soumise en principe, quant aux poursuites et à la répression, aux règles générales du Code d'instruction criminelle, sauf en ce qui concerne l'application spéciale des articles 42, 43, 44 et 49 de la loi précitée.

Il en faut conclure, sans hésitation, que l'infraction nouvelle, punie de peines correctionnelles, rentre, conformément au droit commun, dans la compétence des *tribunaux correctionnels*.

On objecterait vainement que cette infraction présentant tous les caractères d'un délit de presse, doit, dans le silence de la loi, être déférée à la Cour d'assises, qui est la juridiction de droit commun en matière de délits de cette nature. Il ne suffit pas, en effet, qu'une infraction présente tous les caractères juridiques d'un délit de presse ou de publication, pour que les règles spéciales de la loi du 29 juillet 1881 sur la liberté de la presse lui soient applicables, cette loi régissant uniquement les délits de presse prévus et réprimés par son texte. Si non scientifiquement, au moins légalement, il n'y a de délits de presse proprement dits, soumis de plein droit aux règles spéciales de la loi générale sur la presse, que ceux qui sont visés et punis par cette loi. C'est là une règle que le législateur ne devrait jamais perdre de vue, quand il touche à la presse ; en procédant, en pareil cas, par voie de modification ou d'addidition au texte de la loi de 1881, il éviterait bien des incohérences et préviendrait bien des difficultés d'interprétation.

Rappelons que l'article 49 de la loi sur la presse, expressément visé par l'article 5, a été modifié par la loi du 12 décembre 1893. Il résulte de ce visa de l'article 49, que l'infraction prévue par l'article 5 ne peut autoriser ni la saisie de l'écrit (sous réserve de la saisie de quatre exemplaires, en cas d'omission de dépôt), ni l'arrestation du prévenu.

9. *De l'interdiction de publier ou de divulguer les actes de procédure.* — Le dernier paragraphe de l'article 5 est ainsi conçu : « Sera poursuivie *dans les mêmes conditions* et passible *des mêmes peines*, toute publication ou divulgation, *dans les cas prévus au paragraphe* 1er *du présent article*, de documents ou actes de procédure spécifiés à l'article 38 de la loi du 29 juillet 1881 ».

L'article 38, auquel renvoie la disposition finale de l'article 5, interdit de publier les *actes d'accusation et tous autres actes de procédure criminelle ou correctionnelle*, avant qu'ils aient été lus en audience publique, et ce, sous peine d'une amende de 50 à 1,000 francs.

Dans les cas prévus par les articles 1 et 2 de la loi du 28 juillet 1894, et dans tous ceux où le fait incriminé a un caractère anarchiste, la publication des actes d'accusation ou de tous autres actes de procédure, avant leur lecture à l'audience, sera donc punie d'un emprisonnement de six jours à un mois et d'une amende de 1,000 à 10,000 francs.

Cette infraction a exactement les mêmes caractères que celle prévue par le paragraphe premier. Pour les raisons que nous avons précédemment déduites, elle constitue non pas une contravention matérielle à la loi sur la presse, mais un délit de droit commun, qui doit être poursuivi conformément aux règles du Code d'instruction criminelle combinées avec les articles 42, 43, 44 et 49 de la loi sur la presse.

Il faut spécialement remarquer que l'article 5, dans son dernier paragraphe, assimile à la *publication* par la voie de la presse, la *divulgation*. Il résulte des explications fournies par M. Lasserre, dans son rapport à la Chambre des députés, que ce mot *divulgation* a été inséré dans le texte, à côté du mot publication, pour marquer que l'interdiction s'appliquait, en même temps qu'aux journaux, aux magistrats et aux fonctionnaires du greffe, et plus généralement à tous ceux qui, à raison de leurs fonctions ou de leur profession, peuvent, avant l'audience, avoir connaissance des dossiers criminels.

Ainsi, indépendamment de la publication qui pourra en être faite par la voie des journaux, la seule divulgation des actes de procédure faite par un juge d'instruction, un employé du greffe, un avocat auquel le dossier a été communiqué, etc., constitue le délit réprimé par l'article 5.

10. *Des circonstances atténuantes.* — L'article 6 et dernier déclare applicables à la présente loi les dispositions de l'article 463 du Code pénal sur les circonstances atténuantes.

Notons que, dans les cas prévus par l'article premier de la présente loi, la peine prononcée, en cas d'admission de circonstances atténuantes, ne pourra excéder la moitié de la peine édictée par la loi, conformément à l'article 64 de la loi sur la presse, dont les dispositions générales régissent les délits de provocation et d'apologie spécialisés par l'article premier de la nouvelle loi (Voir ci-dessus, § 1, n° 1).

317 bis. Provocation directe à un attroupement. — Le journal qui reproduit un écrit, précédemment rendu public et provoquant directement à un attroupement, ne commet pas le délit de provocation à un attroupement, s'il a prêté sa publicité sans avoir l'intention de s'associer lui-même à la provocation (Paris, 6 mars 1884, Gaz. Pal. 84, 2, Supp. 44).

L'article 4 du décret du 25 février 1852, lequel ne fait pas partie de la législation sur la presse (Voir art. 68), n'a été abrogé, ni par la loi du 15 avril 1871, ni par celle du 29 juillet 1881 ; en conséquence, le délit de provocation directe à un attroupement, prévu par l'article 6 de la loi du 7 juin 1848, est toujours justiciable, conformément aux dispositions du décret précité, du tribunal correctionnel (Cass. cr. 28 juill. 1883, *Le droit* du 11 août 1883 ; Paris, 28 juin 1887, Gaz. Pal. 87, 2, 122).

322 bis. Provocations tendant au développement de « l'internationale ». — La loi du 14 mars 1872 n'a pas été abrogée par la loi du 29 juillet 1881 (Lyon, 13 mars 1883, Gaz. Pal. 83, 1, 509).

FAUSSES NOUVELLES

(Art. 27 et loi du 3 février 1893).

360 bis. Fausses nouvelles tendant à provoquer des retraits de fonds des caisses d'épargne et des caisses publiques. — Loi du 3 février 1893 ayant pour objet de compléter les articles 419 et 420 du code pénal. — A la date du 31 janvier 1893, M. Bourgeois, garde des sceaux, déposa à la Chambre des députés, à la suite d'une campagne menée contre *les caisses d'épargne*, un projet de loi ayant pour objet d'atteindre de telles manœuvres, en complétant les articles 419 et 420 du code pénal, qui visaient les faits faux et calomnieux, semés à dessein dans le public, en vue d'opérer la hausse ou la baisse du prix des denrées et marchandises, ou des papiers ou effets publics au-dessus ou au-dessous des prix qu'aurait déterminés la concurrence naturelle et libre du commerce.

« L'opinion publique s'est émue, dit l'exposé des motifs (*Journ. Off.* « 1er février 1893, p. 328), des attaques dirigées depuis quelques temps « contre les caisses d'épargne. Les auteurs de ces attaques ont montré « qu'ils étaient décidés à ne reculer devant aucun moyen pour jeter le « trouble dans les esprits, amener les déposants à concevoir des inquiétu- « des sur la sécurité des garanties de remboursement qui leur sont « offertes, et ainsi provoquer le retrait des fonds déposés dans les caisses « publiques. Tel est le but ouvertement poursuivi. Notre législation pé- « nale ne permet point de punir efficacement les auteurs de cette campa- « gne, qui, si elle se prolongeait, pourrait avoir pour le crédit de l'Etat « lui-même les plus graves conséquences. »

Ce projet de loi, adopté par la Chambre des députés, fut immédiatement transmis au Sénat et voté par lui, à la date du 3 février 1893, à la suite d'un rapport verbal de M. J. Godin. Les deux articles qui composent cette loi du 3 février 1893 sont ainsi conçus :

Art. 1er. — Sera puni des peines prévues par l'art. 420

c. pén., quiconque, par des faits faux ou calomnieux, semés à dessein dans le public, ou par des voies ou moyens frauduleux quelconques, aura provoqué ou tenté de provoquer des retraits de fonds des caisses publiques ou des établissements obligés par la loi à effectuer leurs versements dans les caisses publiques.

Art. 2. — L'art. 463 est applicable aux délits prévus et punis par la présente loi.

Au cours de la discussion, M. Goblet ayant demandé si l'on déférerait à la police correctionnelle les journaux qui, en dehors de faits matériels sur la voie publique, feraient une campagne de presse contre le crédit public et les caisses d'épargne, M. le Garde des sceaux répondit que « en « déterminant une juridiction et des pénalités spéciales à l'occasion des « délits de presse proprements dits, le législateur de 1881 n'a point en- « tendu supprimer les délits spéciaux prévus par le code pénal.....; que « si le but de ceux qui ont écrit les articles ou qui les ont dictés est véri- « tablement de troubler le crédit public par le retrait en masse des fonds « des caisses d'épargne, dans ce cas, alors même que le seul fait incriminé « serait un article de journal, il ne saurait y avoir de doute : c'est le délit « de droit commun prévu par les articles 419 et 420 qui est commis et « c'est, par conséquent, le tribunal de police correctionnelle qui est com- « pétent ;...... ce ne sera pas la loi sur la presse, ce sera le code pénal « dont il s'agira d'assurer l'application. »

La réponse ainsi faite par M. le Garde des sceaux à l'interrogation de M. Goblet est parfaitement juridique. Par rapport à la disposition générale de l'article 27 de la loi sur la presse, qui punit les fausses nouvelles ayant eu pour effet de troubler la paix publique, la loi du 3 février 1893 a le caractère d'une loi spéciale, et il est de principe que les lois spéciales dérogent aux lois générales, principe dont l'application est ici d'autant moins douteux que la loi spéciale est postérieure à la loi générale. Il en résulte qu'au cas même, où le fait spécialement incriminé par la loi du 3 février 1893 aurait troublé la paix publique et se serait réalisé par un des modes de publication prévus par la loi sur la presse, il y aurait lieu de lui appliquer la loi nouvelle, et non l'article 27 de la loi du 29 juillet 1881.

Notons que la loi du 3 février 1893 punit la simple tentative, c'est-à-dire la publication de faits faux et calomnieux tendant à provoquer des retraits de fonds des caisses publiques, alors même que cette publication n'a pas été suivie d'effet.

La Cour de Toulouse a eu l'occasion de faire application de la loi nouvelle peu de temps après sa promulgation. Par arrêt du 19 mai 1893 (D. 93, 2, 349), elle a jugé que celui, qui, de mauvaise foi, répand dans le public (il s'agissait dans l'espèce de propos tenus dans un café) des faits faux ou calomnieux, de nature à provoquer des retraits de fonds de caisses d'épargne, est, conformément à l'art. 1er de la loi du 3 février 1893, passible des peines prévues par l'article 420 du code pénal.

DES OUTRAGES AUX BONNES MŒURS

Art. 28 et loi du 2 août 1882.)

365 bis. Droit de contrôle de la Cour de cassation. — Conf. Cass. cr. 14 mars 1889, D. 89, 1, 390. Cass. cr. 17 nov. 1892, D. 93, 1, 213; et Cass. cr. 25 nov. 1892, D. 93, 1, 508). Ce dernier arrêt décide que l'arrêt de condamnation qui, sans indiquer les passages des articles incriminés qui présenteraient le caractère d'obscénité, se borne à déclarer que ces articles sont obscènes tant à raison des sujets traités que des détails qui en accentuent le caractère malsain, ne permet pas à la Cour de cassation d'exercer son contrôle sur la qualification des faits, et dès lors manque de base légale.

369 bis. Qu'est-ce que le livre? — Une livraison isolée de quelques pages destinée à former plus tard un livre avec une longue série de livraisons analogues, ne saurait constituer un livre, dans le sens normal et dans le sens légal attaché à ce mot, par la loi du 2 août 1882(Cass. cr. 17 nov. 1892, D. 93, 1, 213).

370 bis. Du livre illustré. — Les dessins obscènes contenus dans un livre et faisant corps avec lui, doivent être considérés isolément de l'imprimé qui les contient, et tombent sous le coup des dispositions de la loi du 2 août 1882 (Paris, 20 mars 1890, D. 90, 2, 76), qui ne fait aucune distinction entre les dessins d'un livre et ceux publiés isolément ou accompagnant tout autre écrit, et qui défère au même juge, c'est-à-dire au juge correctionnel, tous les outrages aux bonnes mœurs commis par cette voie (Cass. cr. 19 juin 1890 et Cass. cr. 17 nov. 1892, D. 93, 1, 213).

394 bis. Complicité de droit commun. — Personnes responsables comme auteurs principaux ou complices des outrages aux bonnes mœurs punis par la loi du 2 août 1882. — Il est incontestable que les outrages aux bonnes mœurs réprimés par la loi du 2 août 1882 (outrages résultant de la vente, de l'offre, de l'exposition ou de l'affichage d'imprimés autres que le livre, d'affiches, dessins, gravures ou images *obscènes*) ne constituent plus, depuis la promulgation de cette loi, des délits de presse proprement dits, et échappent aux règles spéciales édictées par la loi du 29 juillet 1881. pour obéir aux règles du droit commun.

Spécialement, les règles édictées par les articles 42 et 43 de la loi sur la presse, concernant les personnes responsables, soit comme auteurs principaux, soit comme complices, sont ici sans application, en tant qu'elles s'écartent du droit commun.

Il en faut conclure que, conformément au droit commun, l'imprimeur peut être poursuivi comme complice, et en conclure aussi (quelle que soit l'interprétation qu'on donne au paragraphe 1er de l'article 43), que l'auteur de l'écrit ou du dessin obscène peut être poursuivi valablement comme complice sans qu'il soit nécessaire de mettre en cause le gérant ou éditeur, comme auteur principal (Conf. d'ailleurs N° 810 bis).

Mais il n'en résulte pas, qu'en ce qui concerne la détermination des participants au délit pouvant être recherchés comme auteurs principaux ou complices, il y ait lieu de prendre le contre-pied des règles d'imputabilité écrites dans les articles 42 et 43 de la loi sur la presse. Telle est cependant la tendance de la jurisprudence qui, en matière d'outrages aux bonnes mœurs prévus par la loi du 2 août 1882, considère les vendeurs et distributeurs comme auteurs principaux, et poursuit comme complices les éditeurs et auteurs des écrits ou dessins obscènes (Conf. Paris, 13 mai 1892 et 28 octobre 1892, D. 93, 2, 468).

C'est là, suivant nous, une grosse erreur. La loi du 2 août 1882 n'a nullement entendu modifier les éléments constitutifs du délit; que le délit d'outrage aux bonnes mœurs soit commis par la voie du livre ou du dessin, qu'il tombe sous le coup de la loi de 1881 ou de la loi de 1882, c'est la *publication* par vente, distribution ou exposition qui le constitue, et dans un cas comme dans l'autre, c'est le *publicateur originaire*, c'est-à-dire celui qui prend l'initiative de la publication, et qui pour la propager recourt à l'intermédiaire des vendeurs ou des distributeurs, qui commet le délit à titre d'auteur principal.

En désignant l'éditeur comme auteur principal, et les vendeurs et distributeurs, c'est-à-dire les agents auxiliaires de la publication, comme complices, les articles 42 et 43 de la loi sur la presse n'ont fait qu'appliquer les règles du droit commun en matière de responsabilité pénale et de complicité (Voir le développement de cette idée, sous les Nos 806 et suiv.). Et c'est bien à tort qu'au nom du droit commun, on a imaginé d'intervertir les rôles vrais joués par chacun, en faisant de l'éditeur d'un journal (légalement responsable de la publication aux termes de l'article 6 de la loi de 1881) ou d'un dessin obscène le complice de ses agents de vente et de distribution, et en qualifiant ces comparses d'auteurs principaux. Cette conception des responsabilités se trouve cependant *implicitement* approuvée par un arrêt de la Chambre criminelle du 14 mars 1889 (D. 89, 1, 390), rejetant le pourvoi formé contre un arrêt de la Cour de Paris du 19 janvier précédent, qui avait condamné, comme complices, l'éditeur et l'auteur d'un dessin obscène publié dans le *Courrier Français*.

Il faut observer toutefois que si la Chambre criminelle, dans cet arrêt, a accepté, sans la ratifier, la qualification de complice donnée à l'éditeur poursuivi en vertu de la loi du 2 août 1882, elle n'a pas eu à statuer directement sur la question qui nous occupe, le pourvoi, dont elle était saisie, acceptant lui-même cette qualification, et se basant sur elle pour soutenir, d'ailleurs bien à tort, que l'arrêt avait violé les articles 42 et 43 de la loi sur la presse, en prononçant une condamnation contre le complice, alors que l'auteur principal n'avait pas été mis en cause (Conf. art. 42 et 43 et N° 810 bis).

Ajoutons que l'arrêt de condamnation, qui qualifie à tort de complice par aide et assistance et punit comme tel un participant au délit qui en est en réalité l'auteur principal, doit, à notre avis, échapper à la cassation si le délit lui-même est bien qualifié et si les faits de participation relevés par l'arrêt justifient la condamnation qui aurait dû être prononcée contre le prévenu à titre d'auteur principal.

L'auteur du mot « *Presse-outrage* », au supplément du Répertoire de Dalloz (N° 696), n'hésite pas à affirmer que le gérant, poursuivi en vertu de la loi du 2 août 82, doit toujours être considéré comme l'auteur principal, mais, suivant lui, il conviendrait de mettre en cause les agents auxiliaires de la publication, comme co-auteurs, et non comme complices.

396 bis. La condamnation pour outrage aux bonnes mœurs n'emporte en aucun cas privation des droits politiques. — Contrairement à l'opinion par nous émise, et sans s'arrêter aux déclarations formelles faites à ce sujet par le législateur lors de la discussion de la loi du 2 août 1882, la jurisprudence décide que l'individu condamné pour outrage aux bonnes mœurs, soit en vertu de la loi du 29 juillet 1881, soit en vertu de la loi du 2 août 1882, est privé de ses droits politiques, par application du § 6 de l'article 15 du décret organique du 2 février 1852 (Cass. civ. 18 avr. 1888, D. 89, 1, 285; Paris, 10 fév. 1893, D. 93, 2, 190 et un pourvoi, Cass. cr. 24 mars 1893, Lois Nouvelles, 94, 2, 16).

Voici le texte de ce dernier arrêt de la Chambre criminelle, qui diffère peu de l'arrêt de la Chambre civile du 18 avril 1888 :

Attendu qu'aux termes du § 6 de l'art. 15 du décret organique du 2 février 1852, les individus condamnés pour délits d'outrage aux bonnes mœurs ne doivent pas être inscrits sur les listes électorales et sont ainsi privés de leurs droits civiques; que cette disposition légale n'a été abrogée par aucune loi postérieure;

Attendu que si la loi du 17 mai 1819, visée par le § 6 du décret du 2 février 1852 a été abrogée par la loi du 29 juillet 1881, cette dernière loi a, par son art. 28, expressément maintenu le délit d'outrage aux bonnes mœurs dont elle a aggravé la peine, et reproduit, dans son art. 23, tous les modes de perpétration de ce délit énumérés par la loi du 17 mai 1819; que, ni dans la loi du 29 juillet 1881, ni dans la loi subséquente du 2 août 1882 qui a encore aggravé les peines édictées contre le délit d'outrage aux bonnes mœurs, on ne trouve aucune disposition d'où l'on puisse induire que l'incapacité dont les auteurs de ce délit sont frappés par l'art. 15 du décret de 1852 a cessé d'exister; d'où il suit qu'en faisant application au demandeur des art. 6 et 9 de la loi du 29 juillet 1881, l'arrêt attaqué, loin de violer les textes de loi visés par le pourvoi en a fait, au contraire, une exacte et juste interprétation.

Nous ne saurions, quant à nous, approuver cette jurisprudence, qui, en vertu d'un texte abrogé et contrairement aux déclarations du législateur, prive de leurs droits politiques les condamnés pour outrage aux bonnes mœurs, édictant ainsi contre ces derniers (qui ne sont pas toujours de vulgaires pornographes, et dont les noms honorent parfois la littérature française) une peine accessoire d'une rigueur d'autant plus excessive qu'elle atteint les condamnés de plein droit, si minime que soit la peine principale par eux encourue.

On ne trouve, dit la Cour de cassation, dans la loi du 29 juillet 1881 aucune disposition d'où l'on puisse induire que l'incapacité dont les auteurs du délit d'outrage aux bonnes mœurs sont frappés par l'article 15 du décret de 1852 a cessé d'exister. Nous trouvons, au contraire, que cette disposition crève les yeux, et il nous est impossible de ne pas découvrir dans cette loi de 1881 un article 68, qui abroge les édits, lois, décrets, généralement quelconques, relatifs à la presse, et aux crimes et délits prévus par les lois antérieures sur la presse. Il est incontestable que cet article 68 de la loi de 1881 a *abrogé* l'article 8 de l'ancienne loi sur la presse du 17 mai 1819, qui punissait l'outrage aux bonnes mœurs. Il est incontestable également que l'article 15 du décret de 1852 ne prive de leurs droits politiques que les individus condamnés pour outrage aux bonnes mœurs, *par application de l'article* 8 *de la loi du* 17 *mai* 1819. Où est dès lors le texte qui prive de leurs droits politiques les indvidus condamnés pour outrage aux bonnes mœurs, *par application de la loi du* 29 *juillet* 1881 *ou de la loi du* 2 *août* 1882?

Voilà le texte qu'on ne trouve pas et sans lequel on ne peut cependant point, sans créer une peine non édictée par la loi, priver de leurs droits électoraux les condamnés dont nous prenons la défense. La question paraît ainsi résolue en leur faveur, et l'hésitation semble d'autant moins permise que le législateur, au cours de la discussion, s'est nettement prononcé dans le même sens.

La Cour de cassation tente, il est vrai, de suppléer ici à l'absence du texte par un raisonnement. Non-seulement une telle méthode d'interprétation, en matière pénale, est vicieuse en soi, comme l'enseigne la Cour de cassation elle-même dans ses nombreux arrêts, mais le raisonnement auquel elle a recours pour étayer sa décision est en réalité fort peu démonstratif.

Si la loi de 1881, en même temps qu'elle a abrogé la loi du 17 mai 1819, a, par son article 28, expressément maintenu le délit d'outrage aux bonnes mœurs, dont elle a même aggravé la peine principale, et reproduit tous les modes de perpétration de ce délit énumérés par la loi de 1819, il ne s'en suit pas qu'elle ait maintenu la peine accessoire, dont les auteurs de ce délit, alors qu'il était prévu par la loi de 1819, étaient frappés par le décret de 1852. Ayant à réprimer un délit, mal défini, dont les peines peuvent atteindre tour à tour les plus ignobles pornographes et lés ecrivains, dignes de ce nom, le législateur de 1881, s'il avait d'excellentes raisons pour aggraver les pénalités principales à l'effet d'atteindre efficacement les premiers, n'en avait pas de moins bonnes pour ne pas attacher de plein droit la peine accessoire de l'incapacité politique à toute condamnation pouvant atteindre les seconds.

Une telle peine accessoire ne se justifie législativement, qu'attachée à des délits dont le caractère est nécessairement infamant. Loin d'avoir dans le délit d'outrage aux bonnes mœurs par lui restauré, un délit de cette nature, la législation de 1881 en a fait un délit de presse proprement dit, qu'il a déféré (sauf dans le cas prévu par le paragraphe 2 de l'article 28) à la *Cour d'assises*, et qu'il a fait bénéficier de toutes les dispositions de faveur régissant les délits de presse (arrestation des prévenus, saisie préventive, circonstances atténuantes, *etc*.....)

Après avoir abrogé la loi de 1819, la loi de 1881, loin de maintenir ce délit identique à lui-même, en a donc fait un délit nouveau, soumis à une autre juridiction, à des règles de procédure particulières et à des pénalités nouvelles.

Quant à la loi du 2 août 1882, qui a replacé sous l'empire du droit commun les outrages aux bonnes mœurs, commis par dessins et imprimés autres que le livre, elle n'a pas pu avoir pour effet de faire revivre la peine accessoire attachée par le décret de 1852 aux outrages punis par la loi abrogée de 1819, ainsi d'ailleurs que l'a expliqué et reconnu le rapporteur de la loi de 1882 à la Chambre des députés.

Nous persistons donc à penser que l'individu condamné pour outrage aux bonnes mœurs, soit en vertu de l'article 28 de la loi de 1881, soit en vertu de la loi du 2 août 1882, n'est pas privé de ses droits politiques, et, qu'entre autres conséquences de cette règle, il convient de décider que l'individu condamné pour un délit de cette nature conserve la capacité d'être gérant (Voir 82 ter).

DES DIFFAMATIONS ET INJURES

(Art 29 à 35).

402 bis. Des outrages prévus par le code pénal et des diffamations et injures prévues par la loi du 11 juin 1887. — Les dispositions de la loi sur la presse relatives à la répression des diffamations et injures doivent se combiner, d'une part, avec les articles 222 et suiv. du code pénal (Voir n°s 523 bis à 531 bis), et, d'autre part, avec la loi du 11 juin 1887, concernant les diffamations et injures commises par les correspondances postales ou télégraphiques circulant à découvert (Voir n°s 264 bis et suiv.).

404 bis et 405 bis. L'imputation ou l'allégation doit viser un fait déterminé. — La diffamation est caractérisée par l'imputation d'un *fait déterminé*, c'est-à-dire par une articulation de faits suffisamment précise, pour être, sans difficulté, l'objet d'une preuve en justice. Ainsi, la qualification d' « *insolvable* » donnée à un commerçant ne renfermant pas en elle-même l'imputation d'un fait déterminé, ne saurait constituer le délit de diffamation. Le tribunal de commerce de Marseille s'est prononcé en sens contraire dans un jugement du 31 décembre 1868 (D. 69. 2, 83), en faisant observer que dire d'un commerçant qu'il est insolvable, c'est, en définitive, lui imputer le fait de ne pas payer ses dettes. Mais il est clair qu'à ce compte il ne serait pas une expression injurieuse qui ne pût aisément se transformer en une imputation diffamatoire.

Au contraire, l'imputation adressée à un commerçant de laisser protester les traites tirées sur lui, présente les caractères d'une diffamation (Cass. 10 déc. 1886 et 7 janv. 1887, Sir. 1888, 1, 399).

Il a été jugé que le fait de prêter à une personne une opinion, qui est de nature à la déconsidérer, et de lui reprocher de l'avoir exprimée publiquement, ne renferme pas les éléments du délit de diffamation (Limoges, 20 mars 1890, Gaz. Pal. 90. 1. 754). Voir en outre : Cass. 17 mars 1864, D. 64. 1. 104. — La question est délicate et sa solution nous paraît devoir dépendre surtout des circonstances de la cause. En principe, et sous réserve de la question d'intention, il nous paraît que le délit de diffamation peut être relevé, quand les propos ou écrits incriminés contiennent moins la critique générale de telle ou telle opinion, que la critique de faits précis directement imputés à une personne à laquelle on prête cette opinion.

La Cour de cassation, par arrêt du 16 février 1893 (D. 94, 1, 25), a décidé que des appréciations violentes d'opinions philosophiques, sociales ou religieuses, attribuées à la franc-maçonnerie, et ne contenant ni allégations, ni imputations à l'adresse de personnes déterminées, ne peuvent constituer le délit de diffamation. — Dans cette affaire, la Cour d'Aix, dont l'arrêt a été cassé, avait jugé, à la date du 5 août 1892, que des énonciations, qui, sans nommer personne, et en paraissant s'adresser aux seules doctrines des francs-maçons, désignent clairement en fait à la réprobation publique les fondateurs d'une loge maçonnique récemment établie, constituent des imputations diffamatoires à l'égard de ces fondateurs.

La Cour suprême a fait une très-exacte appréciation du droit, en cassant cet arrêt de la Cour d'Aix. La critique d'une doctrine politique ou sociale, faite en termes généraux, alors même qu'il est souverainement jugé en fait qu'elle tend à déconsidérer certaines personnes qui la professent, ne saurait présenter les caractères légaux de la diffamation qui suppose essentiellement l'allégation ou l'imputation d'un fait précis, reproché à des personnes déterminées.

Il a été jugé avec raison qu'il y avait lieu de considérer comme *injurieuses*, et non comme *diffamatoires*, les expressions ou qualifications suivantes :

Chevalier d'industrie (Trib. corr. Orléans, *Moniteur*, Lyon 23 avril 1891);

Fils d'une poissarde qui a couru les rues (Trib. corr. Chambéry, 6 nov. 1886, *Loi*, 20 nov. 86);

Alphonse (Orléans, 22 févr. 1887, D. 88, 2, 286); il a été jugé, d'autre part, qu'il y avait imputation d'un fait déterminé, et dès lors diffamation :

Dans le reproche adressé à un candidat aux élections « *d'avoir opéré comme un simple Wilson dans les couloirs de la Légion d'honneur.* » Douai, 13 février 1881, Gaz. Pal. 88, 1, 498).

Dans le fait de dire d'un propriétaire que « *son opulence n'est qu'apparente et que ses propriétés sont grevées de dettes considérables.* » Bordeaux, 23 déc. 1887, Rec. de Bordeaux, 88, I, 124).

Dans le reproche fait à un individu « *De se dire Français sans l'être.* » (Trib. Lille, 6 juill. 1887, *Loi*, 25 déc. 87).

Conf. en outre, n°s 409 bis à 415 bis, 444 bis et D. Supp. Pr. outr. 851 et s.

408 bis. Désignation de la personne ou du corps auquel le fait est imputé. — Le juge du fait apprécie souverainement si le plaignant est suffisamment désigné par l'écrit incriminé. Mais la Cour suprême se réserve toujours le droit de vérifier si cet écrit contient bien réellement des allégations ou imputations à l'adresse de personnes déterminées (Conférer les arrêts de la Cour d'Aix et de la Cour de cassation analysés sous le n° précédent, et la note sous l'arrêt de cassation du 16 février 1893 : D. 94, 1, 25).

Par jugement du 7 novembre 1893 (Gaz. Pal. 1. Supp. 3), le tribunal correctionnel de Troyes a jugé que le propos suivant : « Le jour où tu as tiré au sort, ta mère vendait du beurre à faux poids sur le marché de Troyes, » était diffamatoire, non seulement à l'égard de la mère, mais encore à l'égard du fils. — Cette solution nous paraît inexacte. Il faut, en effet, pour qu'une personne puisse se prétendre diffamée, que le fait imputé la concerne *personnellement* (Conf. n° 408). Ajoutons que le propos ci-dessus relevé aurait pu, à notre avis, être poursuivi par le fils comme constituant à son adresse une injure (invective).

Les membres d'un corps constitué (dans l'espèce des conseillers municipaux), atteints *personnellement* par une diffamation qui a été adressé à ce corps, ont le droit de poursuivre individuellement, et sans délibération préalable du corps constitué, la réparation du délit (Cass. cr. 28 mai 1891, D. 91, 1, 399).

Conf. en outre, D. Supp. Pr. out. 872 et s.

409 bis à 415 bis. De l'atteinte à l'honneur ou à la considération. — Espèces diverses. — Il a été jugé qu'il n'y a pas lieu de considérer comme attentatoires à l'honneur ou à la considération :

L'allégation qu'une personne est *chef de la réaction* dans une commune ou *est toujours en contact avec la réaction* (Cass. req. 27 déc. 86, D. 87, 1, 312) ; voir en outre, n° 444 bis ;

L'imputation *d'employer des ouvriers étrangers* (Trib. corr. Mirecourt, 28 déc. 1887, Gaz. Pal. 88, 1, 342).

Sont, au contraire, d'après les décisions ci-après rapportées, de nature à porter atteinte à l'honneur ou à la considération, et, à ce titre, diffamatoires :

L'imputation d'avoir eu recours à la prescription dans deux procès pour ne pas payer ses dettes (Cass. 2 avril 1887, Gaz. Pal. 87, 2, 310) ;

L'imputation dirigée contre un propriétaire de n'avoir qu'une opulence apparente et d'avoir ses propriétés grevées de dettes considérables (Bordeaux, 24 déc. 1887, Rec. de Bordeaux, 1888, 1, 124) ;

L'imputation dirigée contre un individu de se dire Français sans l'être (Trib. corr. Lille, 6 juill. 1887, *Loi*, 25 déc. 87) ;

L'imputation adressée à un commerçant de laisser protester les traites par lui acceptées (Cass. 10 déc. 1886, D. 87, 1, 364) ;

L'imputation de s'être mis dans le cas d'avoir à solliciter une réhabilitation et de se la voir refuser (Cass. cr. 18 nov. 1892, D. 94, 1, 139) ;

L'imputation d'être affilié à la franc-maçonnerie, dirigée contre un individu qui ne fait pas partie de cette association (Trib. Lons-le-Saulnier, 30 déc. 1894, Gaz. Pal. 94, 2, 727) ;

L'imputation dirigée contre une Compagnie d'assurance d'avoir, dans son conseil d'administration, plusieurs banquiers, correspondants officieux, si non officiels, des entrepreneurs des fameuses loteries, ou plus exactement voleries allemandes (Trib. corr. Seine, 20 févr. 1889, Gaz. Pal. 89, 1, 555) ;

L'imputation adressée faussement à une société française, d'être une société prussienne dont les usines appartiennent à des personnages prussiens (Douai, 10 février 1890). — Cet arrêt inédit fait observer « qu'en « raison de la situation politique existant actuellement entre la France et « l'Allemagne, et aussi en raison de l'état actuel de l'opinion publique en « France à l'égard de la nation prussienne, il faut reconnaître que les « allégations ci-dessus précisées sont de nature à déconsidérer la société « demanderesse aux yeux du public français. » — Conf. n° 444 bis et D. Supp. *Pr. out.* 860 et s.

La qualification d'allemand donnée à un commerçant français peut, en tous cas, donner lieu à une action civile en dommages et intérêts, la dite qualification étant de nature à lui nuire dans ses intérêts commerciaux (Paris, 26 janv. 1894, Gaz. Pal. 94, 1, 548).

416 bis. Luttes électorales. — Voir 437 bis.

417. bis. De l'intention de nuire en matière de diffamation. — Il importe de ne pas confondre en cette matière l'intention de nuire avec la mauvaise foi ; le but poursuivi par l'auteur de la diffamation, peut n'être pas mauvais en soi, utile même à la défense de certains intérêts, et cependant ne pas justifier les moyens employés pour l'atteindre. En principe, l'intention de nuire, en matière de diffamation, est légalement caractérisée, lorsque l'auteur de la diffamation a eu conscience des conséquences préjudiciables qui pouvaient en résulter pour la personne diffamée. La bonne foi, c'est-à-dire la conviction dans laquelle est l'auteur de la diffamation de la légitimité du but par lui poursuivi, peut coexister avec l'intention de nuire ainsi définie. En d'autres termes, il ne suffit pas à l'auteur d'une imputation diffamatoire, pour faire disparaître l'élément intentionnel du délit, de démontrer qu'il n'a point voulu nuire directement à la personne diffamée ; quand, en définitive, il a agi avec la conscience du mal qu'il pouvait faire à cette personne, l'intention de nuire est légalement caractérisée, et cet élément du délit ne peut être écarté qu'autant que le but poursuivi apparait au juge comme assez sérieux et assez légitime pour justifier le moyen employé (Bordeaux, 17 juin 1891, Gaz. Pal. 91, 2, 91 ; Lyon, 11 mai 1887, Mon. Lyon, 30 août 1887 ; Paris, 6 déc. 1890, D. 91, 2, 366).

Rappelons, d'autre part, que les imputations diffamatoires sont réputées de droit avec intention de nuire, et que le juge du fait ne peut écarter cette présomption qu'en relatant dans son jugement les faits justificatifs qui peuvent la faire disparaître (Voir n° 280 bis).

A la condition d'ailleurs de se conformer à cette règle, le juge du fait peut toujours relaxer un prévenu de diffamation, comme ayant agi sans intention de nuire, et la décision qu'il rend de ce chef est *souveraine*.

Si le juge du fait retient l'élément intentionnel à la charge du prévenu, il est inutile qu'il affirme et constate dans son jugement l'existence de cet élément du délit, puisque les imputations diffamatoires sont réputées de droit faites avec intention de nuire.

Telles sont les règles supérieures qui dominent la matière et qu'il importe de ne pas perdre de vue en parcourant les décisions rapportées dans les n^{os} suivants, qui ne sont en définitive que des décisions d'espèces. — Conf. en outre, D. Supp. *Pr. out.* 876 et s.

418. bis. De la notoriété des faits diffamatoires. — *La notoriété* du fait diffamatoire n'excuse pas le délit de diffamation envers les particuliers, l'intention de nuire pouvant exister malgré la bonne foi de celui qui publie un fait diffamatoire, même quand ce fait est exact (Paris, 6 déc. 90, D. 91, 2, 366).

419 bis. De la provocation. — La provocation, en principe, n'excuse pas la diffamation. Ceci n'est vrai toutefois qu'en matière de diffamation publique ; la diffamation non publique étant, dans notre droit, assimilée à l'injure non publique admet comme celle-ci l'excuse de la provocation (Voir n° 442 bis).

Un propos diffamatoire ne perd pas son caractère légal, parce qu'il est une réponse à une interpellation (Cass. cr. 18 nov. 1886, Gaz. Pal. 86, 2, 750.)

420 bis. Des rétractations. — Conf. Conseil d'Etat, 15 nov. 1858, D. 59, 3, 45; Trib. Dunkerque, 10 juill. 1886, Gaz. Pal. 86, 2, 411.

432 bis. Publication de procès-verbaux. — La circonstance que l'auteur d'un article diffamatoire aurait puisé ses informations dans un procès-verbal ou tout autre acte d'instruction judiciaire dont on lui aurait laissé prendre communication, ne suffit pas toujours à le disculper, la publication qu'il fait des documents ainsi obtenus étant toujours à ses risques et périls (Lyon, 11 mai 1187, *Moniteur*, Lyon, 30 août 1887).

L'usage constamment suivi par les journaux de puiser, pour les faits divers, leurs renseignements dans les rapports ou procès-verbaux des agents de l'autorité, ne saurait permettre de publier *légèrement* des faits de nature à nuire à l'honneur ou à la considération des personnes désignées dans ces documents (Trib. corr. Dunkerque, 10 juin 1886, Gaz Pal. 86, 2, 411).

Si un journal peut, sans se rendre coupable de diffamation, informer ses lecteurs de faits judiciaires notoires, qui sont entourés déjà d'une certaine publicité, ce n'est qu'à la condition de se tenir avec exactitude dans la vérité des faits, et d'éviter les récits et commentaires erronés ou fantaisistes de nature à induire le public en erreur sur la véritable situation et la véritable moralité des inculpés (Trib. Lyon, 8 juill 1881, Gaz. Pal. 86, 2, 412, en note, et Trib. Lyon, 19 fevr. 1886, Mon. Lyon, 3 mai 1886.) — *Adde*: Tr. civil Poitiers, 4 juin 1894, Gaz. Pal. 94. 1. 736 et Alger, 11 nov. 1893, D. 94, 2, 128.

433 bis. Faits de l'histoire contemporaine. — Le reproche d'une culpabilité morale et collective au sujet de faits généraux du domaine de l'histoire ne constitue pas une diffamation (Trib. Seine, 6 avril 1886, Gaz. Pal. 86, 1, 649.

435 bis. Publication des jugements. — Les publications de jugements faites longtemps après l'audience, et dans un but malveillant, ne jouissent d'aucune immunité (Agen, 30 janv. 1890, *Gazette du Midi*, 30 mars 90). — Voir n° 750 bis.

437 bis. Luttes éléctorales. — Aux décisions citées sous le n° 437, *Adde*: Ruoen, 13 fevr. 1886, Gaz. Pal. 86, 1, supp. 102; Trib. corr. Seine, 6 avr. 1886, Gaz. Pal. 86, 1, 649; Mostaganem, 13 janv. 1888, Gaz. Pal. 88, 1, Supp. 43; Trib. civ. Bordeaux, 5 mars 1890, Gaz. Pal. 90, 1, 501).

Le scrutateur qui lit à haute voix, lors du dépouillement du scrutin, les expressions injurieuses accompagnant le nom d'un candidat sur un bulletin de vote, se rend coupable du délit d'injures publiques (Conf. T. Senlis, 9 fevr 1894, Gaz. Pal. 94, 1, 351).

440 bis. Décisions diverses. — L'intention de nuire peut être retenue à la charge d'une agence de renseignements, qui, même sans agir de mauvaise foi, fournit à ses clients ou abonnés des renseignements défavorables sur la situation d'un commerçant (Conf. nº 417 et 417 bis, et Aix, 19 févr. 1869, D. 69, 2, 83).

Cependant, toutes les fois que l'agence de renseignements paraît avoir agi avec loyauté et dans la pensée, non de porter atteinte à la considération du commerçant, mais d'éclairer ses clients sur la situation commerciale de celui-ci, il y a lieu par le juge du fait, en se basant sur ces moyens justificatifs, de décider que l'agence poursuivie pour diffamation a agi sans intention de nuire (Trib. corr. Seine, 15 mars 1878 et Paris 27 avril 1878, D. 79, 2, 38 ; Trib. corr. Saintes, 6 mai 1891, Droit du 23 juin 1891).

Le fait par une agence de donner de bonne foi des renseignements défavorables, mais exacts sur un commerçant, ne peut même donner prise contre elle à une action civile en dommages et intérêts (Trib. civ. Lyon, 11 déc. 1886, *La Loi* du 3 janv. 87).

Au contraire, si les renseignements fournis de bonne foi sont inexacts et donnés avec une légèreté blâmable, la responsabilité civile de celle-ci est manifestement engagée (Paris, 6ᵉ ch. 6 mai 1886, Gaz. Pal. 86, 2, 159). — Conf. en outre nº 265 bis.

Il a été jugé qu'il n'y avait pas délit de diffamation, faute d'intention de nuire, dans le fait de *l'actionnaire*, qui, sans animosité personnelle, mais justement préoccupé de la situation de la société, avait révélé devant ses coassociés réunis en assemblée générale les antécédents commerciaux d'un *administrateur* (Paris, 13 mai 1887, D. 88, 2, 275). — Conf. aussi, Paris, 29 juill. 90, *La Loi* du 28 août 90.

Ne commet pas le délit de diffamation, faute d'intention de nuire, l'industriel qui, pour se protéger contre les agissements d'un concurrent, envoie à ses clients une circulaire dans laquelle il les prévient que ce concurrent contrefait les appareils brévetés à son profit (Trib. corr. Seine, 20 déc. 1886, Revue de dr. indust. 1887, 367).

L'employé d'une société coopérative qui a été privé de son emploi ne saurait se prétendre diffamé par la publication, dans le bulletin de cette société, des causes de son renvoi, alors que le gérant du bulletin n'a fait que se conformer à l'usage et aux réglements de la société stipulant que les mesures relatives au personnel seraient publiées dans le dit bulletin (Paris, 27 déc. 1889, Gaz. Pal. 90, 1, 105).

Se rend coupable du délit de diffamation le président d'un syndicat professionnel, qui fait placarder des affiches dans lesquelles le syndicat reproche à un commerçant d'avoir manqué aux engagements par lui pris envers ses ouvriers et met à l'index la maison du dit commerçant (Paris, 10 févr. 1894, Gaz. Pal. 94, 1, 499).

Le fait par un journaliste de relever à l'encontre d'un propriétaire de chevaux de course certaines manœuvres de nature à induire le public en erreur et à ôter à la lutte engagée son caractère de loyauté, ne saurait constituer le délit de diffamation, lorsque, dans l'article poursuivi, l'auteur n'a eu pour but que de signaler et critiquer les agissements du dit propriétaire et que sa critique a été faite de bonne foi (Trib. corr. Seine, 11 mars 1890, Gaz. Pal. 90, 1, 482 et 30 avr. 1894, Gaz. Pal. 94, 1, 725). — Conf. D. Supp. *Pr. out.* 376 et s.

442 bis. Des diffamations non publiques. — La diffamation non publique doit, au point de vue répressif, être assimilée à l'injure non publique, et tombe comme cette dernière à titre de contravention de simple police sous le coup de l'article 471, n° 11 du code pénal, auquel renvoie le paragraphe 3 de l'article 33 de la loi du 29 juillet 1881 (Cass. cr. 18 nov. 1886, D. 87, 1, 189 et Gaz. Pal. 86, 2, 750 ; Cass. cr. 26 oct. 1887, Gaz. Pal. 87, 2, 514 ; Cass. cr. 12 mai 1887, Bull. cr. n° 182 ; Cass. cr. 3 juin 1891, D. 93, 1, 269 ; Grenoble, 26 nov. 1892, D. 93, 2, 270). — Conf. n° 543.

Se confondant avec l'injure non publique, la diffamation non publique admet, comme cette dernière, l'excuse de la provocation (Conf. 419 bis et 542 bis).

444 bis. De l'injure. — Un propos, qui, au fond, n'est pas de nature à porter atteinte à l'honneur ou à la considération, et qui ne revêt pas une forme violente ou grossière, ne constitue pas une injure. La Chambre des requêtes, par arrêt du 27 décembre 1886 (D. 87, 1, 312), a jugé que le fait d'appeler une personne « *chef de la réaction* » ne constituait pas une injure.

Voir n°s 404 bis et 405 bis ; 409 bis à 415 bis, et D. Supp. *Pr. out.* 1032 et. S.

451 bis à 454 bis. Des pouvoirs d'appréciation des juges du fait et de la Cour de cassation en matière de diffamation et d'injure. — En ce qui concerne l'*intention de nuire*, voir les observations présentées sous le n° 417 bis, qui s'appliquent aussi bien à l'injure qu'à la diffamation.

En matière d'injure, comme en matière de diffamation, la Cour suprême a le droit de réviser la *qualification légale* donnée aux propos, écrits ou dessins incriminés. Aux arrêts cités sous le n° 454, *Adde* : Cass. cr. 13 nov. 1875, Sir. 76, 1, 44 ; Cass. cr. 10 nov. 1876, Sir. 77, 1, 137 ; Cass. cr. 30 avril 1830, Sir. 80, 1, 334 ; Cass. civ. 17 mai 1886, Gaz. Pal. 86, 2, 354).

Un arrêt de la Chambre criminelle du 28 février 1890 (D. 91, 1, 46) décide qu'il appartient à la Cour de cassation de contrôler l'interprétation donnée par le juge du fait aux écrits publics et d'en déterminer le sens et la portée, non-seulement dans les rapports avec la qualification légale d'injures, mais encore en ce qui concerne l'excuse tirée de ce que ces injures auraient éte précédées de provocation (Conf. n° 542 bis).

467 bis. De la diffamation envers les administrations publiques. — *L'association des dames françaises* (secours aux blessés), bien que reconnue d'utilité publique, n'a pas le caractère d'une administration publique, puisqu'elle rédige elle-même ses statuts et qu'elle est gérée par un conseil d'administration composé de membres élus par les membres souscripteurs, donateurs ou bienfaiteurs ; en conséquence les diffamations dont cette association est l'objet ne doivent pas être déférées à la Cour d'assises (Trib. civ. Troyes, 16 avril 1891, Droit du 21 juin 1891). — Conf. D. Supp. *Pr. out.* 932 et s.

477 bis. Des diffamations envers les personnes publiques visées par l'article 31. — Des agents de l'autorité publique et des fonctionnaires. Un *officier de l'armée territoriale*, revêtu de son uniforme, doit être considéré comme un dépositaire ou agent de l'autorité publique, protégé par les articles 31 et 33 contre les diffamations ou injures qui lui sont adressées, à raison de ses fonctions, ou à raison de sa qualité (Angers, 15 nov. 1888, Gaz. Pal. 88. 2, 561).

Un *caporal-fourrier* doit être, à raison des fonctions qu'il exerce, considéré comme un dépositaire de l'autorité publique (Rouen, 30 nov. 1889, Gaz. Pal. 89, 2, 664).

Un *maréchal des logis de cavalerie* diffamé, à raison de ses fonctions ou de sa qualité, doit également être considéré comme un dépositaire de l'autorité publique protégé par l'article 31. Mais cet article cesse d'être applicable à la diffamation dont il est l'objet, si celle-ci lui impute des faits qui ne rentrent pas dans ses fonctions (Conf. Bordeaux, 16 nov. 1886, D. 87, 2, 250).

Les *instituteurs communaux* sont des fonctionnaires de l'enseignement protégés par l'article 31 (Rennes, 23 janv. 1889, Gaz. Pal. 89, 1, 379).

484 bis. Des ministres du culte. — Les ministres du culte, habitant à l'étranger, qu'aucun lien ni aucun rapport ne rattachent à l'État Français, ne sont pas protégés par l'article 31, qui ne vise que les ministres du culte salariés par l'État (Cass. cr. 8 juin 1889, D. 89, 5, 374).

485 bis à 512 bis. Des citoyens chargés d'un service ou d'un mandat public temporaire ou permanent. — Nous avons soutenu (Voir n° 485), que, sous cette dénomination, il fallait comprendre tous les citoyens, qui, même sans détenir aucune partie des pouvoirs publics, appartiennent à l'administration publique, ou auxquels la loi ou les pouvoirs établis ont, dans un but d'utilité générale, confié le service ou la défense d'intérêts généraux, même d'ordre purement privé.

Mais la Cour de cassation, persistant dans sa jurisprudence antérieure, ne reconnaît la qualité de citoyens chargés d'un service public dans le sens de la loi de 1881, qu'*aux seules personnes qui détiennent une partie des pouvoirs publics, ou prennent part, soit directement, soit par délégation, à l'administration publique* (Cass. cr. 19 janv. 1893, D. 93, 1, 383).

D'après cette jurisprudence, il a été jugé, dans ces dernières années, qu'au point de vue des diffamations ou injures qui pouvaient leur être adressées, il convenait de considérer, comme simples particuliers, et non comme citoyens chargés d'un service ou d'un mandat public temporaire ou permanent :

Les *membres des commissions administratives des hospices* (Bourges, 31 mai 1888, D. 90, 2, 31, conforme à un arrêt de cassation du 27 févr. 1885, D. 85, 1, 379). — Il en est autrement du *maire*, président de la commission, V. ci-après, Cass. cr. 10 nov. 1892.)

Les membres *d'un conseil de fabrique* (Montpellier, 25 oct. 90, D, 91, 2, 37);

Les *élèves internes d'un hospice d'aliénés*, dont les fonctions sont d'une nature strictement professionnelle (Cass. cr. 16 sept. 1886, Sir. 1887, 397) ;

Les *médecins désignés par les bureaux de bienfaisance*, pour soigner les indigents (Paris, 16 nov. 1892, D. 93, 2, 239) ;

Les *secrétaires de mairie* (Cass. cr. 4 février 1886, Gaz. Pal. 86, 1,413) ;

Les *architectes municipaux* (Bordeaux, 17 fév. 1886, Rec. de Bordeaux, 86, 90 ; Poitiers, 23 juill. 86, D. 87, 2,138) ;

L'*avoué* qui, aux termes d'une convention intervenue entre lui et un préfet, s'est engagé, moyennant certaines remises, à faire auprès de divers propriétaires les démarches désirables pour obtenir d'eux la cession amiable de leurs terrains (Cass. cr. 29 mai 1886, D. 87, 1, 142 et Gaz. Pal. 86, 2, 37) ;

Les *commissaires-enquêteurs* désignés pour procéder à une enquête sur des travaux proposés par un conseil municipal dans l'intérêt de la commune (Cass. cr. 22 févr. 1890, D. 91, 1, 46) ;

Les *officiers ministériels* ; en ce qui concerne les *avoués*, V. Cass. cr. 29 mai 1886, Gaz. Pal. 86, 2, 37 et Cass. cr. 3 février 1888, D. 88, 1, 444 ; — en ce qui concerne les huissiers, V. Agen, 25 nov. 1885, Gaz. Pal. 86, Supp. 82 ;

Les *avocats*, alors même que, comme membres du Conseil de l'Ordre, ils sont appelés à exercer un pouvoir disciplinaire (Tr. Hâvre, 20 déc. 1893, Gaz. Pal. 94, 1,625).

Les *syndics de faillites* (Agen, 25 nov, 1885, Gaz. Pal. 86, 1, Supp. 82) et les *liquidateurs judiciaires* (Cass. cr. 12 juin 1891, D. 92, 1, 171, cassant un arrêt très-juridique à notre avis, et très-fortement motivé de la Cour d'Orléans) ;

Les *entrepreneurs de travaux publics* (Agen, 3 févr. 1886, Journ. Min. Publ., 86. 121), et les *adjudicataires de fournitures* de vivres pour la troupe qui ont passé des marchés avec les commissions des ordinaires (Paris, 2 août 1892, D. 92, 2, 525 et Cass. cr. 19 janv. 1893, D. 93, 1, 583); — (même, dans l'opinion que nous avons défendue, il conviendrait de considérer ces commerçants comme simples particuliers.)

D'autre part, la jurisprudence reconnaît la qualité de citoyens chargés d'un service public :

Aux *membres des conseils généraux, d'arrondissement et municipaux* (jurisprudence constante) ;

Aux *délégués sénatoriaux* (Bourges, 17 oct. 1889, D. 91, 2,85);

Au *président d'un bureau électoral* (Angers, 22 juill. 1887, Gaz. Pal. 87, 2, 224) :

Aux *instituteurs publics communaux* (Cass. cr. 14 févr. 1886, Gaz. Pal. 86, 1, 413 ; Cass. cr. 18 mai 1893, Gaz. Pal. 93, 2, 72) ;

Au *délégué cantonal pour l'instruction primaire* (Cass. cr. 6 nov. 86, D. 88, 1, 47);

Au *maire*, qui étant *président* de droit de la *commission administrative des hospices* (art. 3 de la loi du 21 mars 1873 et art. 1er de la loi du 5 août 1879), et qui, représentant dans la dite Commission les intérêts de la commune qu'il administre, est, à la différence de cette commission, chargé d'un service public, quand il préside cette commission en qualité de maire (Cass. cr. 10 nov. 1892, D. 93, 1, 21) ;

Au maire président d'un bureau de bienfaisance (Conf. Cass. cr. 22 août 1861, D. 61, 5, 242), ou président d'un conseil de fabrique (Cass. cr. 8 mai 1869, D. 70, 1, 93).

Conf. en outre, D. Supp. *Pr. out.* 965 et S.

514 bis et 515 bis. De la relation des imputations diffamatoires (ou injurieuses) avec les fonctions ou la qualité. — Il n'y a diffamation ou injure envers les personnes désignées par l'article 31, ou, en d'autres termes, les diffamations et injures dirigées contre ces personnes ne sont réputées les atteindre comme personnes publiques, *à raison de leurs fonctions ou de leur qualité*, qu'autant que les imputations diffamatoires ou expressions injurieuses « *caractérisent des actes se rattachant à la fonction qu'exercent ces personnes ou à la qualité dont elles sont revêtues ; dans le cas contraire, elles atteignent l'homme privé, qu'il soit ou non désigné sous sa qualité officielle, et quel que soit le mobile auquel obéit l'auteur de l'injure.* »

Telle est la règle générale formulée par un arrêt de la Chambre criminelle du 18 mai 1893 (Gaz. Pal. 93, 2, 72), lequel décide notamment que la qualification de « misérables mouchards » et de « faux témoins », appliquée à des instituteurs publics, n'atteint pas ceux-ci, comme citoyens chargés d'un service public, à raison de leurs fonctions ou de leur qualité.

Il est certain que les imputations diffamatoires ou injurieuses adressées aux personnes visées par l'article 31, ne peuvent être réputées faites à ces personnes, à raison de leurs fonctions ou de leur qualité, par cela seul que l'auteur des imputations les désigne par leur qualité officielle et se propose d'atteindre en elles l'homme public plutôt que l'homme privé (Limoges, 21 janv. 1888 et Orléans, 17 janv. 1888, D. 89, 2, 189 ; Pau, 11 juin 1889, D. 90, 2, 55 ; Cass. cr. 4 déc. 1886, Gaz. Pal. 87, 1, 33 ; Cass. cr. 6 juin 1890, D. 90, 1, 489).

Il faut, dit la Cour de cassation dans son arrêt du 18 mai 1893, que les imputations caractérisent des actes *se rattachant* à la fonction qu'exercent les personnes diffamées ou injuriées ou à la qualité dont elles sont revêtues. Dans ses précédents arrêts, la Cour de cassation disait : « Il faut que les imputations dirigées contre un fonctionnaire relèvent des actes de sa fonction ou le prennent à partie comme fonctionnaire. » La dernière formule nous parait plus heureuse et plus explicite.

Elle implique que la diffamation est réputée faite, à raison des fonctions ou de la qualité, quand elle relève un acte, qui, sans rentrer dans l'exercice proprement dit des fonctions, se rattache cependant aux fonctions ou à la qualité de la personne diffamée (Voir encore dans ce sens, Cass. cr. 24 août 1893, D. 94, 1, 421).

Comme le dit la Cour de Pau dans un arrêt du 11 juillet 1885 (D. 87, 2, 41), « les dépositaires de la puissance publique peuvent commettre des abus non-seulement dans les faits qui constituent l'exercice proprement dit de leurs *fonctions*, mais encore au moyen de l'influence que leur *qualité* même leur procure ; et les deux termes différents employés par la loi (à raison de leurs fonctions ou de leur qualité) répondent à ces deux ordres d'idées également différents ». Il y a donc lieu de considérer que la diffamation atteint l'homme public, et non l'homme privé, non-seulement quand le fait imputé constitue un abus de la fonction mais aussi quand, accompli en dehors de l'exercice proprement dit des fonctions, il constitue un abus de qualité ou un manquement aux devoirs spéciaux que cette qualité impose (Caen, 3 mars 1889, Rec. de Rouen, 1889, 2, 177).

519 bis. Des diffamations ou injures adressées aux témoins à raison de leur déposition. — Le fait de crier à un témoin après sa déposition : « Tu as menti » constitue le délit d'injure envers un témoin à raison de sa déposition (Limoges, 6 janv. 1887, Gaz. Pal. 87, 1. 294). V. aussi Amiens, 26 mai 1882, Gaz. Pal, 81-82, t. II, p. 484.

La diffamation adressée à un témoin, antérieurement à la déposition qu'il a faite, mais à raison de cette déposition, tombe sous le coup de l'article 31 (Limoges, 6 janv. 1887, Gaz, Pal. 87, 1, 265).

523 bis à 531 bis. Conciliation des articles 31 et 33 § 1 de la loi sur la presse avec les articles 222 et s. du Code pénal. — Il n'existe en réalité de conflit entre les articles 31 et 33 § 1 de la loi sur la presse et les articles 222 à 225 du code pénal, que lorsqu'on se trouve en présence *d'outrages* (présentant les caractères légaux de la diffamation ou de l'injure) commis *par paroles publiquement proférées*, envers les dépositaires ou agents de l'autorité publique, à *l'occasion de l'exercice de leurs fonctions* et en dehors de leur exercice (V. 523 et 600).

Dans ce cas, en effet, l'outrage (à la condition, bien entendu, qu'il ait lieu *en présence de la personne outragée*, ou qu'au moins il *soit parvenu à la connaissance de celle-ci par la volonté de son auteur* (V. n°s 629 et S.), puisqu'en dehors de l'une de ces conditions, il échapperait nécessairement à l'application des articles 222 et s. du code pénal) rentre à la fois sous la qualification des articles 222 à 225 du code pénal, qui punissent l'outrage, et sous la qualification des articles 31 et 33 § 1 de la loi de 1881, qui punissent les diffamations et injures envers les personnes publiques.

Nous avons soutenu, en combattant la jurisprudence qui s'est affirmée pour la première fois dans un arrêt de la Cour de cassation du 28 juin 1883 (Voir n° 531), qu'il y avait lieu en ce cas à l'application exclusive de la loi sur la presse, qui, postérieure à la législation du code pénal, avait implicitement abrogé celle-ci dans celles de ses dispositions qui étaient inconciliables avec la loi nouvelle.

Mais la Cour de cassation, maintenant la jurisprudence que nous critiquions, a, par divers arrêts (Cass. cr. 12 mai 1888, Gaz. Pal. 88, 1, 828 ; Cass. cr. 2 et 16 févr. 1889, D. 90, 1, 188 ; Cass. cr. 5 juin 1890, D. 90, 1, 494 ; Cass. 3 nov. 1892, Gaz. Pal. 92, 2, 617), affirmé que l'outrage, commis dans les conditions ci-dessus précisées, tombait sous l'application des articles 222 et s. du code pénal, et non sous l'application des articles 31 et 33 de la loi sur la presse.

« Attendu — dit notamment l'arrêt de la Cour suprême du 5 juin 1890 « — que la poursuite exercée contre le demandeur était motivée sur un « *outrage par paroles* qu'il aurait proféré publiquement envers le maire « de la commune de B..., *à l'occasion de l'exercice de ses fonctions* ; — Attendu, en droit, que les outrages adressés publiquement ou non à un « magistrat de l'ordre administratif ou judiciaire ou à un agent de l'autorité, dans l'exercice ou à l'occasion de l'exercice de ses fonctions, sont « expressément prévus par les articles 222 et 224 C. Pén., et qu'à ce titre, ils tombent exclusivement sous l'application des dits articles, et « non sous l'application des articles 33, 31 et 23 de la loi du 29 juillet « 1881, lesquels répriment seulement les injures non qualifiées outrages « par le code pénal et dirigées par la voie de la presse ou par des discours proférés dans des lieux ou réunions publics contre des fonctionnaires ou agents, à raison de leurs fonctions et de leurs qualités ;.... — « Par ces motifs, rejette. »

En motivant ainsi ses décisions, la Cour de cassation procède surtout par voie d'affirmation, et néglige d'indiquer, d'une façon explicite, la véritable raison qui permet de dire, contrairement à l'opinion par nous précédemment émise, que la loi sur la presse, en punissant les diffamations et injures publiques par paroles adressées aux agents de l'autorité à raison de leurs fonctions, n'a pas implicitement abrogé les dispositions du code pénal qui répriment l'outrage public par paroles adressé à un agent de l'autorité à l'occasion de l'exercice de ses fonctions.

Cette raison de décider nous paraît avoir été très judicieusement indiquée par l'auteur du mot *Presse-outrage* dans le supplément au répertoire de Dalloz (n° 30).

S'il arrive, dit-il, que le fait incriminé tombe également sous l'application soit de la disposition de la loi du 29 juillet 1881, soit de l'une des dispositions précitées du code pénal, c'est cette dernière disposition qui doit déterminer les poursuites, parce qu'elle *spécialise* davantage le délit.

L'abrogation tacite, par application de la règle *posteriora prioribus derogant*, suppose en effet une incompatibilité absolue entre la loi ancienne et la loi nouvelle, dans l'espèce, entre les dispositions du code pénal et la loi sur la presse ; or, si le fait incriminé tombe, dans le cas qui nous occupe, à la fois sous l'application du code pénal et de la loi sur la presse, il est plus complètement précisé et spécialisé par le code pénal que par la loi sur la presse, celle-ci n'exigeant pas que l'outrage soit proféré en présence de la personne outragée ou tout au moins porté à sa connaissance par la volonté de son auteur. Cela suffit pour écarter l'application à l'espèce de la règle *posteriora prioribus derogant*, qui ne s'impose à l'interprète que lorsque la loi nouvelle présente le caractère d'une loi spéciale dérogeant à une loi générale.

Pratiquement, et en tenant pour constant avec la jurisprudence que la loi de 1881 n'a pas restreint, par voie d'abrogation implicite, le champ d'application des articles 222 et s. du code pénal, on peut poser, en principe, que les diffamations et injures, par paroles proférées dans des lieux ou réunions publics, envers des agents de l'autorité, à raison de leurs fonctions, tombent nécessairement sous le coup des articles 30 et 31 de la loi sur la presse, *quand elles ne se produisent pas en présence de la personne outragée ou ne parviennent pas à sa connaissance par la volonté de leur auteur*, et qu'au contraire elles doivent être poursuivies et punies, comme outrages, en vertu des articles 222 et s. du code pénal, lorsque ces dernières conditions se trouvent réalisées (Conf. D. Supp. *Pr. ou.* n° 731 et s.).

Ajoutons que lorsque la diffamation ou injure est, *à raison des circonstances dans lesquelles elle atteint la personne offensée*, qualifiée *outrage* par le code pénal, celui-ci est seul applicable, à l'exclusion de la loi sur la presse, aussi bien quand il s'agit d'imputations diffamatoires ou de critiques injurieuses formulées dans un discours tenu par un orateur dans une réunion publique, que lorsqu'il s'agit de simples grossièretés proférées sur la voie publique par un vagabond ou un ivrogne. Cette distinction entre le propos du vagabond et le discours de l'orateur, proposée par M. le conseiller Saint-Luc Courborien, dans le rapport par lui présenté à la Cour de cassation en 1883 (V. n° 531) manque absolument de base légale, et ne peut servir qu'à égarer le juge du fait (V. notamment, Pau, 16 août 1890, D. 91, 2, 147).

La Cour de cassation, dans ses derniers arrêts, a d'ailleurs évité de consacrer cette distinction, et il ressort, suivant nous, de sa jurisprudence, à laquelle nous nous rallions pour les raisons doctrinales ci-dessus développées, qu'on doit poursuivre et punir, en vertu du code pénal, et non en vertu de la loi sur la presse, l'orateur qui, dans une réunion publique, diffame ou injurie un agent de l'autorité présent à cette réunion, ou qui diffame ou injurie un supérieur hiérarchique de cet agent, avec l'intention que le propos soit rapporté par cet agent à son supérieur, et pourvu, bien entendu, qu'en fait le propos parvienne ainsi à la connaissance de ce dernier (V. n°s 629 et s., 629 bis et s.).

Dans les explications qui précèdent, nous n'avons envisagé que l'outrage *par paroles*. Lorsque l'outrage est commis *par écrit* ou *par dessin*, il ne peut, en principe, exister de conflit entre l'article 222 du code pénal, qui prévoit exclusivement les outrages par écrits ou par dessins *non rendus publics*, et les articles 31 et 33 § 1er de la loi sur la presse qui punissent seulement les diffamations et injures *publiques*. Cependant, le conflit naît encore ici dans le cas particulier où l'outrage par écrit adressé aux personnes visées par l'article 222 a été l'objet *d'une publication antérieure ou concomitante* à la réception par ces personnes de l'écrit outrageant.

Un arrêt de la Cour de Montpellier du 13 février 1890 a jugé que le délit prévu par l'article 222 était consommé dès que l'écrit outrageant était parvenu à l'adresse du fonctionnaire outragé par la volonté de son auteur, que la publicité postérieure ou concomitante donnée par surcroît à cet écrit, et qui ne fait qu'aggraver l'outrage, ne peut avoir pour effet de l'atténuer en le transformant en un simple délit de publication puni d'une peine moindre, et qu'il y a lieu de reconnaître, qu'il y a en pareil cas, dans le fait incriminé, deux délits distincts, un délit d'outrage par écrit non rendu public à un magistrat, prévu par l'article 222 du code pénal, et un délit d'injures ou de diffamation publiques, prévu par la loi du 29 juillet 1881.

Déféré à la Cour suprême, cet arrêt a été cassé par un arrêt de la Chambre criminelle du 31 octobre 1890 (D. 91, 1, 45, avec le rapport de M. le conseiller Tanon), conçu de la façon suivante :

« Sur le moyen unique du pourvoi tiré de la violation, par fausse ap- « plication, de l'art. 222 c. pén., en ce que cet article ne punit l'outrage « par écrit ou dessin adressé aux magistrats de l'ordre administratif ou « judiciaire, qu'autant que l'écrit ou le dessin qui le contiennent n'a pas « été rendu public : — Attendu que si ce délit est consommé par la ré- « ception de l'écrit ou du dessin par le fonctionnaire outragé, et si, dès « lors, la publication postérieure donnée à cet écrit ou à ce dessin ne « saurait modifier le caractère du dit délit, il en est autrement lorsque

« la publication a été accomplie à une époque antérieure ou concomi-« tante à celle de la réception ; — que, dans ce dernier cas, l'outrage reçu « par le magistrat étant, par l'hypothèse même prévue, rendu public au « moment de sa réception, ne saurait tomber sous le coup de l'incrimina-« tion légale de l'article 222, sans une contradiction manifeste avec les « termes mêmes de cet article ; — que les conditions du délit spécial prévu « par le dit article ne pouvant plus se réaliser par suite de cette publica-« tion, il n'y a plus place que pour la répression des délits d'injure « et de diffamation publiques prévus par la loi sur la presse du « 29 juillet 1881. »

Il résulte de cette décision que celui qui a commencé par diffamer ou injurier un magistrat par la voie de la presse, peut impunément l'outrager en lui adressant directement une lettre reproduisant les diffamations et injures antérieurement publiées. La publicité donnée à l'outrage, pourvu qu'elle soit antérieure ou concomitante à la réception de cet outrage, loin d'aggraver les responsabilités pénales de son auteur, lui crée, au contraire, une immunité. Si déraisonnable que soit ce résultat, la Cour de cassation a cru devoir le consacrer, parce qu'il lui a semblé qu'on ne pouvait y échapper qu'en se mettant en contradiction manifeste avec les termes de l'article 222 du code pénal. La Cour suprême nous paraît avoir confondu ici l'outrage avec l'écrit qui le contient, c'est-à-dire le propos outrageant avec l'instrument dont l'auteur du propos se sert pour atteindre l'offensé. La publicité donnée par la voie de la presse à des propos outrageants pour un magistrat ne fait pas que la lettre particulière adressée à ce magistrat, et reproduisant ces propos, constitue un *écrit public*. Cette lettre, qui vient toucher le magistrat directement, pour contenir des outrages déjà rendus publics par des imprimés vendus, mis en vente, distribués ou exposés aux regards du public, n'en est pas moins un *écrit non rendu public*, dont la réception par le magistrat consomme le délit d'outrage prévu par l'article 222 du code pénal.

La vérité, à notre avis, est qu'on se trouve alors, ainsi que l'avait jugé la Cour de Montpellier, en présence de deux délits distincts, un délit de presse consommé par la publication du journal qui contient les propos offensants, et un délit d'outrage consommé par l'envoi au magistrat d'un écrit non public contenant les mêmes propos. La dualité des délits existe aussi bien dans ce cas que dans celui où, à la suite d'une publication outrageante par la voie de la presse, l'auteur des propos outrageants viendrait les répéter de vive voix en présence du magistrat visé par ces propos. (*Contra* : Toulouse, 11 févr. 1891, D. 92, 2, 290, sur renvoi par l'arrêt de cassation précité du 31 octobre 1890).

Sur la combinaison de l'article 222 du code pénal avec la loi du 11 juin 1887 (correspondance à découvert), voir n° 264-12°.

542 bis. De l'injure envers les particuliers. — Excuse de la provocation. — L'injure simple ou publique envers les particuliers ne tombe sous l'application de la loi pénale qu'autant qu'elle n'a pas été précédée de *provocation*.

D'autre part, la jurisprudence, se basant sur ce que les articles 33 de la loi de 1881 et 471 du code pénal n'avaient pas défini les caractères que devait revêtir la provocation pour excuser le délit ou la contravention, décidait qu'il appartenait aux juges du fait de les apprécier souverainement (Cass. 18 août 1864, Bull. cr. p. 216 ; Douai, 7 mars 1882, Gaz. Pal. 82, 1, 507).

La Cour de cassation a réagi contre cette jurisprudence dans un premier arrêt en date du 4 mai 1889 (Pand. franç. 580, 1, 1889), en jugeant que les tribunaux ne pouvaient pas cependant faire résulter la provocatiod d'un fait constituant l'exercice légitime d'un droit.

Puis, dans un arrêt du 23 février 1890 (Gaz. Pal. 90, 1, 588 et D. 91, 1, 46), la Cour de cassation, abandonnant complètement sa jurisprudence antérieure, a affirmé qu'il lui appartenait de contrôler l'interprétation donnée aux écrits prétendus injurieux et d'en déterminer le sens et la portée, non seulement dans les rapports avec la qualification légale d'injures, *mais encore en ce qui concerne l'excuse tirée de ce que ces injures auraient été précédées de provocation*. Pour justifier ce droit de contrôle, la Cour suprême, dans cet arrêt, fait observer avec raison que les écrits incriminés et ceux qui y sont opposés forment un ensemble inséparable et que, pour reconnaître dans ceux qui sont incriminés l'existence du délit d'injures, il est nécessaire d'apprécier si ceux qui y sont opposés n'ont pas provoqué ces injures.

En principe, la provocation doit s'entendre de tout acte ou de toute parole, de nature à blesser une personne et à expliquer ou justifier les injures qui lui sont reprochées.

Par l'arrêt précité du 28 février 1890, la Chambre criminelle, cassant un arrêt de la Cour de Limoges du 9 janvier 1890, a jugé que le fait de désigner un citoyen, dans un article de journal, « comme faisant partie d'une coterie d'hommes qui ont la haine de tout progrès et le mépris de la classe ouvrière....., qui n'ont d'autres principes que leurs appétits et d'autre guide que leur haine, » constitue manifestement une provocation de nature à excuser un écrit injurieux renfermant, à l'adresse de l'auteur de la provocation, le passage suivant : « Vous êtes un sot, c'est connu, et c'est pour cela que je vous pardonne ; vous êtes irresponsable et inconscient. »

D'autre part, la Chambre criminelle a jugé que des propos injurieux ne peuvent être excusés par cela seul qu'ils sont une réponse à une interpellation ou à une demande de renseignements (Cass. cr. 18 nov. 1886, Gaz. Pal. 86, 2, 750).

On ne peut considérer comme une provocation servant d'excuse à des injures commises par la voie de la presse des articles de journal, également injurieux, parus, *plusieurs mois* avant les articles incriminés (Orléans, 22 janv, 1887, D. 88, 2, 286). — Sans doute, le temps écoulé entre l'injure et l'attaque qui l'a précédée peut enlever à celle-ci le caractère d'une provocation ; c'est surtout une question de fait et d appréciation. Les tribunaux devront difficilement admettre l'excuse tirée de la provocation, quand plus de trois mois (délai de la prescription en matière de presse) se seront écoulés entre l'attaque et l'injure incriminée.

La Cour de Bourges a jugé que la provocation doit être personnelle, et que l'excuse qui en peut résulter ne saurait être invoquée lorsque cette provocation provient d'une tierce personne injuriée en même temps que celle qui se plaint (Bourges, 21 nov. 1889, *Droit* du 30 nov. 89). — Toutefois, l'injure peut être excusée par une provocation ne s'adressant pas directement à l'auteur de l'injure, si cette provocation atteint une personne s'identifiant avec ce dernier. Ainsi l'excuse de provocation couvre l'injure proférée par un mari contre l'individu qui vient d'injurier sa femme (Cass. cr. 10 nov. 1829, D. Pr. out. n° 1324-2°)

Une injure, quoique non publique, peut, suivant les circonstances, être ou non considérée comme une provocation excusant une injure publique (D. Supp. *Pr. out.* 1054).

Quand il y a eu échange d'*injures réciproques*, et qu'on ne peut reconnaître celle des parties, qui, sans provocation, a la première injurié l'autre, la jurisprudence décidait que les deux parties devraient être purement et simplement renvoyées des fins de leurs plaintes respectives (Conf. n° 542 et Cass. cr. 19 mars 1867, Bull. cr. 1867, n° 60). — Revenant sur cette jurisprudence, plus paternelle que juridique, la Chambre criminelle, dans un arrêt du 30 octobre 1886 (Gaz. Pal. 87, 1, 105), a décidé, au contraire, que la réciprocité des injures ne pouvait en effacer le caractère coupable, et que l'excuse de provocation ne pouvait être admise quand il n'était point établi qu'un des prévenus eût été injurié le premier par l'autre.

Quand une action en dommages et intérêts, basée uniquement sur des propos injurieux, est portée devant le tribunal civil, celui-ci *peut*, sans violer l'article 1382 C. civ., rejeter cette demande, en constatant que ces propos ont été provoqués par le demandeur (Cass. req. 31 juillet 94. Gaz. Pal. 94, 2, 289).

543 bis. De l'injure non publique. — La contravention d'injure non publique, étant une infraction à la loi sur la presse (art. 33 § 3), il en résulte que l'action publique et l'action civile basées sur cette contravention se *prescrivent* par 3 mois révolus, à compter du jour de sa perpétration ou du jour du dernier acte de poursuite (Aix, 16 avril 1885, Rec. d'Aix, 85, 254 ; Bordeaux, 29 janv. 92, 2. 391).

L'injure non publique admet, comme l'injure publique envers les particuliers, l'excuse de la provocation. La provocation excuse aussi la diffamation non publique, celle-ci étant assimilée à l'injure non publique (V. N° 442 bis).

548 bis. Véritable portée de l'article 34. — De la diffamation et de l'injure envers les morts. — L'article 34 doit être entendu en ce sens que les diffamations et injures envers la mémoire des morts ne constituent pas des délits, et ne peuvent être poursuivies par les héritiers qu'autant qu'il a été dans l'intention de leur auteur d'atteindre ceux-ci personnellement. D'ailleurs, à défaut de cette intention, les héritiers, non personnellement diffamés ou injuriés, peuvent encore intenter devant les tribunaux civils une action en dommages et intérêts, basée sur l'article 1382 du code civil (Voir N° 548 et suiv. ; Agen, 2 déc. 1886, Gaz. Pal. 87, 1, 77, et Trib. civ. Lyon, 20 déc. 1890, Mon. Lyon, 16 janv. 1891. — *Contra* : Dalloz, supp. *Pr. out.* N° 1016 et suiv.).

550 bis. Du droit de réponse concédé aux héritiers. — Les héritiers ne peuvent user du droit de réponse qu'autant que les écrits visant la mémoire du mort revêtent un caractère diffamatoire ou injurieux (*Sic* : Dalloz. *loc. cit.* N°s 1027 et 1028 ; — *Contra* : Paris, 7 juill. 1885, Gaz. Pal. 85, 2, 374).

554 bis. Des injures dépendantes des imputations diffamatoires. — Le délit d'injures n'est pas caractérisé et ne peut être relevé en même temps que le délit de diffamation, dans des articles de journal qui ne renferment aucune invective ou terme de mépris distinct des imputations de fait précis et déterminés portées contre la personne diffamée (Paris, 9 juill. 1890, D. 91, 2, 62).

Lorsque du verdict du jury, auquel a été déférée une poursuite exercée à la fois pour diffamation et pour injures publiques envers un fonctionnaire public à raison de ses fonctions, il résulte que le prévenu a établi la vérité des faits diffamatoires, l'immunité qui le couvre relativement à la diffamation doit s'appliquer aux injures, quand celles-ci se rattachent par un lien de dépendance intime et direct au chef diffamatoire (Cass. cr. 10 févr. 1888, D. 88. 1, 144).

556 bis. De l'interdiction de la preuve en matière de diffamation envers les particuliers. — La Cour de Limoges, par un arrêt du 21 février 1890, conforme à l'opinion par nous émise (V. 556 *in fine*), avait admis un prévenu, en matière de diffamation privée, à prouver par témoins : 1° que les faits par lui rendus publics lui auraient été racontés par des tiers ; 2° qu'ils étaient affirmés par la voix publique.

Par arrêt du 21 mars 1890 (D, 91, 1, 495 et Gaz. Pal. 90. 2. Supp. 29), la Chambre criminelle a cassé cet arrêt, en déclarant qu'il avait violé formellement l'article 35 de la loi de 1881, lequel interdit la preuve même *indirecte* des imputations diffamatoires dirigées contre les simples particuliers ou relatives à la vie privée (Voir dans le même sens, Paris, 6 déc. 1890. D, 91. 2. 366).

Cette jurisprudence nous paraît porter une grave atteinte au légitime droit de défense, sans trouver sa justification dans la prohibition exceptionnelle écrite dans l'article 35, dont elle exagère la portée.

Comme l'a fort bien dit M. l'Avocat Général Puech, dans les conclusions par lui prises devant la Cour de Paris (D. 91, 2, 366) : « Le droit « commun, c'est l'article 190 C. I. C., qui permet à tout prévenu de faire « citer des témoins à décharge. — Sans doute, il faut concilier cette per- « mission avec le prescrit de l'art. 35 de la loi d'exception qui prohibe la « preuve des imputations diffamatoires. C'est affaire de tact et de police « d'audience pour le président à qui appartient la direction des débats. « L'audition des témoignages ne serait elle qu'une voie détournée pour « arriver à la preuve du propos diffamatoire ? Le tribunal ou la Cour l'ar- « rêtera et ne la laissera pas s'engager sur ce terrain illégal. Au con- « traire, les dépositions auront-elles pour seul but d'atténuer l'inculpation « de mauvaise foi qui pèse sur le prévenu ou la valeur du préjudice dont « se plaint le demandeur ? Les juges les entendront dans ces limites qui « ne dépassent pas les termes de l'article 35. »

559 bis. Le consentement du plaignant ne rend pas la preuve admissible. — L'interdiction de la preuve des faits diffamatoires, dans les cas où cette preuve n'est pas autorisée par la loi, étant d'ordre public, l'acquiescement à un jugement ordonnant, en violation de l'article 35 de la loi de 1881, la preuve de faits diffamatoires, ne rend pas la partie dont il émane irrecevable à interjeter appel de ce jugement (Paris, 2 janv. 1892, D. 92, 2, 199).

560 bis. De la prohibition de la preuve devant les tribunaux civils. — L'interdiction de rapporter la preuve des faits diffamatoires, dans le cas où elle n'est pas autorisée par la loi sur la presse, s'applique aussi bien devant la juridiction civile que devant la juridiction répressive (Cass. req. 18 mars 1889, D. 90, 1, 160). *Adde* : Alger, 27 février 1894, D. 94, 2. 371.

569 bis. Des directeurs ou administrateurs d'entreprises industrielles, commerciales ou financières faisant publiquement appel à l'épargne ou au crédit. — C'est la publicité même de l'appel à l'épargne ou au crédit qui, aux yeux du législateur, justifie et provoque en quelque sorte le contrôle incessant de l'opinion publique et qui assure le bénéfice de l'impunité à ceux qui dévoilent les agissements des directeurs et administrateurs de l'entreprise, lorsque la réalité des agissements des directeurs et administrateurs est démontrée. — Aussi, ne saurait-on considérer, comme une entreprise commerciale faisant appel à l'épargne ou au crédit, une société, qui, bien qu'affectant la forme anonyme, constitue en réalité une association de personnes appartenant toutes à la même profession, dont l'accès est rigoureusement fermé au public, et qui, aux termes des statuts, n'admet dans son sein que des individus choisis par les sociétaires eux-mêmes (Ainsi jugé par arrêt de la Cour de Besançon du 12 janv. 1887, D. 88, 2, 164).

Dans une affaire Marcel Deprez contre Drumont, la Cour de Paris, par un arrêt du 22 juillet 1887 (*Journal du ministère public* 1887, 193) a jugé que l'article 35, qui visait seulement les directeurs et administrateurs d'entreprises industrielles et financières, était inapplicable aux *fondateurs* de sociétés.

Nous n'avions pas hésité, quant à nous, à désigner les fondateurs de sociétés parmi les personnes visées par l'article 35 (Voir N° 569, p. 113), et nous considérons que l'arrêt précité de la Cour de Paris est en contradiction manifeste avec l'esprit de la loi. La disposition de l'article 35 a eu pour but évident de permettre à la presse de défendre l'épargne contre les spéculateurs sans scrupule. Or, c'est précisément au moment où une société est en voie de formation, au moment où ses fondateurs répandent dans le public les prospectus destinés à attirer vers leur entreprise les capitaux dont ils ont besoin, que la presse sérieuse a un rôle utile à remplir et doit jouir d'une impunité complète, quand, de bonne foi et en disant la vérité, elle met le public en garde contre le piège qui lui est tendu.

Ajoutons que le texte de la loi n'exclut nullement de ses prévisions les fondateurs de sociétés. Il vise en effet, non pas les directeurs et administrateurs de *sociétés anonymes*, mais bien les directeurs et administrateurs *d'entreprises* industrielles, commerciales ou financières, faisant appel à l'épargne ou au crédit. Or, il est évident que, lorsqu'une société se fonde en vue d'une entreprise industrielle ou financière quelconque, le véritable directeur de l'entreprise n'est autre que le fondateur de la société.

572 bis. Procédure devant les tribunaux correctionnels. — Voir N°s 922 bis et suiv.

APPENDICE

AUX ARTICLES 23 à 35 DE LA LOI SUR LA PRESSE

—

Des outrages punis par le code pénal

595 bis. Définition. — Voir 601 bis.

600 bis. Abrogation partielle des articles 222 et suivants du code pénal. — Contrairement à l'opinion par nous précédemment défendue, la Cour de cassation a affirmé, dans de nombreux arrêts, que les outrages adressés publiquement ou non à un magistrat de l'ordre administratif ou judiciaire ou à un agent de l'autorité, dans l'exercice ou à l'occasion de l'exercice de ses fonctions, étaient expressément prévus par les articles 222 et 224 du code pénal, et, qu'à ce titre, ils tombaient *exclusivement* sous l'application des dits articles et non sous l'application des articles 33, 31 et 23 de la loi sur la presse.

Nous avons ci-dessus (Voir N°s 523 bis à 531 bis) exposé les raisons qui nous déterminaient à nous rallier à cette jurisprudence.

601 bis. Des outrages prévus par l'article 222 du Code pénal. — Le mot « outrage » a un sens général et comprend tout ce qui, d'une manière quelconque, peut blesser ou offenser la personne à laquelle il est adressé; il diffère en cela de l'injure que la loi définit expressément « toute expression outrageante, terme de mépris ou invective ». Il suit de là que le délit d'outrage peut exister, même en l'absence de toute invective, expression grossière ou méprisante, si les paroles ou les écrits adressés aux magistrats ou aux jurés tendent néanmoins à inculper leur honneur ou leur délicatesse. Spécialement, commet le délit d'outrage le journaliste qui, en priant des jurés en termes polis de lui donner leur avis sur la culpabilité d'accusés qu'ils peuvent être appelés à juger, les provoque ainsi à manquer au premier devoir que la loi et leur conscience leur imposent, celui de ne former leur conviction que d'après les charges et les moyens de défense. Provoquer une personne à un grave manquement à ses devoirs, c'est en effet lui exprimer qu'on la croit capable d'y manquer, et conséquemment lui adresser un outrage tendant à inculper son honneur ou sa délicatesse (Ainsi jugé par arrêt de la Cour de Paris du

2 janv. 1891, Gaz. Pal. 1891, 1, 43 et D. 92, 1, 105). — Voir en outre N° 671 bis.

Nous admettons volontiers que l'on puisse considérer comme outrageants des propos qui ne renferment aucune expression grossière, quand, sous le poli de la forme, apparaît l'invective révélatrice de l'intention outrageante. Mais, dans l'espèce précitée, le journaliste, en interpellant avec politesse les jurés qu'il interrogeait à l'effet de tirer de leurs réponses de la copie pour son journal, ne songeait assurément pas à les invectiver et à inculper leur honneur ou leur délicatesse. Une telle démarche, incontestablement très déplacée, accuse bien un manque de délicatesse chez celui qui la fait, mais ne révèle nullement chez lui l'intention d'inculper la délicatesse de la personne à laquelle il s'adresse. D'une façon plus générale, il nous paraît excessif de prétendre que le délit d'outrage peut exister, là où il n'y a pas injure, c'est-à-dire en l'absence de toute invective, de tout terme de mépris, ou de toute expression outrageante. Cela revient à dire que tout oubli des convenances, toute irrévérence peut constituer un outrage. Une telle interprétation, outre qu'elle est contredite par le sens naturel du mot outrage, et aussi par son sens légal (la loi pénale distinguant elle-même l'outrage de l'irrévérence grave — Voir art. 11 du code de procédure civile), est pleine de dangers. Pour ne pas faire du délit d'outrage un délit abandonné absolument à l'arbitraire du juge, il convient d'admettre, au contraire, que ce délit n'existe que lorsque les propos incriminés présentent un caractère injurieux ou diffamatoire. La distinction qu'on veut établir entre l'outrage et l'injure (dont la définition est déjà suffisamment élastique) nous paraît d'autant moins justifiée que la loi définit l'un des termes par l'autre, puisqu'elle fait essentiellement consister *l'injure* dans l'expression *outrageante.*

Cependant, la Cour de cassation a rejeté le pourvoi formé contre l'arrêt précité de la Cour de Paris, en décidant, de son côté, que pour constituer l'outrage envers les magistrats et les jurés, prévu par l'article 222 du code pénal, il n'était point nécessaire que la parole ou l'écrit incriminé fût caractérisé par un mot grossier, un terme de mépris ou une invective, l'outrage pouvant en effet se rencontrer sous des expressions en apparence inoffensives ou même polies, dès qu'en réalité ces expressions, qu'elle qu'en soit la forme extérieure, comportent, à raison des circonstances, un sens *injurieux* et *diffamatoire*, et peuvent *par suite* blesser dans leur honneur le magistrat ou le juré à qui elles sont adressées (Cass. cr. 8 mai 1891, D. 92,1, 105). Nous avouons ne pas comprendre comment une expression peut avoir un sens injurieux ou diffamatoire, sans contenir ni injure ni diffamation.

Les raisons ci-dessus développées nous amènent, au contraire, à reconnaître que la première Chambre de la Cour d'appel de Paris, dans un arrêt du 24 novembre 1891 (Gaz. Pal. 91, 2, 593 et D. 92, 2, 523) a fait une très juste application de l'article 222 du code pénal, en considérant comme outrageant pour le ministre des cultes une lettre dans laquelle

Monseigneur Gouthe-Soulard, archevêque d'Aix, lui reprochait de manquer de sincérité ; de puiser ses inspirations, non dans sa conscience et le sentiment de son devoir, mais dans la franc-maçonnerie dont il ne serait que le docile instrument ; d'avoir, en faisant des excuses à un souverain étranger, compromis l'honneur et la dignité du pays ; de ne manquer enfin aucune occasion d'insulter la religion catholique.

L'outrage, comme nous l'avons dit plus haut, pouvant exister en l'absence de tout terme grossier, quand sous le poli de la *forme* apparaît l'invective, était dans l'espèce nettement caractérisé.

604 bis. De la dénonciation à l'autorité d'un délit imaginaire. — La dénonciation à la gendarmerie d'un délit imaginaire ne constitue pas le délit d'outrage prévu par l'article 224 du code pénal, s'il n'est pas établi que l'auteur de la dénonciation, dont le but était de nuire à un tiers qu'il accusait mensongèrement du délit, ait eu l'intention d'outrager les gendarmes (Paris, 13 janvier 1892, D. 92, 2, 117).

629 bis à 631 bis. Des conditions dans lesquelles l'outrage doit être adressé et reçu. — Publicité postérieure, antérieure ou concomitante à la réception par le magistrat de l'écrit outrageant. — L'outrage par paroles envers un magistrat, tel qu'il est prévu par l'article 222, n'est punissable que lorsque cet outrage a été adressé au magistrat lui-même, ou lorsqu'ayant été adressé à un tiers il est parvenu à la connaissance de ce magistrat par la volonté de son auteur. En conséquence, dans ce dernier cas, l'arrêt de condamnation, pour justifier l'application de la peine et échapper à la censure de la cour suprême, doit constater à la fois que le prévenu a voulu que l'outrage soit porté à la connaissance du magistrat, et que celui-ci en a eu réellement connaissance (Cass. cr. 16 nov. 1888, D. 89. 1, 271. — Voir 994 bis).

En matière d'outrages par écrits non rendus publics, il faut, d'après la jurisprudence, pour que le délit existe, ou bien que l'écrit ait été adressé directement au magistrat, ou bien qu'il soit parvenu à sa connaissance par la volonté du prévenu.

Il se peut que, postérieurement à la réception de l'écrit par le magistrat, cet écrit soit publié. En ce cas, le délit d'outrage, consommé par la réception avant toute publication, peut être relevé à la charge de l'auteur de l'écrit ; et il n'est pas douteux que la publication qui a suivi ce délit d'outrage puisse motiver en outre des poursuites pour diffamation ou injure en vertu de la loi sur la presse.

Il se peut aussi que la publication soit antérieure ou concomitante à la réception par le magistrat de l'écrit outrageant. En ce cas encore, nous pensons qu'il existe deux délits distincts, un délit de publication et un délit d'outrage, qui peuvent motiver deux poursuites différentes. Mais la Chambre criminelle, par un arrêt du 31 octobre 1890 (D. 91, 1,

45) que nous avons déjà commenté, décide qu'en ce cas il n'y a plus place que pour la répression des délits d'injure et de diffamation publiques prévus par la loi sur la presse (Voir 523 bis à 531 bis).

640 bis. Du cas où l'agent de l'autorité outragé exerce illégalement ses fonctions. — Un garde particulier qui dresse un procès-verbal à un chasseur sur un terrain non confié à sa garde commet un abus de pouvoir et n'a pas, dans cette circonstance, le caractère d'agent de la force publique, protégé par l'article 224 C. P. (Trib. corr. Amiens 26 déc. 1888, Recueil d'Amiens, 88. 230).

645 bis. Magistrats de l'ordre administratif. — Le ministre des cultes, investi d'un droit de surveillance, de discipline, de contrôle et de commandement, auquel sont soumis, dans l'ordre temporel et administratif, tous ceux qui remplissent une fonction ecclésiastique, est un magistrat de l'ordre administratif, protégé par l'article 222 C. P. (Paris, 24 nov. 1891, D. 92. 2. 523).

651 bis. Des présidents d'assemblées électorales et de leurs assesseurs. — La Cour d'Appel d'Angers, dans un arrêt du 22 juillet 1887 (Gaz. Pal. 87, 2, 224), a jugé que l'accusation portée par un *électeur* contre le président d'un bureau électoral « d'avoir mis dans sa poche un bulletin de vote, au lieu de l'introduire dans l'urne», alors que cette accusation s'était produite *pendant le scrutin*, dans la salle publique affectée à la réception des votes, constituait, non le délit d'outrage prévu par le décret du 21 février 1852, mais bien le délit de diffamation envers un citoyen chargé d'un service public, puni par l'article 31 de la loi sur la presse.

En décidant ainsi, la Cour d'appel d'Angers nous paraît avoir perdu de vue que la loi sur la presse, en punissant la diffamation envers les personnes publiques à raison de leurs fonctions ou de leur qualité, n'a porté aucune atteinte aux textes spéciaux qui répriment, comme outrages, les diffamations ou injures adressées à certaines personnes publiques *dans l'exercice même de leurs fonctions*. Du moment où l'attaque se produit *pendant la réunion électorale*, au moment même où les membres du bureau remplissent leur mission, elle doit, lors même qu'elle présente les caractères d'une diffamation, être poursuivie comme outrage, en vertu du décret de 1852 (Conf. n° 634 et n°s 523 bis et suiv.).

665 bis. Des jurés. — Les articles 222 et 223 du code pénal, sous la dénomination de jurés, visent non seulement les jurés de jugement, mais aussi les jurés de session ; ceux-ci, en effet, dès qu'ils sont désignés par la voie du sort, en audience publique, pour faire le service d'une session d'assises, et individuellement instruits de cette désignation conformément à la loi, se trouvent par là même revêtus d'un caractère public et appelés par une vocation spéciale, sous le titre légal de jurés (Conf. la loi du 21 nov. 1872), à participer au fonctionnement de la justice criminelle (Cass. cr. 8 mai 1891, D. 92, 1, 105 et Paris, 2 janv. 1891, Gaz. Pal. 91, 1, 43).

667 bis. Des agents dépositaires de la force publique. — Un maréchal-des-logis de l'armée est un agent de la force publique protégé par l'article 224 C. P. (Cass. cr. 14 mars 1889, D. 89, 1. 487).

668 bis. Des citoyens chargés d'un ministère de service public. — D'après les décisions ci-après, il y aurait lieu de considérer comme ayant la qualité de citoyens chargés d'un ministère de service public (Art. 224 C. P.) :

Les *instituteurs communaux* (Caen, 10 mars 1886, Recueil de Rouen, 102. 86) ; le particulier nommé *agent de recensement* par arrêté municipal (Trib. des Andelys, 16 juill. 1886, *Jour. Droit criminel*, 1886, 256) ;

Le *commandant d'une compagnie de sapeurs pompiers* régulièrement organisée (Toulouse, 29 juin 1892, D. 93, 2, 41). — Notons qu'il serait plus exact de le considérer comme un commandant de la force publique protégé par l'article 225 (Conf. n° 669).

D'autre part, il a été jugé par la Chambre criminelle (27 février 1892, D. 92, 1, 552), que le *témoin qui assiste un huissier* pratiquant une saisie n'est investi d'aucune délégation de l'autorité publique, et ne peut dès lors être considéré comme un citoyen chargé d'un ministère de service public protégé par l'article 224 C. P.

La Cour de Nancy, par arrêt du 21 mai 1890 (D. 92, 2, 207), a également jugé que l'article 224 était inapplicable à l'outrage adressé à un *secrétaire de mairie*, celui-ci n'étant qu'un simple employé salarié, nommé par le maire et révocable par lui, n'ayant ni caractère officiel, ni responsabilité publique.

669 bis. Des commandants de la force publique. — Un commandant de *l'armée territoriale*, qui assiste aux exercices de la société de tir de son régiment, revêtu de son uniforme, est un commandant de la force publique dans le sens de l'article 225 du code pénal (Cass. cr. 2 janv. 1889. Gaz. Pal. 89. 1, 609).

671 bis. De l'intention outrageante. — Quand les expressions employées ont par elles-mêmes un sens manifestement outrageant, le juge du fait caractérise suffisamment l'intention criminelle en relevant ces expressions dans le jugement de condamnation (Cass. cr. 2 juillet 1887, Bull, cr. N° 257, p. 404). Cela revient à dire qu'en matière *d'outrages nettement caractérisés*, comme en matière d'imputations diffamatoires, l'intention de nuire est présumée, en ce sens que le juge du fait peut se dispenser de relever les circonstances d'où résulte cette intention.

Mais quand l'outrage se produit sous une forme qui, par elle-même ne présente pas un caractère manifestement outrageant, le juge du fait est tenu de relever, dans les motifs du jugement de condamnation, les circonstances desquelles il déduit l'intention coupable, élément essentiel du délit d'outrage. Au surplus, les déclarations que fait le juge du fait à cet égard sont souveraines et échappent au contrôle de la Cour de cassation (Cass. cr. 8 mai 1891, D. 92. 1, 105).

Cet arrêt rendu dans l'affaire Moro (dont nous avons ci-dessus parlé) déclare que si Moro, en interpellant les jurés de session, pour avoir leur opinion sur l'affaire Eyraud-Bompart, a eu pour but de recueillir les éléments d'un article de journal, cette circonstance n'est point exclusive d'une intention coupable, et que d'ailleurs le juge du fait a suffisamment constaté cette intention, en relevant que le prévenu ne s'était fait aucune illusion sur la portée outrageante de ses démarches, et qu'en admettant qu'il eût pu tout d'abord ne pas s'en rendre un compte exact, son indécision à cet égard avait dû être de courte durée, à la suite des avertissements qu'il avait reçus dès le début de ses visites (Conf. N° 601 bis).

Voir en outre, N° 604 bis.

678 bis et 679 bis. Pouvoirs d'appréciation des juges du fait sur les rapports de l'outrage avec l'exercice des fonctions et sur l'intention outrageante. — La constatation, par l'arrêt de condamnation, que c'est à l'occasion de l'exercice de ses fonctions qu'un agent de la force publique a été outragé, est une constatation de fait qui est souveraine et qui échappe au contrôle de la Cour de cassation (Cass. cr. 14 mars 1889, D. 89. 1, 487). Conf., sous le n° 678, les arrêts précédemment rendus par la Cour suprême, qui, en principe, réservait son droit de contrôle.

Quant à la question de savoir si l'outrage procède ou non d'une intention coupable, elle est souverainement appréciée par les juges du fond (Cass. cr. 8 mai 1891, D. 92, 1, 105). Voir N° précédent.

686 bis. Délits d'audience, Compétence exceptionnelle établie par l'article 181, C. I. C. Aux arrêts précédemment cités, *Adde* : Limoges, 6 janv. 1887, Gaz. Pal, 87, 1, 294 ; Paris, 20 nov. 1888, D, 89, 2, 235).

704 bis à 709 bis. — *Conférer* N° 798 bis.

DES DÉLITS CONTRE LES CHEFS D'ETAT ET AGENTS DIPLOMATIQUES ETRANGERS

(Art. 36 et 37)

718 bis, 719 bis, 725 bis. — Compétence, Exercice de l'action. Droit de saisie et d'arrestation préventive. — Aux termes de la loi du 16 mars 1893, portant modification des articles 45, 47 et 60 de la loi du 29 juillet 1881, les délits d'offense envers les chefs d'Etat étrangers, déférés autrefois à la Cour d'assises, sont aujourd'hui de la compétence des *tribunaux correctionnels* (Voir art. 45 nouveau, et 832 bis).

La poursuite, aux termes de l'article 60 nouveau (reproduisant le paragraphe 5 abrogé de l'ancien article 47) a lieu soit à la requête des chefs d'État et agents diplomatiques étrangers, soit d'office sur leur demande adressée au ministre des affaires étrangères et par celui-ci au ministre de la justice.

Enfin, le même article 60 nouveau déclare applicables aux cas d'offense ou outrage envers les chefs d'Etat et agents diplomatiques étrangers les dispositions de l'article 49 (modifié par la loi du 12 décembre 1893) sur le droit de saisie et d'arrestation préventive, relatives aux infractions prévues par les articles 23, 24 et 25.

Voir articles 47 nouveau et 60 nouveau.

DES PUBLICATIONS INTERDITES

(Art. 38 à 40)

Observation. — *Des articles* 38 *et* 39 *il convient de rapprocher le texte de l'article* 5 *de la loi du* 28 *juillet* 1894 *ayant pour objet de réprimer les menées anarchistes.* (Voir le texte et le commentaire de cet article, sous l'appendice aux articles 24 et 25).

729 bis. Par quels modes de publication l'infraction prévue par l'article 38 peut-elle être réalisée ? — Toute publication des actes de procédure criminelle ou correctionnelle, faite avant leur lecture en audience publique, quel que soit le mode de publicité employé, constitue l'infraction prévue par l'article 38.

Mais cet article qui prohibe seulement la *publication* de ces actes, n'interdit pas leur *communication* à un tiers, notamment à un avocat qui en a demandé la remise dans le but de se porter partie civile au nom de son client. Une telle communication n'est pas davantage interdite par les articles 302 et suivants du Code d'instruction criminelle (Cass. cr. 6 janv. 1893, D. 93, 1, 102).

733 bis. Caractère de l'infraction. — L'infraction punie par l'article 38 constitue une *contravention* (Tr. Seine, 25 avr. 1894, Gaz. Pal. 94, 1, 567).

738 bis. Interdiction de rendre compte des procès en diffamation où la preuve des faits diffamatoires est interdite. — Il a été jugé par le tribunal correctionnel de la Seine (25 avril 1888, Gaz. Pal. 89, 1, Supp. 15) que l'interdiction de rendre compte des débats d'un procès en diffamation où la preuve des faits diffamatoires n'est pas autorisée, n'admet pas de distinction entre le cas où les débats portent sur un incident préparatoire ou sur le fond du litige, non plus qu'entre le cas où la preuve est interdite à raison de la qualité de la personne, et celui où, admise en principe, elle devient impossible par suite de l'inaccomplissement des formalités prescrites par l'article 52.

Si la première proposition de ce jugement peut être acceptée, il n'en est pas de même à notre avis de la seconde. En interdisant de rendre compte des procès en diffamation où la preuve n'est pas autorisée, le législateur n'a entendu prohiber que le compte-rendu des procès en diffamation intéressant les particuliers; dès que le procès en diffamation concerne une personne publique, à l'encontre de laquelle la preuve des faits diffamatoires est permise en principe, le compte-rendu est licite, nonobstant la déchéance encourue par le prévenu, qui n'a pas rempli les formalités exigées par la loi pour l'administration de la preuve.

750 bis. Du droit de publication en ce qui concerne les jugements. — En principe, la partie plaignante a la faculté de faire publier à ses frais une décision dont l'objet est de contredire des imputations qui s'étaient produites contre elle publiquement. Elle peut même user de ce droit, qui découle de l'article 39, relativement à une décision par défaut frappée d'opposition, l'article 39 s'appliquant à toutes les décisions de justice quel que soit leur caractère (Trib. Tunis, 16 nov. 1887, Gaz. Pal. 88, 1, Supp. 27).

Toutefois, l'immunité prévue par l'article 39 § 2 concerne exclusivement la publication des décisions judiciaires faites sans intention de nuire et à une époque contemporaine de l'audience où ces décisions ont été rendues. — V. Trib. Seine, 1re ch. 14 fév. 1895, Gaz. Trib. 18 févr.

Ainsi, cette immunité ne saurait protéger la publication faite à plusieurs reprises au cours d'une période électorale dans un but de vengeance personnelle, des considérants d'un arrêt qui a relevé contre un avocat, devenu ultérieurement candidat au conseil général, des actes d'indélicatesse et des manquements graves à ses devoirs professionnels (Agen, 30 janv. 1890, D. 91, 2, 270).

Cette immunité ne saurait non plus protéger le plaideur, qui, ayant obtenu contre un négociant, tenant un maison de commerce rivale, un jugement de condamnation pour tromperie dans la marchandise vendue, fait imprimer et répandre à plusieurs milliers d'exemplaires ce jugement, en donnant des dimensions typographiques spéciales aux passages incriminant plus spécialement les agissements de l'adversaire. Une telle publication, inspirée par le désir de nuire, constitue le délit de diffamation (Bordeaux, 11 nov. 1890, D. 91, 2. 6).

756 bis. But de la souscription prohibée par l'article 40. — Il résulte des termes de l'article 40, éclairés par les travaux préparatoires de la loi sur la presse, que le législateur a entendu prohiber les souscriptions publiques destinées à indemniser des conséquences « des condamnations encourues en Cour d'assises ou en police correctionnelle » ; dès lors, quand une condamnation a été prononcée par un tribunal de police correctionnelle pour une infraction de la compétence de la juridiction correctionnelle, l'article 40 est applicable, bien que l'infraction (exercice illégal de la médecine sans usurpation de titre — Loi 19 ventôse, an X, art. 35 et 36) ne comporte qu'une peine de simple police (Cass. cr. 21 févr. 1891, D. 91, 1, 445).

Mais l'article 40 ne visant que les condamnations en matière criminelle et correctionnelle ne s'étend pas aux souscriptions publiques en matière de contraventions de simple police (Chambéry, 4 déc. 1890, D. 91, 1, 445).

DES IMMUNITÉS DE LA DÉFENSE

(Art. 41)

784 bis. Des tribunaux visés par l'article 41 § 3. — Les immunités établies en faveur des écrits diffamatoires produits devant les tribunaux visent toutes les juridictions et s'appliquent notamment aux diffamations contenues dans un acte de récusation formulé contre un magistrat et produit devant un tribunal à l'occasion d'une poursuite disciplinaire intentée contre un avoué (Caen, 17 mars 1888, D. 89, 2, 92, et Cass. cr. 14 janv. 1888, D. 88, 1, 336).

Elles s'appliquent également aux discours et écrits produits devant un conseil de l'ordre des avocats saisi d'une action disciplinaire (Toulouse, 12 juillet 1885, Gaz. Pal. 87, 1, Supp. 72).

792 bis. De la suppression des discours et écrits diffamatoires ou injurieux. — Bien que l'article 41 de la loi du 29 juillet 1881 parle uniquement des *discours* injurieux, outrageants ou diffamatoires que le juge a le droit de supprimer, il est permis d'affirmer que la substitution du mot « discours » au mot « écrits » (qui se trouvait dans l'article 23 de la loi du 17 mai 1819), est le résultat d'une inadvertance, et que le tribunal peut ordonner la suppression des passages injurieux ou diffamatoires contenus dans les conclusions ou le mémoire d'une partie, en vertu de l'article 41 § de la loi de 1881. En tous cas, le tribunal puiserait ce droit dans l'article 1036 du code de procédure civile (Poitiers, 11 juill. 1892, D. 94, 2, 149).

794 bis. Qui peut demander la suppression des écrits ou discours et conclure à des dommages intérêts. — Droit d'intervention des tiers. — Lorsqu'il s'agit d'écrits injurieux ou diffamatoires relatifs à la cause, l'article 41 de la loi sur la presse, par une attribution spéciale de compétence, dérogatoire aux règles ordinaires de la procédure, ne reconnaît qu'aux juges du procès dans lequel ces écrits ont été produits, le droit d'en prononcer la suppression ou d'accorder des dommages et intérêts, soit aux parties, soient aux tiers; dès lors, les tiers, qui auraient droit à des réparations, ne pouvant les obtenir qu'en intervenant dans la cause où ces écrits sont produits leur *intervention* est recevable aussi bien *en appel* que devant *le premier dégré de juridiction.* — Spécialement, est recevable l'intervention d'un tiers, qui, dans une instance en divorce, est désignee, dans les conclusions d'une des parties, comme complice d'adultère (Poitiers, 11 juill. 1893. D. 94, 2. 149).

Les conclusions d'un tiers tendant à obtenir, en vertu de l'article 41 de la loi sur la presse, la suppression d'un passage diffamatoire contenu dans une requête au Conseil d'Etat, ne constituent pas une intervention proprement dite, régie par le droit commun, et sont par suite recevables nonobstant la non-recevabilité de la requête principale (Conseil d'Etat, 29 mars 1889, D. 90, 3, 69).

795 bis. Quels juges peuvent prononcer la suppression et des dommages et intérêts ? — Le droit de prononcer la suppression des discours ou écrits injurieux ou diffamatoires et de condamner qui de droit à des dommages et intérêts appartient en principe à tous les juges, soit ordinaires, soit d'exception, saisis de la cause et statuant sur le fond (Conf. N° 784).

C'est ainsi que le *Conseil d'État* se considérait comme compétent pour statuer tant sur les demandes en dommages et intérêts que sur les demandes en suppression d'écrits dont il était saisi à raison d'imputations injurieuses ou diffamatoires insérées dans des productions faites devant lui (Conseil d'Etat, 10 juill. 1885 et les renvois, D. 87, 3, 19; Cons. d'Etat 20 janv. 1888, D. 89, 3, 28).

Mais cette jurisprudence du Conseil d'Etat a dû se modifier en présence de l'article 50 de la loi du 22 juillet 1889, qui, après avoir déclaré applicables aux *conseils de préfecture* les dispositions de l'article 85 et des articles 88 et suivants du Code de procédure civile, ainsi que la disposition de l'article 41 de la loi du 29 juillet 1881, ajoute : « néanmoins, si

« des *dommages-intérêts* sont réclamés, à raison des discours et des écrits « d'une partie ou de son défenseur, le conseil de préfecture réservera « l'action pour être statué ultérieurement par le tribunal compétent, « conformément au dernier paragraphe de l'article 41 précité. »

Il résulte de cette disposition et des travaux préparatoires (Voir le rapport de M. L. Clément, D. 90, 4, 5), que le conseil de préfecture (et par voie de conséquence, le Conseil d'Etat — le juge d'appel ne devant pouvoir connaître d'une question que le juge administratif du premier degré est tenu de renvoyer devant l'autorité judiciaire), qui peut toujours prononcer la suppression des écrits injurieux ou diffamatoires produits devant lui, tant en vertu de l'article 41 de la loi sur la presse que de l'article 1036 C. Pr. C., est incompétent pour condamner la partie ou son défenseur à des dommages et intérêts. En ces cas, alors même que les imputations diffamatoires (ou injurieuses) ne sont pas étrangères à la cause, le conseil de préfecture et le conseil d'Etat doivent se borner à donner acte à la partie offensée de ses réserves à l'effet de porter son action en dommages et intérêts devant les tribunaux compétents (Cons. d'Etat, 27 juill. 1889, D. 91, 3, 26).

Si les imputations diffamatoires ou injurieuses atteignent un tiers, celui-ci, s'il base sur ces imputations une action en dommages et intérêts, ne peut intervenir à l'instance que pour faire déclarer par le juge du fond que ces imputations sont étrangères à la cause et demander acte de ses réserves afin d'intenter ultérieurement son action.

Notons que le juge saisi du fond, quel qu'il soit, peut ordonner la suppression des écrits diffamatoires ou injurieux produits devant lui et prononcer des dommages et intérêts (sauf à tenir compte de la règle d'incompétence résultant pour les conseils de préfecture et le Conseil d'Etat de l'article 50 de la loi du 22 juill. 1889), alors même que ces écrits attaquent un fonctionnaire à raison de ses fonctions ou de sa qualité. L'interdiction d'exercer l'action civile séparément de l'action publique, quand elle a pour base une diffamation contre les personnes visées par les articles 30 et 31, ne saurait faire obstacle à l'application de la règle exceptionnelle de compétence inscrite dans l'article 41, qui, dans un intérêt d'ordre public, a voulu donner aux juges le pouvoir de réprimer les écarts de la défense (Voir N° 686).

797 bis. Combinaison de l'article 41 § 4 avec l'article 1036 C. Pr. C. — Il appartient au Conseil d'Etat de prononcer, *même d'office*, en vertu de l'article 1036 C. Pr. C., la suppression d'une partie d'un mémoire produit devant lui, quand il la considère comme outrageante pour le Conseil de préfecture dont l'arrêté lui est déféré (Cons. d'Etat, 25 févr. 1887, D. 88, 5, 384.

798 bis. Peines disciplinaires. — Injonctions aux avocats et officiers ministériels. — Suspension. — L'article 50 de la loi du

22 juillet 1889 dénie formellement aux conseils de préfecture le droit de prononcer des *peines disciplinaires* proprement dites (réprimande, suspension, radiation) contre les avocats et officiers ministériels. Le droit des conseils de préfecture (et, d'une façon plus générale, des juridictions autres que les Cours et tribunaux ordinaires) se borne à leur adresser des *injonctions* (Conf. Nos 705 et 709).

803 bis. Quelles personnes doivent être considérées comme tiers au procès ? — Les témoins doivent être considérés comme des tiers, au point de vue de l'application des dispositions de l'article 41, et peuvent dès lors poursuivre par action séparée les diffamations dont ils ont été l'objet, sans qu'il en ait été fait réserve par le tribunal devant lequel les diffamations se sont produites (Limoges, 8 août 1888, D. 89, 2, 45).

CHAPITRE V

DES POURSUITES ET DE LA REPRESSION

—

1. *Des personnes responsables des crimes et délits commis par la voie de la presse.*

(Art. 42 à 44).

809 bis. Sens exact de ces mots : « A défaut de... ». — Participants inconnus ; décédés ; non mis cause ; en résidant à l'étranger. — Nous avons dit, sous le n° 809, que ces mots de l'article 42 « à *défaut des gérants ou éditeurs...* » doivent s'étendre en ce sens : « Si les gérants ou éditeurs sont *inconnus* ».

Nous plaçant dans l'hypothèse où un journal ou écrit non périodique est édité à l'étranger et publié en France, nous avons dit qu'il suffisait que le journal ou le livre édité à l'étranger fût publié en France *par le fait de l'éditeur*, pour que celui-ci devînt justiciable des tribunaux français, et que, du moment où ce publicateur principal était *connu* et pouvait être poursuivi et condamné par la justice française, il était juridique, si on voulait le mettre en cause, de le poursuivre comme auteur principal, et de n'incriminer dans tous les cas les participants français (vendeurs, libraires, *etc....*) que comme complices.

Nous ajoutions que si l'éditeur étranger ne faisait pas acte d'éditeur en France, que si c'était en dehors de sa participation directe que l'ouvrage pénétrait en France et y était mis en vente ou distribué par les libraires et colporteurs français, il convenait alors de considérer ces derniers comme les véritables agents principaux de la publication en France, et dès lors de les poursuivre à titre d'auteurs principaux du délit.

Dans une affaire Brentanos contre de Sesmaisons, la partie poursuivante, diffamée par un journal édité en Amérique et vendu en France, avait poursuivi le vendeur français (Brentanos), seul mis en cause, comme auteur principal. Saisie de cette affaire, la Cour de Paris, après avoir constaté en fait que le journal étranger n'avait pas de représentant en France, qu'il n'y avait installé aucune agence de vente, que c'était Brentanos qui, pour les besoins de son commerce de libraire américain, s'adressait directement à l'office du journal et se faisait expédier de New-York un certain nombre d'exemplaires du journal, a jugé que, dans ces conditions ainsi spécifiées, la publication du journal en France précédait du fait personnel de Brentanos en dehors de toute participation des agents de publication à l'étranger, et que, dès lors, il était vrai de dire que Brentanos ayant été le publicateur en France de l'article diffamatoire, avait assumé volontairement la responsabilité de cette publication en qualité d'auteur principal, sans qu'il fût besoin de rechercher si la partie civile pouvait connaître et devait poursuivre le gérant, l'éditeur ou l'auteur étranger (Paris, 15 nov. 1893, D. 94, 1, 463).

Basé sur ces constatations de fait, cet arrêt faisait une très-juste application des principes qui régissent la responsabilité en matière de délits de presse.

Sur le pourvoi formé contre cet arrêt, la Cour de cassation, par arrêt du 15 février 1894 (D. loc. cit.), après avoir relevé les constatations de fait ci-dessus spécifiées, a jugé que Brentanos, à raison de la distribution ou de la vente par lui faite, avait été, à juste titre, considéré par la Cour d'appel de Paris comme l'auteur principal de la publication en France. Mais au lieu de faire résulter cette solution des termes de l'article 42 lui-même, en observant que, la publication en France s'étant opérée en dehors de toute participation des agents de publication à l'étranger, il était vrai de dire que Brentanos (libraire) n'était poursuivi comme auteur principal *qu'à défaut de gérant ou éditeur*, la Cour de cassation, dans un des considérants de son arrêt, a déclaré qu'en droit la règle édictée par l'article 42 n'était pas applicable au cas où le délit de publication résulte d'un écrit édité et imprimé à l'étranger. Cette déclaration de principe, qui semble impliquer que le vendeur en France du journal étranger doive *dans tous les cas* (même si la vente en France résulte d'un fait personnel de l'éditeur étranger) être considéré comme l'auteur principal du délit de publication commis en France, nous paraît inexacte. La vérité, suivant nous, est que l'article 42 vise tous les délits de publication commis en France, et que du moment où l'éditeur étranger (quelle que soit sa dénomination) est connu et a directement participé à la publication en France du journal ou de l'écrit incriminé, il doit être considéré, aux termes de l'article 42, comme l'auteur principal du délit. Dans une poursuite qui serait dirigée simultanément contre l'éditeur du journal étranger et contre l'agent chargé de la vente d'un journal en France, ne serait-il pas aussi contraire aux principes qu'à la raison de mettre en cause cet agent auxiliaire de publication comme auteur principal, et d'incriminer l'éditeur étranger comme simple complice.

Ajoutons que la difficulté qui nous occupe est née surtout de la jurisprudence erronée qui déclarait nulle la poursuite dirigée contre le complice sans mise en cause simultanée de l'auteur principal. Cette jurisprudence plaçait en effet dans une situation difficile la partie poursuivante, qui, en fait, se trouvait aux prises avec les embarras et les retards inhérents à la mise en cause d'un éditeur étranger, et qui, en droit, avait à redouter de voir déclarer sa poursuite non recevable, si elle était uniquement dirigée contre le vendeur français, mis en cause comme complice.

La Cour de cassation étant formellement revenue sur cette jurisprudence (Voir n° 810 bis et la note), la partie poursuivante pourra désormais, qu'elle mette ou non en cause l'éditeur étranger, poursuivre isolément le vendeur français comme complice. Et ce n'est qu'au cas où la publication en France apparaîtrait comme s'étant accomplie tout-à-fait en dehors de la participation de l'éditeur étranger, qu'il conviendrait de mettre en cause le vendeur français comme auteur principal.

Ajoutons que la citation, qui, dirigée contre le vendeur en France, négligerait de le désigner soit comme auteur principal, soit comme complice, ou qui même attribuerait à tort à ce vendeur l'une ou l'autre qualité, n'en serait pas moins valable, à la condition qu'elle précisât les faits et les qualifiât exactement (Conf. art. 50, n°ˢ 913 bis et 914 bis).

810 bis. Indépendance de l'action concernant l'auteur principal et de celle concernant les complices. — Par un arrêt du 28 juillet 1883 (D. 84. 1. 310) que nous avons longuement critiqué, et dont la doctrine a été formellement répudiée par l'honorable M. Lisbonne, rapporteur de la loi de 1881, la Cour de cassation a jugé que le paragraphe 1ᵉʳ de l'article 43, en disposant que « *lorsque les gérants ou éditeurs seront en cause, les auteurs seront poursuivis comme complices* », a entendu subordonner la poursuite à titre de complicité qu'elle édicte contre l'auteur de l'écrit, à la mise en cause simultanée du gérant comme auteur principal.

Malgré cet arrêt de la Cour suprême, la jurisprudence des Cours d'appel est restée divisée. Voir dans le sens contraire à cet arrêt : Douai, 13 févr. 1888 (Gaz. Pal. 88, 1, 765) ; — Alger, 18 nov. 1893 (D. 94, 2, 88), et dans le même sens : Lyon, 2 mars 1886 (*Droit* du 20 mars) ; Paris, 9 janvier 1890 (D. 91, 2, 36) ; Toulouse, 30 janvier 1890 (Gaz. Pal. 90, 1, 619) ; Grenoble, 23 févr. 1891 (D. 92, 2, 534). Cet arrêt de Grenoble décide que la nullité de la poursuite, dirigée contre l'auteur de l'article comme complice, sans mise en cause du gérant comme auteur principal, peut être proposée pour la première fois en appel, attendu qu'il s'agit ici non pas d'une nullité d'exploit, devant être proposée avant toutes conclusions au fond, mais de la nullité ou plus exactement de l'irrecevabilité de la poursuite elle-même. Il a été jugé dans le même sens par la Cour de Montpellier (7 avril 1892, D. 93, 2, 84) que, si la poursuite dirigée contre le complice, sans mise en cause du gérant, est irrecevable, il ne s'en suit pas que la citation délivrée au complice seul soit *nulle en la forme*. Cette citation, au contraire, dès qu'elle satisfait aux prescriptions des articles 50 et 60, est valable et a notamment pour effet d'interrompre la prescription. Au surplus, ajoute l'arrêt, la procédure peut être régularisée par une citation signifiée à l'auteur principal avant le jugement définitif.

Ces derniers arrêts, dont les déductions sont parfaitement logiques, n'ont d'autre tort que d'avoir accepté, sans discussion et sans raison plausible, la doctrine erronée contenue dans l'arrêt de cassation du 28 juillet 1883.

Si nous osons parler de doctrine erronée, c'est que la Cour de Paris et que la Cour de cassation elle-même nous paraissent avoir abandonné leur première jurisprudence.

En prenant pour point de départ cette jurisprudence, la logique devait amener à soutenir que le gérant ou l'éditeur ne pouvait pas être poursuivi comme auteur principal, sans mise en cause simultanée de l'auteur de l'écrit, comme complice ; c'est ce qu'avait fait remarquer M. Lisbonne, en critiquant l'arrêt de 1883. Cette thèse a en effet été soutenue dans une affaire Vonoven contre Curel ; mais elle a été très-justement condamnée par un arrêt de la Cour de Paris du 17 février 1892 (D. 92, 2, 313) et par un arrêt de la Cour de cassation du 17 juin 1892 (D. 93, 1, 130).

Par ces arrêts, la Cour de cassation, après la Cour de Paris, proclame que « si le paragraphe 1er de l'article 43 dispose que lorsque les gérants ou éditeurs seront en cause, les auteurs seront poursuivis comme complices, cette disposition combinée avec celle de l'article précédent (qui règle l'ordre dans lequel les personnes qui ont participé à la publication de l'écrit incriminé peuvent être poursuivies, les unes à défaut des autres, comme *auteurs principaux*) n'a *d'autre but* que d'indiquer la qualité en laquelle les auteurs devront être poursuivis, lorsque les gérants ou éditeurs seront en cause, mais qu'on n'en saurait induire que le ministère public ou la partie civile ne pourront poursuivre l'éditeur ou gérant comme auteur principal qu'à la condition de poursuivre en même temps l'écrivain comme complice. »

Telle est bien en effet la vérité juridique. Et de ce très lumineux commentaire donné par la Cour de cassation elle-même aux articles 42 et 43, on doit inférer, que si le gérant peut être poursuivi comme auteur principal sans mise en cause simultanée de l'auteur de l'écrit comme complice, celui-ci peut également être poursuivi à titre de complicité sans que la partie poursuivante soit tenue en même temps de poursuivre l'éditeur ou gérant comme auteur principal. Les raisons de décider sont en effet exactement les mêmes, et les deux solutions, intimement liées entre elles, s'imposent à l'interprète, du moment où il est reconnu, que les articles 42 et 43, sans déroger au droit commun, n'ont d'autre but que celui si nettement précisé par l'arrêt de cassation du 17 juin 1892, qui répudie implicitement l'interprétation premièrement consacrée par l'arrêt de 1883. — Voir en outre l'arrêt très-fortement motivé de la Cour d'Alger du 18 nov. 1893 (D. 94, 2, 88) (1).

---

(1) Les lignes ci-dessus étaient écrites, lorsque sont parvenus à notre connaissance deux arrêts en date des 26 janvier et 14 juin 1894, par lesquels la Cour de cassation, reconnaissant résolument l'erreur commise dans son arrêt

812 bis 814 bis. Signature du journal par un tiers comme gérant. — Responsabilité des éditeurs ou publicateurs de fait. — Le rédacteur en chef d'un journal, indiqué comme gérant par certains numéros de ce journal au bas desquels se trouve son nom, est responsable des publications incriminées en qualité de gérant, s'il ne démontre pas que c'est à son insu et contre sa volonté que l'indication de son nom a figuré au journal. Vainement il prétendrait que n'ayant pas fait au parquet la déclaration prescrite par l'article 7 de la loi de 1881, il ne peut être considéré comme gérant ; le point de savoir si un individu est le gérant d'un journal est en effet une question de fait dont la solution ne peut dépendre de cette circonstance qu'il a ou non rempli les obligations que lui impose la loi sur la presse. Et cela est si vrai que, s'il ne satisfait pas à ces prescriptions, il est soumis précisément, en qualité de gérant, aux pénalités édictées par l'article 9 de la dite loi (Cour d'assises du Morbihan, 4 mars 1890, Gaz. Pal. 91, 1. Supp. 14). — Conf. n° 822 bis.

815 bis. Responsabilité des éditeurs d'écrits non périodiques. — En matière d'écrits non périodiques, on doit considérer comme éditeur celui qui a remis le manuscrit à l'imprimeur, payé les frais d'impression, *etc*... (Paris, 6 déc. 1889, D. 89, 2, 230).

817 bis. Responsabilité pénale des imprimeurs. — C'est à juste titre que le tribunal de première instance condamne, en qualité d'auteur principal, l'imprimeur d'un écrit diffamatoire dont l'auteur inconnu n'a pas été révélé au cours des débats par ledit imprimeur ; mais celui-ci doit être acquitté par la Cour d'appel, si devant cette juridiction il fait connaître le nom de l'auteur de l'écrit. Toutefois, les frais de première instance et d'appel doivent en ce cas être mis à sa charge malgré l'acquittement, ces frais ayant été rendus nécessaires par son attitude et son refus de désigner l'auteur de l'écrit dès l'origine (Besançon, 18 juill. 1892, D. 93, 2, 269).

En fait, toutes les fois que la partie poursuivante ne connaît ni l'éditeur, ni l'auteur de l'écrit, et se trouve en face de l'imprimeur seul, elle agira prudemment en signifiant à celui-ci une sommation d'avoir à lui faire connaître les noms de l'éditeur et de l'auteur, avant de l'assigner comme auteur principal.

Devant la Cour d'assises, comme devant la juridiction correctionnelle, l'imprimeur poursuivi comme auteur principal peut requérir sa mise hors de cause en établissant l'existence d'un gérant ou éditeur ou d'un auteur ; mais ce moyen de justification doit être soulevé par des conclu-

---

de 1883, décide que la poursuite du rédacteur comme complice n'est pas subordonnée à la mise en cause simultanée du gérant ou de l'éditeur comme auteur principal (D. 94. 1. 457).

sions prises par l'imprimeur devant la Cour d'assises. En l'absence de semblables conclusions, il ne peut soutenir devant la Cour de cassation que la disposition de l'article 43 doit être considérée comme un élément constitutif du délit et que le jury devait être questionné sur l'absence d'éditeur et d'auteur pour qu'une condamnation pût intervenir contre lui. L'existence d'un gérant ou d'un auteur est, pour l'imprimeur, un fait purement justificatif qui est virtuellement écarté par la réponse affirmative de culpabilité rapportée par le jury (Cass. 8 août 1889, Gaz. Trib. 12 août 1889).

818 bis. Responsabilité civile des imprimeurs. — Les faits de l'imprimeur, en tant qu'il se renferme dans l'exercice de sa profession, sont licites et ne peuvent engager sa responsabilité, même au point de vue civil (Alger, 21 févr. 1888, Gaz. Pal. 88, 1, 699 et Alger, 25 oct. 1893, D. 94, 2, 226).

Ces décisions sont conformes à l'opinion par nous émise (Voir n° 818), mais la jurisprudence sur ce point de doctrine est divisée, et notamment la Cour de Paris, par arrêt du 26 juin 1889 (D. 90, 2, 277), a jugé que l'article 42 de la loi de 1881, aux termes duquel les imprimeurs ne peuvent pas être poursuivis comme complices des crimes et délits commis par la voie de la presse, pour faits d'impression, n'est pas exclusif de l'application des dispositions des articles 1382 et suiv. du Code civil.

819 bis. Engagement de l'imprimeur. — Refus d'imprimer. — L'imprimeur qui, en s'engageant à imprimer un journal, a spécifié la ligne politique que ce journal suivrait, peut refuser de continuer l'impression et demander la résolution du contrat en se basant sur ce que ce journal a changé sa ligne politique (Cass. req. 6 nov. 1878, D. Supp. Pr. ont. n° 76).

822 bis. Responsabilité de toutes personnes ayant participé au délit de publication dans les termes de l'article 60 du Code pénal. — Le propriétaire ou le directeur d'un journal ne peut, à raison de cette seule qualité et de l'autorité qu'elle lui donne, être réputé complice du délit de diffamation résultant d'un article inséré dans ce journal. Pour être retenu comme camplice, il faut qu'en fait il soit établi contre lui qu'il a participé à la publication de l'article incriminé, conformément à l'article 60 du Code pénal (Paris, 13 janv. 1883, D. 93, 2, 343).

La complicité du délit de diffamation est établie et ressort suffisamment des constatations d'un arrêt qui déclare que, pour se venger d'un tiers, le prévenu a acheté un journal, y a attaché un rédacteur salarié par lui et a fait commencer contre la partie civile une compagne de diffamation (Cass. cr. 15 mai 1889, D. 89, 1, 318), ou de celles d'un arrêt qui déclare qu'il ne s'agit pas d'un article isolé qui aurait pu échapper au contrôle du directeur, mais bien d'une campagne de diffamation qui s'est continuée pendant plusieurs semaines, alors que le directeur avait la direction effective du journal (Paris, 29 juin 1892 et Cass. cr. 24 nov. 1892, D. 93, 1, 463).

823 bis. De la responsabilité en matière de délits de publication commis par la parole ou par écrits non imprimés. — Sur la responsabilité des membres d'un conseil municipal signataires d'un procès-verbal contenant des imputations diffamatoires, voir nos 268 et 268 bis.

824 bis De la responsabilité en matière de contraventions à la loi sur la presse. — En matière d'infractions à la loi sur la presse, comme en toute autre matière, la *complicité* n'est pas admise à l'égard des contraventions de la compétence du tribunal de simple police (Cass. cr. 9 janv. 1890, Gaz. Pal. 90, 1, 318).

Elle ne l'est pas davantage à l'égard des contraventions punies de peines correctionnelles (Conf. n° 824). (Voir nos 22 bis et 228 bis.

827 bis. De la responsabilité des propriétaires de journaux à raison des faits de leurs préposés. — Il résulte de l'article 44 de la loi de 1881, que le gérant doit être réputé le préposé des propriétaires du journal, et que ces derniers doivent être déclarés civilement responsables de son fait, de conformité avec les dispositions de l'article 1384 du Code civil (Grenoble, 16 févr. 1893, D. 93, 2, 225).

828 bis. Des condamnations pécuniaires dont les propriétaires peuvent être responsables. — L'article 44 ne fait aucune exception au principe de droit commun, d'après lequel la responsabilité civile, basée sur l'article 1384, ne peut, sauf le cas où la loi en dispose autrement, s'appliquer qu'aux dommages-intérêts et frais, et non à l'amende (Cass. cr. 5 mai 1892, D. 93, 1, 270).

829 bis. Des propriétaires responsables. — Comment les connaître. — Les tiers qui se trouvent en présence de propriétaires de journaux qui s'appliquent à ne pas se faire connaître et se dérobent aux poursuites, doivent être admis à prouver leur qualité de propriétaires par toutes les voies de droit, et notamment par témoins et simples présomptions (Trib. Seine, première Ch., 11 mai 1886, Gaz. Pal. 86, 2. Supp. 35 ; Orléans, 22 févr. 1887, D. 88, 2, 286 ; Grenoble, 16 févr. 1893, D. 93, 2, 225).

830 bis. Chose jugée à l'égard du préposé. Appel par le propriétaire. Prescription. — Conf. sous n° 1019 bis, Rennes, 5 févr. 1890, D. 91. 2, 269.

DE LA COMPÉTENCE EN CE QUI CONCERNE L'ACTION PUBLIQUE

(Art. 45 modifié par la loi du 16 mars 1893).

832 bis à 835 bis. — Modification apportée à l'article 45 de la loi de 1881 par la loi du 16 mars 1893. — Loi du 28 juillet 1894. — La loi du 16 mars 1893 (voir au commencement de ce volume le tableau de la législation) a modifié l'article 45 de la loi de 1881, en déférant aux *tribunaux correctionnels* les délits prévus par les articles 36 et 37 de la dite loi (outrages envers les chefs d'État et agents diplomatiques étrangers). Conf. nos 718 bis et suiv.

Notons en outre que la loi du 28 juillet 1894, par son article 1er, défère aux *tribunaux correctionnels* les provocations et apologies prévues par les articles 24, paragraphes 1 et 3, et 25 de la loi du 29 juillet 1881, modifiés par la loi du 12 décembre 1893, *lorsque ces infractions, ont pour but un acte de propagande anarchiste* (Voir ci-dessus, n° 316 bis).

836 bis. Compétence territoriale. Lieu du délit. — Le lieu du délit doit s'entendre de tout lieu dans lequel l'écrit a été publié (Cass. cr. 24 janv. 1891, D. 91, 1. 187; Cass. 14 févr. 1889, D. 90, 1, 187 ; Cass. cr. 7 févr. 1889, D. 89, 1, 175 ; Cass. cr. 27 févr. 1885, D. 85, 1, 379). Sur la compétence territoriale, en matières d'injures non publiques par lettre close, et en matière de diffamations ou injures par correspondance circulant à découvert, voir n° 264-10°.

837 bis. Des diffamations ou injures attaquant simultanément un fonctionnaire dans sa vie publique et dans sa vie privée. — Le fonctionnaire diffamé ou injurié en même temps dans sa vie publique et dans sa vie privée a, en principe, la faculté de restreindre sa poursuite aux faits diffamatoires ou injurieux concernant sa vie privée, et d'en saisir la juridiction correctionnelle ; toutefois, cette restriction n'est possible qu'autant qu'il n'existe pas une réelle *indivisibilité* entre les deux ordres d'imputations, les faits devant en ce cas être appréciés dans leur ensemble par la Cour d'assises qui a la plénitude de juridiction (Cass. cr. 3 nov. 1887, D. 89, 1, 221 ; Cass. cr. 8 nov. 1888, D. 89, 1, 272 ; Aix, 25 mars 1892, D. 92, 2, 499).

Une certaine connexité entre les diverses imputations, résultant de ce que leur publication a été faite dans une même feuille et *dans un même but*, et de ce que la citation comprend l'intégralité de l'article incriminé, ne suffit pas à créer entre elles une véritable *indivisibilité*, alors que le demandeur dans sa citation ne poursuit que la répression des imputations l'atteignant dans sa vie privée (Cass. cr. 28 févr. 1889, D. 90, 1, 144. — *Adde*: Cass. cr. 11 août 1892, D. 93, 1, 399 ; Cass. cr.

23 mars 1893. D. 94, 1, 364 ; Cass. cr. 6 juin 1890. D. 90, 1, 489 ; Cass. cr. 19 févr. 1891, D. 91, 5 414).

En dehors du cas où le plaignant aura relevé dans sa citation l'ensemble des imputations, il devient bien difficile, en présence de cette jurisprudence de concevoir les cas où le juge correctionnel pourra déclarer *indivisibles* les deux ordres d'imputations, sans s'exposer à la censure de la Cour suprême (Voir toutefois. Bourges, 31 mars 1892. D. 92, 2, 338).

Ajoutons que le tribunal correctionnel, en dehors du cas d'indivisibilité, peut légalement restreindre d'office, comme l'eût pu faire la partie civile elle-même en formant sa demande, l'action dont il est saisi, au fait diffamatoire s'appliquant à la vie privée et dont la connaissance lui appartient (Cass. 2 et 28 avril 1887, Gaz. Pal. 87, 2, 310).

842 bis. Compétence de la 1re Chambre de la Cour. — Le Procureur général, au cas où il est appelé à poursuivre *correctionnellement* devant la 1re Chambre de la Cour d'appel l'une des personnes désignées aux articles 479, 483 C. I. C. et 10 de la loi du 20 avril 1810, ne peut agir que par la voie de la citation directe; il n'a pas le droit de requérir une instruction préalable, et les actes de cette instruction etant nuls ne peuvent interrompre la prescription (Cass. cr. 15 juin 1893, D. 93, 1, 607).

Le maire qui, lors d'un incendie, outrage par paroles le commandant des sapeurs-pompiers, ne peut se prévaloir de la compétence exceptionnelle établie par les articles 479 et 383 C. I. C. au profit des officiers de police judiciaire, son intervention, en telle circonstance, ayant lieu à titre de représentant des intérêts administratifs et non à titre d'officier de police judiciaire ((Toulouse, 29 juin 1892. D. 93, 2, 41).

849 bis. Obligation pour le juge de statuer dans les limites de la citation qui le saisit. — Des qualifications nouvelles. — Conf. nos 918 bis et 955 bis et 889 bis.

DE LA COMPETENCE EN CE QUI CONCERNE L'ACTION CIVILE

853 bis. Incompétence des tribunaux civils en matière de diffamations prévues par les articles 30 et 31. — L'action civile, dirigée contre une personne civilement responsable d'un délit de diffamation prévu par les articles 30 et 31 de la loi sur la presse, ne peut être poursuivie séparément de l'action publique contre l'auteur du délit. — Par application de cette règle, un arrêt de la Chambre criminelle du 4 mai 1888 (Gaz. Pal. 88, 1. 802) a jugé que lorsqu'un arrêt de condamnation, rendu à la fois contre l'auteur du délit et la personne civilement responsable; a été cassé sur le pourvoi du prévenu, cette cassation, avec renvoi de l'affaire pour être procédé sur la prévention, implique la nécessité d'une nouvelle décision quant à la responsabilité de la partie civilement responsable, laquelle ne peut être rendue que par la juridiction de renvoi saisie de l'action publique.

856 bis. De la compétence en ce qui concerne l'action civile devant les tribunaux de répression. — Malgré l'absence d'appel du ministère public, la Cour peut, en réformant un jugement d'acquittement obtenu par le prévenu, condamner celui-ci à des dommages et intérêts au profit de la partie civile seule appelante, et notamment ordonner, non à titre de peine, mais à titre de dommages-intérêts, l'insertion de son arrêt dans divers journaux (Paris, 17 févr. 1892, D. 92, 2, 21 et Cass. 17 juin 1892, D. 93, 1, 130).

858 bis. Compétence des juges de paix en ce qui concerne l'action civile. — Les juges de paix sont, aux termes de l'article 5 § 5 de la loi du 25 mai 1838, compétents, à l'exclusion des tribunaux d'arrondissement, pour connaître directement d'une action civile pour diffamation verbale ou pour injures publiques ou non publiques, verbales ou par écrit, autrement que par la voie de la presse. L'incompétence des tribunaux civils en cette matière est absolue, et ces tribunaux sont dans l'obligation de renvoyer d'office les parties à se pourvoir devant le juge de paix compétent (Orléans, 18 juill. 1890, D. 91, 2, 144).

Le juge de paix reste compétent, dans les termes de l'article 5 § 5 de la loi du 25 mai 1838, quand les propos diffamatoires ont été tenus sans *intention de nuire* (Cass. civ. 7 févr. 1887, Gaz. Pal. 87, 1, 304, sur pourvoi contre un jugement du tribunal civil de la Rochelle, qui consacrait l'opinion contraire).

DE LA PROCÉDURE

EXERCICE DE L'ACTION PUBLIQUE ET DE L'ACTION CIVILE

(Art. 47 et 60 modifiés par la loi du 16 mars 1893).

Nota. — La loi du 16 mars 1893 a déféré aux tribunaux de police correctionnelle les délits d'offense et d'outrages envers les chefs d'État et agents diplomatiques étrangers (V. n° 832 bis). L'attribution aux tribunaux correctionnels de ces délits précédemment déférés à la Cour d'assises a nécessité le remaniement des articles 47 et 60 ; ce remaniement a consisté à supprimer dans l'article 47 la disposition qui formait le paragraphe 5 dudit article, et à la reporter dans l'article 60 (Voir au commencement du volume le tableau de la législation.)

Aux termes de cette disposition, dans les cas d'offense envers les chefs d'États ou d'outrages envers les agents diplomatiques étrangers, la poursuite (devant les tribunaux correctionnels) peut avoir lieu soit à leur requête (par voie de citation directe), soit d'office, sur leur demande adressée au ministère des affaires étrangères et par celui-ci au ministère de la justice.

En résumé, les règles concernant la mise en mouvement de l'action restent les mêmes; la juridiction seule a changé.

Notons que la loi du 16 mars 1893 a, en outre, par une addition faite à l'article 60 ancien, déclaré applicables, dans les cas d'offenses et d'outrages envers les chefs d'États et agents diplomatiques étrangers, les dispositions de l'article 49 sur le droit de saisie et d'arrestation préventive, relatives aux infractions prévues par les articles 23, 24 et 25 (Voir art. 49, n°s 891 bis et s.).

864 bis. Qui a qualité pour porter plainte ? — Les membres d'un corps constitué (notamment des conseillers municipaux) personnellement atteints par une diffamation adressée à ce corps, ont qualité pour poursuivre individuellement, et dès lors sans délibération préalable du corps constitué, la réparation du délit (Cass. cr. 28 mai 1891, D. 91. 1. 399).

865 bis. Formes de la plainte. — La plainte de la personne diffamée ou injuriée, nécessairement préalable à toute poursuite pour diffamation ou injure envers les particuliers, n'est soumise à aucune forme particulière, et le point de savoir si la poursuite du ministère public a été suffisamment provoquée par un acte présentant réellement le caractère d'une plainte, est une question de fait soumise à l'appréciation souveraine des magistrats saisis de la poursuite. Spécialement, ceux-ci peuvent juger qu'un procès-verbal rédigé par un maire en cette qualité pour constater des outrages dont il aurait été l'objet, sans manifester l'intention de demander des poursuites à l'occasion des injures qu'il aurait reçues comme simple particulier, ne constitue pas la plainte préalable exigée par la loi (Cass. cr. 29 mai 1886. D. 87. 1. 89).

Dans les cas où la poursuite est subordonnée à une plainte préalable de la partie lésée, il n'est pas nécessaire que cette plainte soit dénoncée au prévenu (Cass. cr. 8 janv. 1892, D. 92. 1. 629).

867 bis. Effets du désistement. — Voir 967 bis.

879 bis. Procédure devant les tribunaux civils. — La citation devant les tribunaux civils, tendant à la réparation d'une infraction à la loi sur la presse, ne saurait être déclarée nulle pour défaut d'observation des formes prescrites par les articles 50 et 60 de la dite loi, qui visent seulement les citations devant les tribunaux de répression (Trib. paix Paris, 2 avr. 1886, Mon. Jug. de paix, 86, 234 ; Trib. p. Paris, 1er août

1888, Gaz. Pal. 88. 2. 557; Trib. Tarbes. 21 déc. 1889, D. 93, 2. 195; Alger, 25 oct. 93, D. 94. 2. 226).

883 bis. En quoi peuvent consister les réparations civiles ? — D'après les principes généraux du droit, l'action civile embrasse tout ce qui tend à réparer le préjudice souffert; et en matière de diffamation particulièrement, la *saisie* et la *suppression* de l'écrit diffamatoire, l'*impression* et l'*affiche* de la décision qui a reconnu la diffamation sont, aussi bien que les condamnations pécuniaires, les éléments principaux et le but direct de cette action, comme moyens les plus efficaces de la réparation du dommage. Il en résulte que les tribunaux correctionnels peuvent incontestablement, sur la demande de la partie civile, ordonner non à titre de peine, mais à titre de dommages intérêts, la saisie et la destruction des exemplaires de l'écrit condamné qui seraient mis en vente, distribués ou exposés aux regards du public.

Au surplus, bien que l'article 60 de la loi sur la presse ne se réfère pas à l'article 49, qui autorise formellement la Cour d'assises à ordonner à titre de peine la saisie et la destruction des exemplaires publiés après condamnation, il convient de reconnaître que les dispositions de l'article 49 doivent également trouver leur application devant les tribunaux de police correctionnelle (Paris, 17 févr. 1892, D. 92. 2. 313, et sur pourvoi, Cass. cr. 17 juin 1892, D. 93. 1. 130). — Conf. n°s 964 et 964 bis.

Une cour d'assises peut, malgré l'acquittement du gérant du journal, ordonner que son arrêt condamnant l'auteur de l'article soit inséré dans le dit journal sous une astreinte par jour de retard et par corps, alors d'ailleurs que de l'ensemble des circonstances relevées par l'arrêt résulte la constatation suffisante que l'auteur de l'article, étant en même temps le directeur du journal, a le pouvoir d'y faire opérer les insertions demandées par la partie civile (Cass. cr. 29 juill. 1892, D. 92. 1. 434).

Lorsqu'un tribunal a ordonné, à titre de réparation civile, l'insertion de son jugement dans un journal, ce jugement doit être exactement et intégralement reproduit. Une insertion incomplète, précédée et suivie de commentaires, ne saurait être considérée comme constituant la réparation civile ordonnée (Trib. civ. Seine, 23 juin 1894, Gaz. Pal. 94. 2. 83).

Voir en outre n°s 159 bis et 160 bis.

DE LA PROCÉDURE DEVANT LA COUR D'ASSISES

(Art. 48 à 59).

Nota. — La loi du 12 décembre 1893 (Voir au commencement de ce volume le tableau de la législation) a modifié le texte de l'article 49, en substituant à la rédaction primitive la rédaction suivante :

Art. 49

MODIFIÉ PAR LA LOI DU 12 DÉC. 1893

Immédiatement après le réquisitoire, le juge d'instruction pourra, mais seulement en cas d'omission du dépôt prescrit par les articles 3 et 10 ci-dessus, ordonner la saisie de quatre exemplaires de l'écrit, du journal ou du dessin incriminé.

Toutefois, dans les cas prévus aux articles 24 § 1 et 3, et 25 de la présente loi, la saisie des écrits ou imprimés, des placards ou affiches aura lieu conformément aux règles édictées par le Code d'instruction criminelle.

Si le prévenu est domicilié en France, il ne pourra être préventivement arrêté, sauf dans les cas prévus aux articles 23, 24 § 1 et 3 et 25 ci-dessus.

S'il y a condamnation, l'arrêt pourra, dans les cas prévus aux articles 24 § 1 et 3, et 25, prononcer la confiscation des écrits ou imprimés, placards ou affiches saisis, et dans tous les cas ordonner la saisie et la suppression ou la destruction de tous les exemplaires qui seraient mis en vente, distribués ou exposés aux regards du public.

Toutefois, la suppression ou la destruction pourra ne s'appliquer qu'à certaines parties des exemplaires saisis.

889 bis. De la nullité du réquisitoire pour vice de formes et de ses conséquences. — Aux termes de l'article 48 de la loi de 1881, le ministère public est tenu, dans son réquisitoire à fin d'information, d'articuler et de qualifier les faits, avec indication des textes dont l'application est demandée, à peine de nullité du réquisitoire.

Nous avons dit, d'une part, que cette disposition écrite dans l'article 48, relatif à la procédure devant la Cour d'assises, n'était pas applicable en matière de poursuites portées devant les tribunaux correctionnels, la référence de l'article 60 à l'article 48 (au lieu de l'article 49) procédant manifestement d'une erreur matérielle (Voir n°s 964 et 964 bis).

D'autre part, nous avons dit (Voir n° 889) qu'en matière de délits de presse relevant de la Cour d'assises, la nullité du réquisitoire, par application de l'article 48, entraînait la nullité de la poursuite basée sur ce réquisitoire ; que ni le juge d'instruction, ni la Chambre des mises en accusation ne peuvent modifier la qualification primitivement donnée aux faits, et que leur devoir est, au contraire d'annuler la poursuite basée sur un réquisitoire nul pour inobservation des prescriptions de l'article 48.

Sur le premier point, la Cour de cassation a jugé, au contraire, que les dispositions de l'article 48 étaient applicables aussi bien aux poursuites devant les tribunaux correctionnels, qu'à celles devant aboutir à la Cour d'assises (Conf. n° 964 bis).

Sur le second point, la Cour de cassation a rendu divers arrêts qu'il paraît assez difficile de concilier entre eux.

Par un premier arrêt en date du 29 mai 1886 (D. 87. 1. 89), elle a jugé que si les Chambres d'accusation sont investies du droit de modifier et de compléter les qualifications données aux faits incriminés dans la première instruction et de leur donner une qualification différente, c'est à la condition que l'action publique ait été mise régulièrement en mouvement quant au nouveau délit relevé à la charge du prévenu ; qu'en conséquence, si le ministère public a relevé dans son réquisitoire le délit d'outrage envers un fonctionnaire public, puni par l'article 222 du Code pénal, la Chambre d'accusation ne peut renvoyer le prévenu devant le tribunal correctionnel sous la prévention du délit d'injures envers un particulier, puni par l'article 33 de la loi sur la presse, le réquisitoire étant en ce cas entaché de nullité, pour inobservation des formalités spéciales prescrites par l'article 48, et ne pouvant dès lors servir de base à une poursuite formée en vertu de la dite loi.

La Cour de cassation a également jugé, par arrêt du 13 juin 1891 (D. 92, 1,77), que lorsque le réquisitoire est nul pour inobservation des formalités prescrites par l'article 48, les actes de l'information et de la procédure qui ont suivi le réquisitoire introductif sont nuls et de nul effet au point de vue de la poursuite d'un des délits spéciaux prévus par la loi de 1881, de telle sorte qu'un réquisitoire, qui vise le délit d'outrage puni par l'article 222 C. P. ne peut aboutir régulièrement à une ordonnance de renvoi en police correctionnelle pour le délit d'injures publiques à un particulier puni par l'article 33 de la loi sur la presse.

Mais, par un autre arrêt en date des 28 mai 1892 (D. 92, 1, 582), la Cour de cassation a jugé que les Chambres d'accusation sont investies du droit de modifier et de compléter les qualifications données aux faits incriminés soit par le ministère public, soit par le juge d'instruction ; qu'aux termes exprès de l'article 231 C. I. C. elles sont tenues, sur les réquisitions du procureur général, de statuer à l'égard de chaque prévenu, sur tous les chefs de crimes, de délits et contraventions résultant de la procédure ; que cette attribution, qui tient à la compétence même des Chambres d'accusation, n'a été restreinte par aucune disposition légale en ce qui concerne la poursuite des délits prévus par la législation sur la presse ; qu'à la vérité, le ministère public est tenu, d'après l'article 48 de la loi de 1881, d'articuler et de qualifier les faits, avec indication de textes dont l'application est demandée, mais que cette première qualification, destinée à avertir le prévenu de la nature de la poursuite dirigée contre lui est nécessairement soumise, comme tous les autres actes de l'information, à l'examen de la juridiction appelée à statuer sur toute la procédure.

Dans l'espèce jugée par ce second arrêt, le réquisitoire introductif visait un fait qualifié par la loi sur la presse avec indication du texte applicable à la poursuite du fait ainsi qualifié ; et l'on pourrait essayer de concilier les deux arrêts ci-dessus visés, en admettant qu'ils font une distinction (laquelle était proposée par M. le conseiller Sallantin dans son rapport sur le pourvoi qui a donné lieu à l'arrêt du 29 mai 1886), d'après laquelle la juridiction d'instruction aurait le droit de modifier la qualification donnée au fait poursuivi, lorsque ce fait, qualifié délit de presse dans le réquisitoire, avec indication du texte de la loi sur la presse applicable, trouve dans cette loi même une qualification différente de celle qui lui a été faussement attribuée, tandis qu'il ne lui appartiendrait pas de modifier la qualification, en substituant un délit puni par la loi sur la presse à un délit qualifié dans le réquisitoire comme délit de droit commun.

Cette distinction toutefois nous paraît peu rationnelle. Nous considérons en effet que, dans un cas comme dans l'autre, le réquisitoire contient une fausse qualification du fait poursuivi, ce qui suffit pour l'entacher de nullité (Voir n° 915 bis, 1012 bis) ; et la Cour de cassation elle-même, dans un arrêt du 31 octobre 1891 (D. 92, 1, 73) a repoussé cette distinction (Voir n° 918 bis).

D'autre part, nous persistons à penser que lorsque le réquisitoire est nul en la forme, aux termes de l'article 48, soit parce qu'il ne qualifie pas le fait poursuivi, soit parce qu'il lui donne une fausse qualification, il ne peut servir de base à une instruction valable.

Dire que la Chambre d'accusation peut valablement, en matière de délits de presse, modifier la qualification faussement donnée au fait poursuivi par le réquisitoire, c'est rendre absolument vaine et illusoire la disposition de l'article 48. Sans doute, les Chambres d'accusation sont, d'après le droit commun, investies du pouvoir de modifier la qualification donnée aux faits par le réquisitoire ; mais s'il en est ainsi, c'est qu'en droit commun, le réquisitoire est valable et peut dès lors servir de base à une poursuite régulière, bien qu'il ne qualifie pas ou qu'il qualifie faussement le fait poursuivi. Conf. n° suivant et n° 918 bis et 955 bis.

890 bis. Devoirs et pouvoirs du juge d'instruction. — Nous pensons que le juge d'instruction, qui constate que le réquisitoire à lui adressé par le ministère public, n'est pas conforme aux prescriptions de l'article 48, notamment parce qu'il qualifie inexactement le fait poursuivi, doit, non pas suivre l'instruction en rectifiant la qualification, mais bien annuler ce réquisitoire (Voir dans ce sens l'arrêt de la Cour de cassation du 13 juin 1891, D. 92, 1, 77, cité sous le n° précédent).

Toutefois, si l'on admet, conformément à l'arrêt de la Cour de cassation du 28 mai 1892 (Voir n° précédent), que les Chambres d'accusation ont le droit, nonobstant la disposition spéciale de l'article 48, de procéder sur un réquisitoire nul en modifiant la qualification des faits, il paraît difficile de refuser le même droit aux juges d'instruction (Conf. n°s 918 bis et 955 bis).

891 bis. Des mandats et de l'arrestation préventive. — Modifications apportées à la législation de 1881 par la loi du 12 décembre 1893 et la loi du 16 mars 1893. — D'après l'article 49 de la loi du 29 juillet 1881, le prévenu, *s'il était domicilié en France*, ne pouvait être arrêté préventivement *qu'en cas de crime*, c'est-à-dire en cas d'inculpation de provocation à un *crime* suivie d'effet (seule infraction à la loi sur la presse punie de peines criminelles, art. 23).

Mais cet article a été modifié par la loi du 12 décembre 1893 (Voir ci-dessus, avant le n° 889 bis). D'après le texte nouveau le prévenu, même s'il a son domicile en France, peut être préventivement arrêté dans les cas prévus à l'article 23 (provocations à un *crime* ou à un *délit* suivies d'effet) et aux articles 24 § 1 et 3, et 25 (articles de la loi de 1881 modifiés par la même loi du 12 décembre 1893), c'est-à-dire dans tous les cas prévus par les articles 23, 24 et 25, sous la seule réserve de ceux spécialement visés par le deuxième paragraphe de l'article 24 (provocations, non suivies d'effet, aux crimes contre la sûreté *intérieure* de l'État).

En outre, la loi du 16 mars 1893, par une addition faite à l'article 60 de la loi de 1881 (Voir 964 bis) a déclaré applicables aux délits prévus par les articles 36 et 37 « *les dispositions de l'article* 49 *sur le droit de saisie et d'arrestation préventive, relatives aux infractions prévues par les articles* 23, 24 *et* 25. »

Notons qu'au moment où a été promulguée cette loi (16 mars 1893), l'article 49 (qui n'a été modifié que par la loi du 12 décembre 1893) ne visait en aucune façon les articles 23, 24 et 25. Ces articles étaient alors uniquement visés dans le projet qui a abouti à la loi du 12 décembre. La promulgation de celle-ci a fait cesser cette incohérence.

En résumé, d'après l'article 49 nouveau, combiné avec l'addition faite à l'article 60 par la loi du 16 mars 1893, l'arrestation préventive peut avoir lieu :

1° En cas de simple délit de presse (justiciable soit du tribunal correctionnel, soit de la Cour d'assises), quand le prévenu n'est pas domicilié en France ;

2° Dans les cas prévus par les articles 36 et 37 (offenses et outrages envers les chefs d'État et agents diplomatiques étrangers) ;

3° Dans les cas prévus par les articles 23, 24 et 25, sous réserve de ceux spécialement visés par le deuxième paragraphe de l'article 24.

En dehors de ces cas, où l'arrestation préventive est exceptionnellement autorisée, le juge d'instruction peut-il délivrer contre le prévenu, qui n'obéit pas à un mandat de comparution, un *mandat d'amener*? La question, que nous indiquions comme délicate, a été résolue affirmativement par un arrêt de la Chambre criminelle du 24 janvier 1891 (D. 91,

1, 187). Le mandat d'amener, dit avec raison la Cour de cassation, est une mesure d'instruction, indispensable pour assurer l'ordre de comparaître et rendre possible l'interrogatoire du prévenu ; à ce point de vue et dans ces limites, il n'a, d'ailleurs, d'autre portée que celle du mandat d'amener dont la loi autorise la délivrance contre le témoin défaillant ; le prévenu ainsi contraint en vertu de l'article 91 C. I. C. n'est pas arrêté préventivement au sens légal ; il est seulement conduit devant le magistrat instructeur qui, après l'avoir interrogé, doit nécessairement le laisser en liberté. Vainement il est objecté, ajoute l'arrêt, que dans le cas spécial prévu par l'article 100 C. I. C., l'exécution du mandat d'amener pourrait donner lieu à la délivrance d'un mandat de dépôt, le procureur de la République, au cas dont il s'agit, n'étant pas nécessairement tenu de décerner le mandat de dépôt mentionné par l'article 100, et pouvant, au contraire, laisser l'exécution pure et simple du mandat d'amener suivre son cours.

Rappelons que les provocations par dessins, images ou emblèmes, (réserve faite pour le cas où elles rentreraient dans les prévisions de l'article 2 de la loi du 28 juillet 1894 ayant pour but de réprimer la propagande anarchiste) ne tombent pas sous le coup de la loi et ne peuvent, dès lors, motiver une arrestation préventive (V. n°s 297 bis et 316 bis.)

L'individu arrêté, à raison d'un délit de presse, en dehors des cas dans lesquels l'article 49 autorise exceptionnellement l'arrestation préventive, est fondé à réclamer des dommages et intérêts de ceux qui ont procédé à cette arrestation illégale (Lyon, 26 févr. 1890, D. 91, 2, 21).

892 bis. De la saisie préventive. Modifications apportées à la législation de 1881 par la loi du 12 décembre 1893 et la loi du 16 mars 1893. — Sous réserve du droit accordé au juge d'instruction, en cas d'omission du dépôt prescrit par les articles 3 et 10, d'ordonner, après le réquisitoire à fin d'information, la saisie de quatre exemplaires de l'écrit, du journal ou du dessin incriminé, l'article 49 de la loi du 29 juillet 1881 interdisait d'une façon absolue la saisie préventive en matière de délits de presse.

Mais une dérogation a été apportée à ce principe par la loi du 12 décembre 1893, modificative des articles 24, 25 et 49 de la loi de 1881. Le nouvel article 49 (Voir ce texte, p. 130) dont le paragraphe 1er est la reproduction pure et simple de l'ancien (avec suppression de la référence à l'article 28 devenue sans objet par suite de l'abrogation partielle de cet article par la loi du 2 août 1882 sur les outrages aux bonnes mœurs), contient en effet la disposition suivante :

« Toutefois, dans les cas prévus aux articles 24 § 1 et 3 et 25 de la présente loi, la saisie des écrits ou imprimés, des placards ou affiches aura « lieu conformément aux règles édictées par le Code d'instruction criminelle. »

De ce nouveau texte il résulte indiscutablement qu'il pourra être procédé à la saisie préventive des écrits et imprimés, placards ou affiches, conformément au droit commun, dans tous les cas prévus par les articles 24 et 25, sous réserve des cas visés par le deuxième paragraphe de l'article 24, concernant les provocations, non suivies d'effet, aux crimes contre la sûreté *intérieure* de l'État (art. 86 à 101 du Code pénal).

Mais que faut-il décider dans les cas prévus par l'article 23 (provocations aux crimes suivies d'effet)? — Le deuxième paragraphe de l'article 49 ne visant pas l'article 23, on est, par le texte, logiquement amené à nier le droit de saisie préventive dans les cas prévus par ce dernier article, mais cette conséquence, bien qu'elle se déduise du texte de la loi, est trop déraisonnable en soi et trop contraire aux intentions du législateur, pour que l'interprète puisse l'accepter. Il est inadmissible, en effet, que le droit de saisie préventive puisse s'exercer en cas de provocations non suivies d'effet, constituant de simples délits, et ne puisse pas être exercé en cas de provocations suivies d'effet, constituant, suivant la nature de l'acte provoqué et accompli, des délits ou des crimes. Ce ne peut être que par pure omission, ou bien encore parce qu'il a confondu la complicité spéciale de l'article 23 avec la complicité de droit commun (Voir n° 289), que le rédacteur du nouvel article 49 n'a pas visé, dans le deuxième paragraphe de cet article, les provocations suivies d'effet, prévues par l'article 23. Il appartient à l'interprète de combler cette lacune et d'affirmer le droit de saisie préventive dans les cas de provocations suivies d'effet, en tirant un argument *a fortiori* de la reconnaissance de ce droit en cas de provocations non suivies d'effet.

Il convient d'observer que le nouvel article 49 n'autorise, par exception à la règle générale suivie en matière de délits de presse, que la saisie des *écrits* ou *imprimés*, *placards* ou *affiches*; il en faut conclure qu'il ne peut être légalement procédé à la saisie de la *composition*, des *planches* et des *presses* qui ont servi à la confection des écrits ou placards incriminés.

Quant à la saisie des *images*, *dessins* ou *emblèmes*, à l'aide desquels se réaliserait l'une des provocations prévues par les articles 23, 24 et 25, il n'en peut même être question, puisque ces articles laissent en dehors de leurs prévisions les provocations par dessins, images ou emblèmes, lesquelles échappent dès lors à toute action judiciaire préventive ou répressive (Conf. n° 891 bis). — Voir toutefois, en ce qui concerne les provocations ayant un caractère anarchiste, n° 316 bis.

Notons enfin que l'article 60 de la loi de 1881, modifié par la loi du 16 mars 1893, déclare applicables aux cas d'offenses et d'outrages envers les chefs d'États et agents diplomatiques étrangers les dispositions de l'article 49 (nouveau) sur le droit de saisie relatives aux infractions prévues par les articles 23, 24 et 25.

En résumé, en dehors du cas spécial prévu par le paragraphe 1er de l'article 49, la saisie peut avoir lieu :

1° Dans les cas d'offenses et d'outrages prévus par les articles 36 et 37 (art. 60 modifié par la loi du 16 mars 1893);

2° Dans les cas prévus par les articles 23, 24 § 1 et 3, et 25 (art. 49 modifié par la loi du 12 décembre 1893).

893 bis. De la saisie et de la destruction des exemplaires rendus publics après condamnation. — De la confiscation des exemplaires saisis préventivement (loi du 12 décembre 1893). — L'article 49 modifié par la loi du 12 décembre 1893 reproduit la disposition de l'article ancien, autorisant la Cour d'assises, en cas de condamnation, à ordonner la saisie et la suppression ou la destruction de tous les exemplaires qui seraient mis en vente, distribués ou exposés aux regards du public. (Sur le point de savoir si cette disposition est applicable en matière de délits de presse déférés aux tribunaux correctionnels, voir n° 964 bis).

En outre, l'article nouveau dispose que, dans les cas prévus aux articles 24 § 1 et 3 et 25 (nouveaux), l'arrêt de condamnation peut prononcer la *confiscation des écrits ou imprimés, placards ou affiches saisis.*

Ici encore, le rédacteur du nouvel article 49 a négligé de viser l'article 23. Même, si l'on admet que les écrits, imprimés et placards, contenant des provocations punies par l'article 23, peuvent être saisis préventivement (Voir n° 892 bis), on pourra hésiter à accorder à la Cour d'assises le droit de prononcer la *confiscation* des exemplaires saisis ; car il s'agit alors d'une peine à appliquer, et, en ce cas, il n'appartient guère à l'interprète de combler les lacunes législatives.

Mais il ne nous paraît pas douteux que les tribunaux correctionnels puissent prononcer la peine accessoire de la *confiscation*, quand, en vertu de l'article 1er de la loi du 28 juillet 1894 tendant à réprimer les menées anarchistes, ils sont appelés à connaître des provocations prévues par les articles 24 § 1 et 3 et 25. L'article 1er de cette loi n'a, en effet, d'autre but que de modifier la compétence, en substituant les tribunaux correctionnels aux Cours d'assises, quand les dites provocations ont pour but un art de propagande anarchiste. Cette circonstance ne modifie pas le caractère de ces infractions qui restent des délits de presse punis par les articles 24 § 1 et 3 et 25 de la loi sur la presse. Et comme, d'autre part, les dispositions de l'article 49 sont, d'une façon générale, applicables aux délits de presse rentrant dans la compétence des tribunaux correctionnels (Voir sur ce point n° 964 bis), ceux-ci puisent évidemment, dans le nouveau texte de cet article, le droit de prononcer la confiscation des écrits, imprimés ou placards contenant des provocations punies par les articles 24 § 1 et 3 et 25, quand ces provocations, à raison de leur caractère anarchiste, leur sont déférées.

894 bis. Des ordonnances du juge d'instruction. — Cas. n° 889 bis.

896 bis. Attributions et devoirs de la Chambre des mises en accusation. — Voir n° 889 bis.

898 bis. Des pourvois en cassation contre les arrêts de la Chambre des mises en accusation. — L'article 62 de la loi sur la presse ne vise pas les pourvois en cassation contre les arrêts de la Chambre des mises en accusation, et ces pourvois, même en matière de délits de presse, restent soumis à la disposition générale de l'article 373 C. I. C., qui fixe le délai à 3 jours francs (Cass. cr. 21 févr. 1884, D. 84, 1, 479 et Cass. cr. 10 mai 1889. Bull. criminel, n° 175).

902 bis. Autorité des arrêts de renvoi devant la Cour d'assises. — Un arrêt de la Chambre des mises en accusation qui renvoie un prévenu de délit de presse devant la Cour d'assises en qualité de complice, alors que ce prévenu déclare être l'éditeur et l'auteur de l'écrit incriminé et revendique, en conséquence, la responsabilité du délit en qualité d'auteur principal, ne saurait donner lieu à cassation, alors que cet arrêt relève contre le prévenu des faits (dans l'espèce, remise de l'écrit aux afficheurs) constitutifs de la complicité, mais le prévenu reste, en pareil cas, le maître de soutenir devant la Cour d'assises qu'il n'est pas seulement le complice, mais bien l'auteur principal du délit, et s'il résulte des débats que le prévenu a bien effectivement joué le rôle d'auteur principal, il appartient au président des assises, ou, au cas d'incident contentieux, à la Cour d'assises, de poser au jury, comme résultant des débats, une *question subsidiaire* rétablissant la véritable situation légale du prévenu (Cass. cr. 21 nov. 1891, D. 92, 1, 33). — Conf. n° 918 bis et 955 bis.

906 bis. Notification de la liste des jurés. — La nullité, résultant du défaut de notification de la liste des jurés, ne s'applique pas aux jugements des exceptions préjudicielles précédant l'ouverture des débats et soumises à l'appréciation de la Cour d'assises seule, en dehors de toute intervention du jury (Cass. cr. 8 sept. 1892, D. 94, 1, 29).

Quand la liste des jurés n'a pas été régulièrement notifiée au prévenu, il y a lieu, la procédure n'étant pas en état, de renvoyer l'affaire à une autre session (C. d'ass. du Loiret, 26 juill. 88, D. 90, 2, 37), mais la citation donnée antérieurement au prévenu demeure valable (même arrêt).

Lorsque la partie civile a cité directement le prévenu devant la Cour d'assises, elle a nécessairement qualité pour lui notifier la liste des jurés ; il appartient en effet au plaignant par qui la poursuite est exercée d'assurer l'accomplissement de cette formalité substantielle ; d'ailleurs, l'article 395 C. I. C. ne lui refuse pas le droit de la remplir et il importe peu au prévenu qu'elle ait lieu à la requête de la partie civile ou à celle du ministère public (Cass. cr. 28 févr. 1889, D. 90, 1, 190). — Notons que nous avions indiqué par erreur un arrêt de la Cour de cassation du 23 mai 1884, comme impliquant que le ministère public avait seul qualité pour faire cette notification.

Le plaignant qui agit par voie de citation directe, ayant la direction des poursuites, c'est à lui qu'incombe l'obligation d'accomplir les formalités exigées pour leur régularité, et notamment de notifier au prévenu dans le délai utile la liste des jurés. En conséquence, à défaut de cette notification, les dépens (comprenant le coût des citations à témoins et de la notification au prévenu) doivent être mis à la charge de la partie civile (Cour d'ass. du Loiret, 26 juill. 1888, D. 90, 2, 37).

Le prévenu ne peut se plaindre de l'anticipation du délai (veille des débats) fixé par l'article 375 C. I. C., cette anticipation, loin de lui être préjudiciable, lui donne un temps plus long pour préparer l'exercice du droit de récusation (Cass. cr. 28 févr. 1889, D. 90, 1, 190).

908 bis. De la citation au prévenu et de ses formes. — L'article 50 de la loi sur la presse n'est pas applicable, lorsque la Cour d'assises est saisie, non par voie de citation directe, mais par un arrêt de mise en prévention ; dans ce cas, en effet, l'arrêt ainsi que l'acte d'accusation *ayant été préalablement notifiés au prévenu* et ayant légalement porté à sa connaissance toutes les indications énumérées à l'article 50 sur les faits incriminés, la qualification légale qui leur a été donnée et les textes de la loi visés par la poursuite, l'unique objet de la citation est de notifier au prévenu le jour où il sera jugé sur les faits de la prévention qui lui sont déjà connus (Cass. cr. 8 sept. 1892, D. 94, 1, 29).

Cette solution n'est autre que celle que nous indiquions comme étant la plus conforme aux principes (V. n° 908). Notons que l'arrêt ci-dessus rapporté semble impliquer que la notification de l'arrêt de renvoi, en matière de délits de presse, est prescrite à peine de nullité (*Contrà* : Cass. 4 mars 1882, Voir n°s 903 et 908).

911 bis et 912 bis. De la procédure par voie de citation directe devant la Cour d'assises. — Fixation du jour de l'audience. — La requête que doit adresser la partie lésée au magistrat désigné pour présider les assises, à l'effet de faire fixer par ordonnance les jour et heure auxquels l'affaire sera appelée (art. 47 *in fine*) est une mesure d'ordre intérieur. Elle peut être valablement signée par un avocat, sans qu'il soit nécessaire qu'elle soit signée par la partie elle-même (Cass. cr. 28 mai 1891, D. 91, 1, 399).

913 bis et 914 bis. Des formes de la citation. — Indication précise des écrits, imprimés,...... qui sont l'objet de la poursuite. — Il n'est pas nécessaire que la citation reproduise *in extenso* le texte de l'article incriminé. Le vœu de la loi est satisfait, dès que la citation désigne par leurs dates les numéros du journal où a paru l'article, en indiquant les pages ou colonnes où il se trouve inséré et en relatant ses premiers et derniers mots (Paris, 31 mars 1887, Gaz. Pal. 87, 1, 690). — D'une façon plus générale, il convient de reconnaître que la citation est régulière, au point de vue qui nous occupe, quand ses indications sont suffisantes pour désigner et identifier l'article incriminé.

La loi n'exige pas d'une façon formelle que la citation mentionne la *date* du fait incriminé ; et il suffit, pour que la citation soit régulière, que l'ensemble des circonstances qu'elle énumère permette à l'inculpé de connaître d'une façon certaine le fait qui lui est imputé et le point de départ de la prescription (Paris, 23 juin 1893, D. 94, 2, 434 ; Trib. corr. Loudun, 9 janv. 1886, Droit du 11 févr.).

Quand la citation met en cause plusieurs prévenus (avons-nous dit sous le n° 914 *in fine*), elle doit évidemment, pour satisfaire au vœu de l'article 50, préciser la *part de chacun d'eux* dans le fait poursuivi, en indiquant en quelle qualité ils ont participé au délit (gérant, rédacteur, vendeur, *etc....*), et en désignant les auteurs principaux et les complices. Ajoutons que lorsque la citation met en cause un seul des participants au délit, en négligeant de poursuivre les autres, elle doit encore, avec une suffisante précision, indiquer les faits de participation relevés contre ce prévenu.

Mais il importe de bien comprendre cette règle et de n'en pas exagérer la portée. Sans doute, pour satisfaire au vœu de la loi, la citation doit indiquer les faits qui caractérisent la participation du prévenu dans la publication incriminée. Et l'on devrait, à notre avis, considérer comme nulle une citation qui n'indiquerait d'aucune manière comment et en quelle qualité le prévenu a participé au délit, celui-ci pouvant, en effet, justement prétendre qu'une citation aussi vague ne circonscrit pas le débat, comme le veut la loi, et ne lui permet pas de préparer utilement sa défense (Conf. Cass. cr. 26 mars 1886. Bulletin crim. N° 397).

Mais du moment où la citation précise suffisamment le mode de participation du prévenu soit en indiquant qu'il a agi comme éditeur, ou comme auteur, ou comme vendeur, *etc...*, soit en mentionnant des faits d'où s'induit qu'il a agi en l'une de ces qualités, elle est régulière, sans qu'elle ait besoin d'énoncer formellement si ces faits de participation font du prévenu un *auteur principal* ou un *complice*, ni de viser les articles 42 et 43 de la loi sur la presse qui déterminent les personnes responsables des délits de presse, soit comme auteurs principaux, soit comme complices.

Dans cet ordre d'idées, il a été très bien jugé, d'une part, que si aux termes des articles 50 et 60 de la loi sur la presse, la citation doit préciser et qualifier le fait incriminé, et indiquer le texte de la loi applicable à la poursuite, ces articles n'exigent aucunement ni que la citation donne au prévenu la qualification d'auteur principal ou de complice, ni qu'elle vise les articles 42 et 43, qui déterminent la situation respective et la responsabilité pénale des différents agents ayant concouru à la perpétration d'un délit de presse ; et que d'autre part, une citation précise suffisamment le fait incriminé, quand elle reproche au prévenu d'avoir commis le délit de diffamation « en *faisant publier* une lettre dans un journal », ces énonciations relatives à sa participation au délit indiquant suffisamment qu'il est poursuivi, non comme auteur principal, mais comme complice (Paris, 9 janv. 1890, D, 91, 2, 37 et Paris, 27 mars 1893, Gaz. Pal. 93, 2, Supp. 7).

Il a été également jugé, par un arrêt de la Chambre criminelle du 24 novembre 1892 (D. 93. 1. 463), que la citation qui, après avoir indiqué avec détail les faits constitutifs du délit principal de diffamation, impute à l'un des prévenus (en fait directeur et propriétaire du journal dans lequel a paru l'article diffamatoire) de s'en être rendu complice par aide et assistance (sans autrement préciser les faits de complicité), satisfait pleinement aux exigences des articles 50 et 60 de la loi sur la presse.

Sur le point de savoir si le prévenu, poursuivi comme complice, peut, à la suite des débats, être condamné comme auteur principal, voir nos 918 bis et 955 bis.

915 bis. Qualification des faits. — Après avoir précisé les faits, la citation doit, à peine de nullité, les *qualifier*, c'est-à-dire désigner l'infraction que ces faits constituent; mais il n'est pas nécessaire que la citation qualifie le prévenu d'auteur principal ou de complice (Voir no précédent).

La Cour de Limoges, par arrêt du 29 décembre 1887 (D. 89. 2. 232) a jugé que la citation qui, après avoir précisé le fait, le qualifie à la fois de diffamation et d'injure, alors que ce fait ne pouvait constituer d'autre délit que celui de diffamation et à aucun titre celui d'injure, n'est pas entachée de nullité. Elle en donne cette raison que la loi n'a pas interdit au plaignant de se tromper dans sa qualification, pourvu que la qualification réelle ait toutefois été donnée au fait incriminé. L'arrêt ajoute qu'il n'en serait pas de même, si le plaignant avait prétendu que le propos incriminé était, *soit* une diffamation, *soit* une injure, parce que le prévenu serait alors fondé à dire qu'il ne sait en réalité le délit qui lui est imputé.

Cette distinction nous paraît aussi subtile qu'inexacte. Dans le premier cas, aussi bien que dans le second, le prévenu est fondé à dire qu'il ne sait pas s'il a à se défendre contre une prévention de diffamation ou une prévention d'injure; et dans le second, aussi bien que dans le premier, on peut dire que le prévenu a pu préparer sa défense à ce double point de vue.

En définitive, pour juger l'un et l'autre cas, il faut se demander si l'irrégularité commise compromet ou non le droit de défense. C'est plus une question de fait qu'une question de droit. — Conf. Orléans, 5 août 1884, D. 86, 2, 6.

Ajoutons qu'il est quelquefois très-délicat de résoudre la question de savoir si le propos incriminé constitue une diffamation ou une injure. En ce cas, le plaignant a incontestablement le droit, après avoir donné au fait la qualification qui lui paraît la plus juridique, de lui donner subsidiairement la seconde qualification, et par exemple de requérir condamnation pour diffamation, et subsidiairement pour injure. Une telle assignation nous paraîtrait absolument irréprochable (Conf. Trib. corr. Tunis, 9 oct. 1889, *Loi* du 10 nov. 89).

Les mêmes observations s'appliquent aux citations, qui, après avoir énoncé une série de faits comportant des qualification différentes, les qualifient globalement de diffamatoires ou d'injurieux. En fait, on ne saurait trop recommander aux rédacteurs des citations d'éviter avec soin de telles irrégularités.

Quant à la citation qui donne au fait une qualification inexacte, elle doit être déclarée nulle, aussi bien que la citation qui s'abstient de qualifier le fait incriminé. L'inexactitude de la qualification est même plus dangereuse pour la défense du prévenu que l'absence de toute qualification. La Cour de cassation a cependant jugé par arrêt du 9 mai 1893 (D. 94. 1. 54), mais à tort suivant nous (Voir la critique de cet arrêt sous les Nos 1012 bis et 1013 bis), qu'on doit considérer, non pas comme *nulle en la forme,* mais comme donnée devant un tribunal incompétent, la citation par laquelle un fonctionnaire public, estimant à tort qu'une diffamation dont il se plaint vise uniquement sa vie privée, alors qu'en réalité elle l'atteint à raison de ses fonctions ou de sa qualité, traduit le diffamateur devant le tribunal correctionnel, en demandant contre lui l'application de l'article 32, au lieu de le traduire devant la Cour d'assises pour diffamation envers une personne publique, en vertu de l'article 31.

Notons un jugement du tribunal correctionnel de Saint-Dié du 5 octobre 93 (Gaz. Pal. 94. 1. Supp. 3), qui a décidé avec raison qu'une citation ne doit pas être déclarée nulle, parce que le délit poursuivi y est qualifié d'outrage public au lieu d'injure publique, alors qu'en fait la justification d'outrage public n'a pu faire naître une équivoque de nature à paralyser les droits de la défense, la citation mentionnant expressément non seulement les textes qui édictent la peine encourue par l'injure publique, mais encore l'article de la loi qui définit ce délit et en détermine les caractères.

Il est certain que, dans cette espèce, s'il y avait emploi d'un terme juridique impropre pour qualifier le fait poursuivi, ce fait n'en était pas moins exactement qualifié par l'ensemble des énonciations de la citation.

916 bis. Indication des textes de la loi invoqués à l'appui de la demande — Nous avons soutenu et nous croyons encore que le législateur de 1881, en exigeant l'indication dans la citation des textes invoqués à l'appui de la demande, a entendu viser les textes qui définissent le délit et en déterminent les éléments constitutifs et essentiels. Mais, contrairement à cette opinion, une jurisprudence, aussi constante que peu motivée, décide que les seuls textes de la loi qui doivent être indiqués à peine de nullité sont les articles qui *édictent la peine* applicable au fait poursuivi. (Cass. cr. 10 mars 1882, D, 82, 1, 190; Orléans 5 août 1885, D. 86, 2. 46; Paris, 11 mai 1887, Gaz. Pal. 86, 1. 767; Paris, 9 janv. 1890, D. 91, 2, 37).

Il résulte de cette jurisprudence que, dans une poursuite en diffamation, il suffit que la citation indique l'article de loi qui la réprime (30, ou 31, ou 32), sans viser l'article 29 qui définit la diffamation.

Quant aux articles 42 et 43, qui déterminent la situation respective et la responsabilité pénale des différents agents, ayant concouru, comme auteurs principaux ou complices, à la perpétration d'un délit de presse, et à l'article 44, qui édicte la responsabilité civile des propriétaires de journaux, il est certain, aussi bien dans notre système que dans celui de la jurisprudence, que la loi n'en exige pas l'indication dans la citation (Paris, 9 janv. 1890, D. 91, 2, 37; Paris, 27 mars 1893, Gaz. Pal. 93, 2, Supp. 7; Cass. cr. 10 mars 1882, D. 82, 1, 190; Cass. cr. 16 mai 1884, Bull. cr. n° 171).

L'article 33 qui réprime l'injure vise successivement dans divers paragraphes l'injure publique envers les fonctionnaires, l'injure publique envers les particuliers et l'injure non publique. La citation, après avoir qualifié l'injure poursuivie, doit-elle, à peine de nullité, indiquer, en le spécialisant, le paragraphe de l'article applicable à la poursuite qu'elle a en vue? La Cour de cassation s'est avec raison prononcée pour la négative (Cass. cr. 9 mai 1891, D. 91, 1, 393).

Quand, en effet, il résulte des autres énonciations de la citation, que la poursuite tend à la répression de telle injure nettement qualifiée, le défaut d'indication du paragraphe qui réprime spécialement cette injure ne peut donner lieu à aucune confusion.

La Cour de cassation, par arrêt du 28 février 1889 (D. 90, 1, 186), a également jugé que la citation à comparaître devant le juge de simple police pour injures non publiques répond aux prescriptions de la loi, en visant l'article 471 § 11 du Code pénal, auquel renvoie l'article 33 § 3 de la loi sur la presse, sans viser en même temps ce dernier article. La Cour justifie cette solution en déclarant que le texte de loi prononçant la répression se trouve ainsi suffisamment indiqué. Tel n'est pas notre avis. La vérité, en effet, est que l'injure non publique est réprimée aujourd'hui, non pas par l'article 471 § 11 du Code pénal, mais par l'article 33 § 3 de la loi de 1881, qui indique seulement la peine qu'il édicte par une référence à l'article 471 § 11 du Code pénal, lequel est d'ailleurs abrogé. La solution de la Cour de cassation nous paraît d'autant moins juste, que la citation, qui vise uniquement l'article 471 § 11 du Code pénal, c'est-à-dire un texte abrogé et auquel il ne convient de se reporter que pour connaître la peine édictée par la loi de 1881 contre l'injure non publique, laisse ignorer au prévenu que les poursuites dirigées contre lui sont régies par cette dernière loi et non par le droit commun, ce qui est très-intéressant au point de vue de sa défense.

Nous tiendrions au contraire pour régulière, la citation qui, poursuivant la répression d'une injure non publique, viserait l'article 33 § 3, sans viser l'article 471 § 11 du Code pénal, ce dernier visa étant rendu inutile par la référence qui y est faite dans l'article 33 § 3.

Nous pensons également que dans une citation tendant à la répression d'une diffamation envers un fonctionnaire public, il suffit de citer l'article 31 qui réprime ce délit, bien que pour connaître la peine qu'il édicte, il soit nécessaire de se reporter à l'article précédent, auquel il se réfère par ces mots : « Sera punie de la *même peine* la diffamation...... »

Il a même été jugé par la Cour de cassation (Cass. cr. 13 juillet 1894, Gaz. Trib. du 20 juillet), qu'il n'y a pas lieu de déclarer nulle la citation, qui, au lieu de viser spécialement le n° de l'article applicable (dans l'espèce l'art. 32) se contente d'indiquer le n° de l'article précédent (art. 31), en faisant suivre cette indication des mots « et suivants. »

En cas de diffamation envers la mémoire des morts, atteignant les héritiers vivants, le visa de l'article 34 est inutile (Agen, 2 déc. 1886, Gaz. Pal. 87, 1, 77). C'est qu'en effet cette diffamation ne constitue point, dans le système de la loi de 1881, un délit spécial distinct de la diffamation envers les vivants.

L'énonciation du texte de la loi applicable à la poursuite doit être considérée comme inexacte, et dès lors comme non avenue, dans la citation qui contient une indication erronée du *millésime* de la loi du 29 juillet 1881, sans indiquer d'ailleurs qu'il s'agit de la loi sur la presse (Rennes, 30 janvier 84, D. 84, 2, 27). Mais l'erreur dans l'indication du millésime de la date de cette loi ne saurait entraîner la nullité de la citation, alors que cette loi y est indiquée sous la dénomination de loi sur la presse (Rennes, 20 févr. 1889; Pau, 30 avril 1887 et 19 janv. 1889, D. 90, 2, 271 ; Cass. cr. 29 nov. 1889, D. 90, 1, 456).

918 bis. Effets de l'inobservation des formalités prescrites par l'article 50. — Caractère de la nullité. — Circonscription des débats aux faits énoncés et qualifiés dans les citations (ou dans les ordonnances et arrêts de renvoi). — Le moyen de nullité, tiré du défaut d'observation des conditions de forme prescrites par l'article 50 (ou par l'article 60), doit, à peine de déchéance, être opposé *in limine litis* (Rennes, 20 févr. 1889, D. 90, 2, 271 ; Cass. cr. 24 nov. 1892, D. 93, 1, 463).

Il en est de même, quand les poursuites ont lieu par voie d'information préalable, du moyen de nullité à proposer contre les ordonnances de renvoi en police correctionnelle basées sur un réquisitoire non conforme aux prescriptions de l'article 48.

Quant aux nullités qui peuvent entacher les arrêts de renvoi de la Chambre des mises en accusation, elles sont définitivement couvertes par le défaut de pourvoi dans le délai légal (Conf. n° 902). Rappelons d'ailleurs que, d'après un arrêt de la Chambre criminelle du 28 mai 1892 (D, 92, 1, 382), les Chambres d'accusation peuvent, nonobstant les dispositions de l'article 48, modifier et compléter les qualifications données aux faits incriminés dans le réquisitoire introductif ou dans l'ordonnance du juge d'instruction (Voir n° 889 bis).

Les garanties que la loi a voulu donner à la défense, en exigeant, soit dans le réquisitoire introductif, soit dans la citation, la qualification des faits incriminés, s'opposent, avons-nous dit (Voir n° 918) à ce que les juges, en matière de délits de presse, puissent modifier la qualification originairement donnée aux faits poursuivis.

M. le conseiller Sallantin, dans deux rapports présentés à la Cour de cassation (D. 87, 1, 89 et 92, 1, 77) avait émis l'avis qu'une distinction devait être faite. Lorsque le fait poursuivi, disait-il, en vertu de la loi sur la presse, trouve dans cette loi même une qualification différente de celle qui lui a été attribuée, le juge ne doit pas être lié par la fausse qualification, qu'il a le droit de rectifier. Mais si le juge est saisi d'un délit de droit commun, il ne peut changer la qualification donnée à ce fait par la citation et y substituer une autre qualification résultant de la loi sur la presse. Dans ce système, le juge aurait bien pu, par exemple, condamner pour injure le prévenu cité devant lui pour diffamation ; mais il n'aurait pu condamner pour injure le prévenu cité pour outrage en vertu de l'article 222 C. P.

La Cour de cassation ne s'est point arrêtée à cette distinction peu rationnelle, et, par un arrêt du 31 octobre 1891 (D. 92, 1, 73), consacrant formellement la thèse que nous avions soutenue, elle a jugé que l'article 60 de la loi de 1881, en exigeant que la citation précise et qualifie le fait incriminé, avait voulu que l'objet de la poursuite et par conséquent les points sur lesquels le prévenu aurait à se défendre fussent définitivement fixés dès le début; qu'une telle disposition impliquait que les juges saisis d'un délit de presse ne pouvaient modifier, d'après le résultat des débats, la qualification originairement donnée aux faits poursuivis, et que, dès lors, il était interdit aux juges correctionnels saisis par la citation d'un fait par elle qualifié de délit de diffamation, d'écarter ce délit et de condamner le prévenu pour injures.

D'autre part, saisie d'un pourvoi contre un arrêt de mise en accusation qui renvoyait un prévenu devant la *Cour d'assises* comme complice d'un délit de presse, alors que ce prévenu se dénonçait lui-même comme étant l'éditeur de l'écrit incriminé et dès lors comme l'auteur principal du délit poursuivi, la Cour de cassation a jugé, en rejetant le pourvoi, que le prévenu resterait le maître de faire valoir sa prétention devant la Cour d'assises *et qu'une question subsidiaire posée, s'il y avait lieu, comme résultant des débats, pourrait toujours rétablir sa véritable situation légale* (Cass. cr. 21 nov. 1891, D. 92, 1, 33).

Faut-il conclure de cet arrêt, qu'en notre matière spéciale comme en matière ordinaire, et nonobstant les dispositions des articles 48 et 50, le président des assises est investi du pouvoir de donner aux faits poursuivis une *qualification nouvelle* en posant au jury les *questions subsidiaires* qui résultent des débats? C'est inadmissible; car les mêmes raisons qui s'opposent à ce que les juges correctionnels modifient la qualification donnée aux faits par la citation ou l'ordonnance du juge d'instruction, interdisent à la Cour d'assises de modifier la qualification attribuée aux faits par la citation ou par l'arrêt de renvoi.

Si, du reste, on s'attache à l'espèce sur laquelle a statué l'arrêt précité du 21 novembre 1891, on est amené à reconnaître qu'il concède au président des assises le droit de poser une question subsidiaire, non pas à l'effet de modifier la *qualification* originairement donnée au fait incriminé, mais seulement à l'effet de rétablir la *véritable situation légale du prévenu*, s'il résulte des débats que ce prévenu, poursuivi comme complice, a. en réalité, participé au fait incriminé comme auteur principal (Voir dans ce sens l'excellente note qui accompagne l'arrêt dans le répertoire de Dalloz).

Il n'y a donc, on le voit, aucune contradiction réelle entre les deux arrêts que nous venons de rapporter, et de leur combinaison il se déduit que, devant la Cour d'assises comme devant la juridiction correctionnelle, s'il est interdit aux juges, en dehors de l'assentiment du prévenu, de modifier la qualification donnée aux faits poursuivis, il leur est permis de substituer, d'après le résultat des débats, une prévention à titre d'auteur principal à une prévention à titre de complice, ou inversement.

Cette jurisprudence, a-t-on dit (Voir la note précitée sous l'arrêt du 21 nov. 1891), trouve d'ailleurs sa justification dans le texte même des articles 48, 50 et 60 de la loi sur la presse. Si, en effet, ces articles exigent, à peine de nullité, que la citation ou le réquisitoire qualifient le fait poursuivi et visent le texte qui le réprime, ils n'exigent pas que ces actes qualifient le prévenu d'auteur principal ou de complice et visent les articles 42 et 43 (Voir n° 915 bis).

Nous reconnaissons volontiers que les articles 48, 50 et 60 ne font aucun obstacle à ce que le juge rétablisse la véritable situation légale du prévenu et condamne par exemple comme auteur principal un prévenu qui, à raison de sa participation au délit telle qu'elle est précisée par la citation, y a été qualifié à tort de complice. Le juge ne fait alors en effet que rectifier une qualification inexacte et surabondante de la citation. Mais la question est bien différente, quand, à la suite d'une citation ou d'un arrêt de renvoi qui a désigné comme complice un prévenu qui, à raison des faits de participation relevés contre lui, apparaît bien comme tel, les débats révèlent d'autres faits, qui, au lieu d'en faire un complice, le constituent auteur principal. Dans cette hypothèse (qui est bien celle prévue par l'arrêt du 21 novembre 1891), le droit pour le juge de rétablir la véritable situation légale du prévenu nous paraît très-discutable, par cette raison qu'il ne peut le faire qu'en substituant aux faits de participation précisés par l'acte de poursuite des faits de participation qui n'y sont pas visés. Pour justifier un pareil droit et rester logique, il faudrait reconnaître (contrairement à ce que nous avons dit précédemment sous les nos 913 bis et 914 bis), que la citation précise suffisamment le fait incriminé, en énonçant l'écrit poursuivi, et qu'elle ne peut être déclarée nulle à raison de l'insuffisance ou de l'inexactitude de ses énonciations concernant les actes de participation du prévenu à la publication de cet écrit.

Notons que si le juge ne peut, en donnant au fait incriminé une qualification nouvelle, réprimer ce fait en vertu de la loi du 29 juillet 1881, soit quand la citation l'a qualifié, par erreur, délit de droit commun, soit quand l'envisageant comme délit de presse elle ne lui a pas donné sa qualification véritable, rien ne s'oppose au contraire à ce que le juge saisi d'un fait, à tort qualifié délit de presse par la citation, le réprime, en modifiant la qualification, comme délit de droit commun, échappant aux prescriptions particulières de la loi de 1881. Ainsi, le juge saisi d'un fait, qualifié *outrage* (art. 222 et s. du Code pénal), ou *injure* (art. 33 de la loi de 1881), ne peut le réprimer comme constituant une *diffamation*, en vertu des articles 31 ou 32 de la loi sur la presse. Mais saisi d'un fait, qualifié *injure* (art. 33 de la loi de 1881), il peut le réprimer comme *outrage* prévu par les articles 222 et s. du Code pénal. Peu importe, en effet, que ce délit ait été mal qualifié, puisqu'en matière de délits de droit commun, la fausse qualification donnée au fait poursuivi ne saurait vicier la citation (art. 183. C. I. C.).

919 bis. De la signification de la citation à personne ou à domicile. — Domicile du gérant d'un journal. — La citation délivrée au gérant, au bureau du journal, et non à son domicile personnel, est régulière, alors surtout que le prévenu reconnaît avoir été touché par l'exploit (Trib. cor. Seine, 24 juill. 1889, *La Loi* du 25 juill. 89).

Le gérant du journal est réputé, tout au moins vis-à-vis des tiers, avoir son domicile dans les bureaux du journal, pour tous les actes de procédure relatifs aux publications dont il est légalement responsable (Angers, 15 juin 1893, D. 93. 2. 579).

Voir en outre n° 977 bis.

922 bis. Sanction de l'inobservation des délais. — Dans le cas où la citation est donnée à trop bref délai, l'article 184 C. I. C. prononce, non pas la nullité de la citation, mais la nullité de la condamnation qui serait prononcée par défaut contre la personne citée.

Un arrêt de la Cour d'assises de la Haute-Garonne, en date du 17 novembre 1892 (D. 93. 1. 326), a cependant jugé qu'en matière de diffamation, le délai entre la citation et la comparution en Cour d'assises était fixé par l'article 52 de la loi sur la presse à 12 jours francs, outre un jour par cinq myriamètres de distance, et que la citation donnée à un délai moindre devait être *annulée* sur les conclusions du prévenu. A l'appui de cette décision, l'arrêt s'est contenté d'affimer que l'article 184 C. I. C. ne saurait avoir d'application dans la cause.

Cette affirmation nous paraît tout à fait inexacte. Il est constant en effet que les poursuites, en matière de presse, qu'elles soient portées devant la Cour d'assises ou devant le tribunal correctionnel, obéissent aux règles du Code d'Instruction Criminelle, quand la loi de 1881 n'y a pas expressément dérogé. Déclarer la citation nulle, dans le cas qui nous occupe, c'est, en violation du droit commun, créer une nullité, qui n'est nullement écrite dans la loi spéciale sur la presse.

923 bis. Notification de la liste des jurés. — Voir n° 90_ bis.

924 bis. Preuve des faits diffamatoires. — Signification à faire par le prévenu. — Le prévenu qui veut être admis à prouver la vérité des faits diffamatoires doit, dans les cinq jours de la citation, notifier à la partie poursuivante :

1° Les faits articulés et qualifiés dans la citation dont il entend prouver la vérité;

2° La *copie des pièces* ;

3° Les noms, professions et demeures des témoins par lesquels il entend faire sa preuve.

En ce qui concerne la *copie des pièces*, il convient de décider que le prévenu n'est pas obligé de reproduire intégralement une pièce écrite ou imprimée, alors que cette pièce ne renferme que certains passages utiles au procès, et que le vœu de la loi est satisfait, dès que la pièce est nettement indiquée, et que copie est donnée des passages sur lesquels le prévenu entend s'appuyer pour faire sa preuve (Conf. Bordeaux, 2 oct. 1886, D. 88. 2, 95).

925 bis. Délai de cette signification. — Aux termes de l'article 52, la notification à fin de preuve des faits diffamatoires doit être faite, à peine de déchéance, dans les cinq jours qui suivent la notification de la citation.

Conformément à ce qu'avaient décidé un arrêt de la Cour d'assises de la Seine du 15 nov. 1881 (D. 81. 2. 148) et un arrêt de la Cour d'assises du Cher du 22 janv. 1883 (Gaz. Trib. du 1er mars 1883), nous avions dit (V. n° 925) qu'en cas d'arrêt par défaut et d'opposition à cet arrêt, un nouveau délai de cinq jours court, au profit du prévenu, à partir de son opposition, laquelle, aux termes de l'article 56, vaut citation à la première *audience utile*.

Mais la jurisprudence paraît s'être fixée en sens contraire. Il a été jugé en effet par deux arrêts de la Cour d'assises de la Seine et par deux arrêts de la Chambre criminelle, que le délai de l'article 52, dans lequel le prévenu doit à peine de déchéance faire sa notification à fin de preuve des faits diffamatoires, a pour point de départ exclusif la date de la première citation ; qu'il ne peut être prorogé, même du consentement du plaignant, par la non-comparution du prévenu et son opposition à l'arrêt par défaut; que si cette opposition fait tomber la condamnation prononcée, elle n'anéantit pas la citation primitive et ne saurait relever le prévenu d'une déchéance devenue irréparable (Cass. cr. 5 janv. 1888, D.88. 1, 191; Cour d'ass. Seine, 22 nov. 1889, Gaz. Pal. 89. 2. 611 ; Cour d'ass. Seine, 22 juin 1894, Gaz. Pal. 94. 2. 47; Cass. cr. 2 août 1894, Gaz. Trib. du 5 août 1894). — Notons que cette déchéance est également encourue par le prévenu, qui, *en police correctionnelle*, demande, sur son opposition, à faire la preuve des faits diffamatoires par lui imputés à des administrateurs d'entreprises financières (Cass. cr. 5 janv. 1888, loc. cit.).

Cette dernière jurisprudence, qui rend illusoire le droit d'opposition, puisqu'elle enlève au condamné par défaut (qui peut n'avoir pas été touché par la première citation) le moyen de se justifier en prouvant la vérité de ses imputations, nous paraît méconnaître les principes les plus élémentaires de justice criminelle. Ce que veut la loi générale, c'est que l'individu condamné par défaut puisse, sur son opposition, se défendre et se justifier, comme il aurait pu le faire sur la première citation. Sans doute, l'opposition ne peut avoir pour effet d'anéantir la citation originaire, mais elle remet les parties dans le même et semblable état où elles se trouvaient lors de cette citation. Loin d'avoir dérogé à ces principes primordiaux, nécessaires dans toute législation soucieuse d'assurer le droit de défense, la loi de 1881 les a affirmés en inscrivant dans son article 56, que l'opposition à l'exécution de l'arrêt par défaut ferait tomber la condamnation et vaudrait citation à la première audience utile. En consacrant ainsi les principes généraux concernant le droit d'opposition, l'article 56 dit assez clairement que le condamné par défaut, sur une poursuite en diffamation admettant la preuve du fait diffamatoire, est, par son opposition, replacé dans l'état où il était lors de la citation introductive d'instance. Et il est d'autant plus interdit à l'interprète de prêter au législateur de 1881 une intention contraire (contre laquelle a d'ailleurs protesté M. Lisbonne, rapporteur de la loi sur la presse, — Voir *Lois nouvelles*, 1883, 3, p, 21), qu'il a poussé jusqu'à l'excès le souci d'assurer le droit de défense, comme en témoignent notamment les articles 48, 50 et 60.

Nous ne saurions davantage approuver un arrêt de la Chambre criminelle du 8 juillet 1887 (D. 88. 1. 44), qui a refusé au propriétaire d'un journal, poursuivi comme civilement responsable (qui dans les cinq jours de la citation à lui signifiée avait fait les notifications spécifiées en l'article 52) le droit d'administrer la preuve du fait diffamatoire, sous prétexte que le délai fixé par cet article avait pour point de départ exclusif la date de la citation donnée au prévenu, lequel, dans l'espèce, cité par un exploit antérieur à celui délivré à la personne civilement responsable, n'avait pas fait ses notifications dans le délai légal.

Il est de principe, en effet, comme le reconnaît dans son arrêt la Cour de cassation elle-même, que la personne civilement responsable est habile à exercer, comme le prévenu lui-même, toutes les exceptions justificatives des faits qui forment l'objet de la prévention, et l'article 52 n'a pas plus entendu déroger à ce principe qu'aux règles relatives au droit d'opposition. Il ne faut pas s'y tromper ; c'est le droit de défense au fond que les arrêts que nous combattons mettent en échec. Propriétaire d'un journal, cité en police correctionnelle comme civilement responsable d'un délit de diffamation commis par le gérant, ayant personnellement satisfait aux prescriptions de l'article 52, il me sera interdit de faire justice de l'action dirigée contre moi personnellement, en prouvant que le gérant, cité comme auteur du délit, n'a articulé que des faits vrais dans la publication incriminée ! C'est inadmissible. La preuve que je demande à faire, tend essentiellement, non pas à disculper le prévenu et à le relever de la déchéance qu'il a encourue, mais à me disculper moi-même et à démontrer le mal fondé de l'action intentée contre moi, comme civilement responsable, action distincte et indépendante de celle dirigée contre le prévenu, à tel point que la chose jugée contre lui ne constitue pas la chose jugée contre moi. Si le prévenu, dont je suis civilement responsable, a négligé d'user pour lui d'un moyen de justification, sa négligence ne peut paralyser mon droit de défense ; s'il n'a pas demandé à rapporter la preuve du fait diffamatoire dans le délai qui lui était imparti, la déchéance qu'il a encourue de ce chef ne peut me priver du droit personnel d'administrer cette preuve dans mon intérêt propre, droit que je puise dans un principe général auquel l'article 52 n'a nullement entendu déroger, et qu'il a suffisamment consacré au profit de la personne civilement responsable en le consacrant au profit du prévenu lui-même. Vainement on objecterait que l'auteur du délit ne peut être ainsi relevé indirectement de la déchéance par lui encourue. Si l'objection était vraie, il faudrait aller jusqu'à nier au complice d'un délit de presse le droit de se justifier en rapportant la preuve du fait diffamatoire, quand l'auteur du délit aurait encouru la déchéance prévue par l'article 52.

927 bis. Sanction de l'inobservation des formalités prescrites par l'article 52. — La déchéance encourue par le prévenu, pour inobservation des prescriptions de l'article 52, est d'ordre public ; elle doit être prononcée par le juge même *d'office*, et ne peut être couverte par la renonciation de la partie poursuivante à s'en prévaloir (Voir arrêts cités sous le n° précédent).

Lorsque le prévenu est déchu du droit de faire la preuve du fait diffamatoire au moyen d'écrits ou imprimés, faute par lui de s'être conformé à l'exigence de la loi relative à la copie des pièces, il n'est d'ailleurs nullement déchu du droit de faire cette preuve par témoins, s'il a rempli les formalités appropriées à ce mode de preuve (Bordeaux, 28 oct. 1886, Rec. Bordeaux, 87, 36). — Conf. n° 924 bis.

929 bis. De la preuve contraire. — Si le prévenu ne demande pas à faire la preuve du fait diffamatoire, ou s'il est déchu de ce droit, la partie poursuivante ne peut être admise à prouver la fausseté du fait (Cour d'ass. Seine, 22 nov. 1889, Gaz. Pal. 89, 2, 611).

936 bis. Des moyens préjudiciels touchant le fond du droit. — La disposition de l'article 54, qui prescrit, à peine de forclusion, de présenter tout incident sur la procédure avant l'appel des jurés, ne vise que les moyens dilatoires et de forme; elle n'est pas applicable aux fins de non-recevoir tirées du fond, et notamment à celle tirée de l'inobservation de l'article 52 (Cass. cr. 2 août 1894, Gaz. Trib. du 5 août).

944 bis De l'opposition à l'arrêt de condamnation par défaut. — Délais. — Le délai de cinq jours imparti au prévenu pour former opposition à un arrêt qui l'a condamné par défaut et qui a été signifié soit à personne, soit à domicile, ne comprend pas le jour même où il a été signifié (Cass. cr. 4 mai 1888, Gaz. Pal. 88, 1, 787).

948 bis. Sanction du défaut de comparution. — Quand le prévenu d'un délit de presse, opposant à un arrêt par défaut rendu par la Cour d'assises, ne comparaît pas sur son opposition, la Cour ne peut se livrer à un nouvel examen et modifier la peine prononcée; l'opposition, en ce cas, étant considérée comme non avenue (art. 57), l'arrêt par défaut doit être purement et simplement déclaré définitif (Cass. cr. 4 nov. 1892, D. 94, 1, 200).

949 bis. Effets de l'opposition régulière. Voir n° 925 bis.

955 bis. Des questions qui peuvent être posées du jury. — D'après un arrêt de la Cour de cassation du 21 nov. 1891 (D. 92, 1, 33), le Président des assises peut poser au jury une question subsidiaire, non pas sans doute à l'effet de changer le fait précisé par la prévention ou la qualification donnée à ce fait, mais simplement à l'effet de rétablir, comme résultant des débats, la véritable situation légale du prévenu (auteur principal ou complice).

Même ainsi limité, le droit de poser une question subsidiaire nous paraît très-discutable. — Voir n° 918 bis.

956 bis. Comment les questions doivent être posées. — Quand un verdict déclare l'accusé coupable d'avoir, par des discours tenus dans des réunions publiques, provoqué directement les auteurs de certains crimes, la Cour d'assises n'a qu'à faire aux faits ainsi reconnus constants l'application de l'article 23 de la loi du 29 juillet 1881, sans avoir à rechercher s'il existait une relation entre les propos provocateurs et les faits criminels perpétrés postérieurement, cette question de fait se trouvant résolue par le verdict affirmatif du jury (Cass. cr. 18 sept. 1890, D. 91, 1, 186).

La réponse négative du jury en faveur de celui qui est poursuivi comme auteur principal d'un crime ou d'un délit n'emporte pas nécessairement la preuve que ce crime ou ce délit n'a pas été commis ; elle n'est donc pas inconciliable avec la réponse affirmative faite à la charge de celui qui est poursuivi comme complice. Il suffit, pour que la déclaration du jury puisse servir de base légale à la condamnation de ce dernier, qu'elle constate, outre les faits de complicité, toutes les circonstances du crime ou du délit dont il s'agit (même arrêt).

Lorsqu'il résulte des questions posées au jury qu'il a été interrogé sur le point de savoir si le prévenu est coupable d'avoir injurié le plaignant, en publiant divers articles dans plusieurs numéros d'un journal, mais que rien n'indique si ces numéros ont été ou non vendus, mis en vente ou distribués, la condamnation prononcée manque de base légale (Cass. cr. 13 juin 1890, D. 90, 1, 451).

PROCÉDURE DEVANT LES TRIBUNAUX CORRECTIONNELS ET DE SIMPLE POLICE

(Art. 60 modifié par la loi du 16 mars 1893).

964 bis. Modification apportée à l'article 60 par la loi du 16 mars 1893. — Rectification d'une erreur matérielle du texte. — Référence à l'article 48 et non à l'article 49. — L'article 60, modifié par la loi du 16 mars 1893, est ainsi conçu :

« La poursuite devant les tribunaux correctionnels et de sim-
« ple police aura lieu conformément aux dispositions du chapi-
« tre II du titre Ier du livre 2 du Code d'instruction criminelle,
» sauf les modifications suivantes :

« 1° *Dans le cas d'offense envers les chefs d'Etat ou d'ou-*
« *trages envers les agents diplomatiques étrangers, la poursuite*
« *aura lieu soit à leur requête, soit d'office, sur leur demande*
« *adressée au ministre des affaires étrangères et par celui-ci au*
« *ministre de la justice.*

En ce cas seront applicables les dispositions de l'article 49 *sur le droit de saisie et d'arrestation préventive, relatives aux infractions prévues par les articles* 23, 24 *et* 25 *;*

2° Dans le cas de diffamation envers les particuliers, prévu par l'article 32..... (*le reste de l'article sans changement*).

Voir le commentaire de l'addition faite à l'article 60 ancien par la loi du 16 mars 1893, dans la note précédant le n° 864 bis, et sous les nos 891 bis et 892 bis (arrestation préventive et saisie).

Sur l'avant-dernier paragraphe de l'article 60 ainsi conçu : « Sont applicables au cas de poursuite et de condamnation les dispositions de l'article 48 de la présente loi », nous avons dit et démontré, à la suite de M. Dutruc, que c'était par suite d'une erreur matérielle manifeste (tenant à un changement apporté dans les n°s des articles au cours de la discussion), que ce paragraphe visait l'article 48, au lieu de l'article 49. Nous avons ajouté qu'il appartenait à l'interprète de rectifier cette erreur matérielle et de tenir pour certain qu'il y avait lieu d'appliquer aux poursuites correctionnelles, en matière de délits de presse, les dispositions de l'article 49, et, au contraire, d'écarter de ces poursuites l'application de l'article 48, soumettant à des conditions de formes spéciales le réquisitoire à fin d'information. Bien que l'erreur signalée nous paraisse démontrée jusqu'à l'évidence, la Cour de cassation, dans un arrêt du 13 juin 1891 (D. 92, 1, 77), a décidé que le texte de l'article 60 ayant été définitivement adopté avec la référence à l'article 48 sans donner lieu à aucune observation lors de la dernière délibération, il est impossible d'affirmer, en l'absence de toute discussion, qu'une erreur matérielle, en ce qui concerne l'article 48, a été commise dans l'article 60 dont le texte ne saurait être modifié par voie d'interprétation.

Notons que le défaut d'observation et de discussion dont fait état la Cour de cassation ne fait qu'expliquer et rendre plus évidente l'erreur commise, en démontrant que le changement apporté dans le numérotage des articles au cours de la discussion (l'article 48 étant devenu l'article 49) a échappé, lors des dernières délibérations, à l'attention du législateur.

Quoi qu'il en soit, la Cour de cassation, partant de cette idée que la référence à l'article 48 s'impose à l'interprète parce qu'il n'est pas démontré qu'elle soit le résultat d'une erreur matérielle, en conclut que les actes d'information, aboutissant à un renvoi devant les tribunaux correctionnels, qui ont suivi un réquisitoire non conforme aux prescriptions de l'article 48, sont nuls et de nul effet, comme le réquisitoire lui-même (Conf. n° 889 bis).

Logiquement, la Cour de cassation aurait dû reconnaître en outre que les dispositions de l'article 49, non visé par l'article 60, étaient sans application en cas de poursuite devant les tribunaux correctionnels, puisque, d'après les termes formels de l'article 60, la poursuite devant ces tribunaux doit en principe avoir lieu conformément aux prescriptions du Code d'instruction criminelle.

Mais il eût été si manifestement contraire aux intentions du législateur de déclarer inapplicables aux délits de presse déférés aux tribunaux correctionnels les prescriptions de l'article 49 concernant la saisie et l'arrestation préventive, que la Cour de cassation a reculé devant cette conséquence ; et, après s'être refusée à rectifier l'erreur matérielle que l'on sait, , contrairement au texte tenu par elle pour exact, déclaré l'article 49 applicable aux poursuites correctionnelles, en décidant, par voie d'affirmation et en violation du 1er paragraphe de l'article 60, que la référence à l'article 48 formulée dans l'article 60 n'exclut pas en matière correctionnelle l'application de l'article 49 de la même loi (Voir l'arrêt précité du 13 juin 1891, et Cass. cr. 17 juin 1892, D. 93, 1, 130. — *Adde* : Paris, 17 févr. 1892, D. 92, 2, 313).

Assurément, la Cour de cassation a bien fait de déclarer applicables en matière correctionnelle les dispositions de l'article 49, comme le démontre surabondamment aujourd'hui l'addition faite à l'article 60 par la loi du 16 mars 1893, qui, pour autoriser exceptionnellement la saisie et l'arrestation préventive, en cas d'offense ou d'outrage envers les chefs d'Etat et agents diplomatiques étrangers, a dû déclarer applicables à ces cas les dispositions exceptionnelles de l'article 49 sur le droit de saisie et d'arrestation préventive, relatives aux infractions prévues par les articles 23, 24 et 25 (Voir n°s 891 bis et 892 bis); mais elle a eu le tort de consacrer cette règle, en suppléant, par voie d'interprétation, au défaut de visa de l'article 49, au lieu de rectifier l'erreur matérielle évidente contenue dans l'avant-dernier paragraphe de l'article 60, et d'en déduire cette conséquence, qu'en matière correctionnelle les dispositions de l'article 49 sont seules applicables à l'exclusion de celles de l'article 48, dont le formalisme rigoureux se justifie déjà difficilement en cas de poursuites devant la Cour d'assises.

966 bis. Exercice de l'action publique. — Nécessité d'une plainte préalable dans les cas prévus par les articles 32 et 33 § 2, et par les articles 36 et 37. — Par dérogation au droit commun, l'action publique devant les tribunaux correctionnels est subordonnée à une plainte préalable de la personne diffamée ou injuriée, dans le cas de diffamation ou d'injure publique envers les particuliers, et dans le cas d'offense ou d'outrages envers les Chefs d'États et agents diplomatiques étrangers, ainsi que cela résulte de l'article 60 modifié par la loi du 16 mars 1893. — Conf. n° 964 bis.

967 bis. Désistement du plaignant. — En disposant dans son dernier paragraphe que « *le désistement du plaignant arrêtera la poursuite commencée* » l'article 60 n'a évidemment en vue que les cas dans lesquels l'action du ministère public est subordonnée à une plainte préalable de la partie lésée, c'est-à-dire les cas spécialement visés dans le n° précédent.

Il a d'ailleurs été jugé que le désistement (dans les cas que nous venons de spécifier) a pour effet d'arrêter la poursuite commencée en tout état de cause, et que spécialement, après un désistement donné par le plaignant à l'audience de la Cour, saisie de l'appel du prévenu, celle-ci ne peut prononcer une condamnation sans violer l'article 60 (Cass. cr. 3 juill. 1885, D. 86, 1, 477). La Cour doit donc, en pareil cas, en donnant acte au prévenu du désistement du plaignant, le décharger des condamnations principales prononcées par les premiers juges, et le renvoyer purement et simplement des fins de la plainte, sauf à laisser à sa charge les dépens de première instance et d'appel, si le désistement est subordonné à cette condition.

Le désistement du plaignant ne saurait d'ailleurs faire obstacle au droit de l'inculpé de demander à la juridiction saisie la réparation du préjudice qu'a pu lui causer une poursuite malveillante ou téméraire (Rennes, 6 avril 1892, D. 92, 2, 502).

969 bis. De la procédure par voie d'information préalable. — Réquisitoire introductif. — Restriction des pouvoirs du juge d'instruction en ce qui concerne la saisie et l'arrestation préventive. — Formes de la citation. — Sur les formes du réquisitoire introductif et sur l'application de l'article 48 en matière correctionnelle, voir 964 bis et 889 bis.

Sur le droit de saisie et d'arrestation préventive et sur les mandats du juge d'instruction, voi 964 bis, 891 bis et 892 bis.

Sur la saisie et la destruction des exemplaires rendus publics après condamnation, voir 893 bis et 883 bis.

Sur les formes de la citation, voir 969 *in fine*, et conf. n°s 913 bis et suiv.

975 bis. Droit de citation directe. — Formes de la citation. — Conf. n°s 913 bis et suiv.

976 bis et 977 bis. Qualifications nouvelles. — Signification de la citation. — Voir n°s 918 bis et 919 bis.

982 bis à 988 bis. Compétence. — Conf. n°s 832 bis et suiv.

990 bis. Le juge est lié par la qualification donnée aux faits dans la citation. — Voir n°s 889 bis et 918 bis.

991 bis. Motifs des jugements. — La décision qui condamne un prévenu, en vertu de l'article 222 du Code pénal (outrage envers un magistrat) doit, pour justifier l'application de la peine, énoncer à la fois l'intention du prévenu que l'outrage soit porté à la connaissance du magistrat, et le fait que le magistrat a eu connaissance de l'outrage ; si l'arrêt de condamnation garde le silence sur l'un de ces points, il s'en suit que l'un des éléments constitutifs du délit reproché au prévenu n'est pas légalement établi, et qu'en conséquence l'arrêt doit être cassé (Cass. cr. 16 nov. 1888, D. 89, 1, 271).

L'arrêt qui condamne le prévenu pour outrage aux bonnes mœurs, sans indiquer les passages des articles incriminés qui présenteraient le caractère d'obscénité, et qui se borne à déclarer que ces articles sont obscènes tant en raison des sujets traités que des détails qui en accentuent le caractère malsain, ne permet pas à la Cour de cassation d'exercer son contrôle sur la qualification des faits, et dès lors manque de base légale (Cass. cr. 25 nov. 1892, D. 93, 1, 508).

Conf. en outre nos 280 bis, 365 bis et 394 bis *in fine*.

992 bis et 993 bis. — Peines accessoires. — Réparations civiles. — Conf. nos 893 bis (destruction des exemplaires publiés après condamnation), 883 bis (réparations civiles), 396 bis (privation des droits civiques).

994 bis. Opposition et appel. — Lorsque traduits tous les deux par une partie civile devant la juridiction correctionnelle pour diffamation, le rédacteur en chef d'un journal fait défaut, et que le gérant du dit journal *comparaît et est interrogé*, si, sur la demande du dit gérant, l'affaire est renvoyée à une audience ultérieure, et si, à cette date, aucun des deux prévenus ne se présente, c'est à bon droit que le tribunal, après avoir donné défaut contre le rédacteur en chef, et après avoir entendu l'avocat de la partie civile et le ministère public, a déclaré statuer *contradictoirement* vis-à-vis du gérant (Cass. cr. 22 juin 1894, Gaz. Tr. des 25-26 juin). Il est, en effet, de principe qu'un prévenu ne peut plus faire défaut, quand il a accepté le débat sur le fond.

Sur la recevabilité de la preuve des faits diffamatoires (art. 35), après opposition, voir n° 925 bis.

995 bis. Procédure devant les tribunaux de simple police. — Les formes de la citation prescrites par l'article 60 de la loi du 29 juillet s'appliquent aux poursuites portées en vertu de cette loi devant les tribunaux de simple police (Cass. cr. 7 avril 1887, D. 88, 1, 282).

La citation devant un tribunal de simple police pour injures non publiques répond pleinement aux prescriptions de l'article 60, en visant l'article 471-11° du Code pénal, et il n'est pas nécessaire qu'elle vise en même temps l'article 33 § 3 de la loi sur la presse (Cass. cr. 28 févr. 1889, D. 90, 1, 186). — Voir sur cet arrêt nos observations sous le n° 916 bis.

POURVOIS EN CASSATION

(Art. 61 et 62)

996 bis. Pouvoirs respectifs du juge du fond et de la Cour suprême. — Conf. nos 280 bis, 451, 454 bis, 991 bis.

998 bis. Des décisions susceptibles de pourvoi. — L'article 68 de la loi sur la presse ayant abrogé l'article 9 de la loi du

29 décembre 1873, d'après lequel les pourvois contre des arrêts, qui auraient statué sur des incidents de toute nature, ne dévraient être formés à peine de nullité qu'après l'arrêt définitif et en même temps que le pourvoi contre le dit arrêt, il résulte de cette abrogation et du silence de la loi de 1881, que celle-ci s'est référée implicitement aux règles du droit commun, établies par l'article 416 C. I. C., aux termes duquel le recours en cassation contre les arrêts préparatoires et d'instruction autres que ceux rendus sur la compétence, n'est ouvert qu'après l'arrêt définitif (Cass. cr. 3 févr. 1888, Gaz. Pal. 88, 1, 550 et Cass. cr. 13 sept. 1888, Gaz. Pal. 88, 2, 409).

Le prévenu de diffamation cité devant la Cour d'assises est recevable à se pourvoir en cassation contre l'arrêt par lequel la Cour d'assises se déclare *incompétente*. Vainement on objecterait que cet arrêt ne fait pas grief au prévenu. Il convient de reconnaître, au contraire, qu'une déclaration d'incompétence touche aux droits de la défense et fait grief au prévenu qu'elle laisse exposé à l'éventualité d'une poursuite ultérieure (Cass. cr. 10 nov. 1892, D. 93, 1, 21).

999 bis. Décisions préparatoires et d'instruction. — Doivent être considérées comme purement préparatoires et d'instruction :

La décision qui statue sur la validité de la citation (Cass. cr. 13 sept. 1888, Gaz. Pal. 88, 2, 409) ;

Celle par laquelle un tribunal, avant de faire droit sur une demande en insertion de réponse, refuse d'entendre des témoins proposés par le gérant, en se basant sur ce motif qu'il lui paraît possible d'apprécier le mérite de la demande par la connaissance de l'article publié et de la réponse dont l'insertion est réclamée (Cass. cr. 16 mai 1884, Bull. cr.).

1000 bis. Des personnes qui ont qualité pour se pourvoir. — Le prévenu est recevable à se pourvoir contre une décision par laquelle la juridiction saisie se déclare incompétente (Voir 998 bis).

L'article 61 qui accorde à la partie civile le droit de se pourvoir en cassation, quant aux dispositions relatives à ses intérêts civils, ne lui permet pas de remettre en question le résultat du verdict par un pourvoi dirigé contre une ordonnance d'acquittement ou un arrêt d'absolution. Et le pourvoi dirigé par la partie civile contre l'arrêt qui l'a condamnée elle-même à des dommages-intérêts envers le prévenu acquitté, est limité, comme le veut l'article 412 C. I. C., à l'hypothèse d'une condamnation *ultrà petita* (Cass. cr. 25 mars 1892, D. 92, 1, 521).

1002 bis. Délai du pourvoi. — Le pourvoi, aux termes de l'article 62, doit être formé au plus tard le troisième jour qui suit celui où a été rendue la décision attaquée. En d'autres termes, le délai de trois jours prévu par l'article 62 n'est pas un délai franc (Cass. cr. 29 déc. 1888, D.

90, 1, 96 ; Cass. cr. 10 avr. 1891, D. 91, 1, 239 ; Cass. cr. 13 juill. 1893, D. 94, 1, 251 ; Cass. cr. 23 déc. 1892, D. 93, 1, 301).

En ce qui touche spécialement les délais du pourvoi contre les arrêts de la Chambre des mises en accusation, voir ci-dessus n° 898 bis.

1003 bis. Effet suspensif du pourvoi. — Sauf dans les cas spécialement prévus par la loi, le pourvoi en cassation, *en matière civile*, n'est pas suspensif ; la loi du 29 juillet 1881 n'ayant apporté aucune dérogation à cette règle, celle-ci est applicable aux actions pour infraction à cette loi intentée devant les tribunaux civils (Alger, 27 févr. 1894, D. 94, 2, 371).

RECIDIVE, CIRCONSTANCES ATTÉNUANTES

(Art. 63 et 64).

1005 bis. De la récidive. — Application de la loi Bérenger. — Aux termes de l'article 63 de la loi sur la presse, l'aggravation des peines résultant de la récidive n'est pas applicable aux infractions qu'elle prévoit. Postérieurement à cette loi a été promulguée la loi du 26 mars 1891 (dite loi Bérenger) sur l'atténuation et l'aggravation des peines. Aux termes de l'article 1er de cette loi, en cas de condamnation à l'emprisonnement et à l'amende, si l'inculpé n'a pas subi de condamnation antérieure à la prison *pour crime et délit de droit commun*, les cours ou tribunaux peuvent ordonner qu'il sera sursis à l'exécution de la peine. Si, pendant le délai de 5 ans à partir du jugement ou de l'arrêt, le condamné n'a encouru aucune poursuite suivie de condamnation à l'emprisonnement ou à une peine plus grave *pour crime ou délit de droit commun*, la condamnation sera comme non avenue. Dans le cas contraire, la première peine sera d'abord exécutée sans qu'elle puisse se confondre avec la seconde. D'après l'article 3, le président doit, après avoir prononcé la suspension, avertir le condamné qu'en cas de nouvelles condamnations dans les conditions de l'article 1er, la première peine sera exécutée sans confusion possible avec la seconde, *et que les peines de la récidive seront encourues dans les termes des articles* 57 *et* 58 *du Code pénal* (modifiés par l'article 5 de la même loi.

En premier lieu, il faut tenir pour certain que les dispositions de la loi du 26 mars 1891, concernant l'aggravation des peines, en cas de récidive, n'ont en aucune façon abrogé la disposition ci-dessus rappelée de l'article 63 de la loi sur la presse. Cette abrogation n'était assurément point dans les intentions du législateur et il est, d'ailleurs, de principe que les lois générales ne dérogent pas aux lois spéciales.

D'autre part, nous pensons (Voir en sens contraire, Bordeaux, 17 juin 1891, *Revue de Lois nouvelles*, 91, 2, 153) que le condamné, pour crime ou délit de presse, ne peut bénéficier des dispositions de l'article 1er de la loi de 1891. Cette loi, en effet, forme un tout indivisible. Si elle permet au juge, dans le cas qu'elle prévoit, d'ordonner qu'il sera sursis à l'exécution de la peine, elle exige qu'en cas de condamnation nouvelle encourue par le condamné qui a bénéficié de cette disposition de faveur, la première peine soit exécutée sans confusion possible avec la seconde, et qu'en outre les peines de la récidive soient encourues dans les termes des articles 57 et 58 nouveaux du Code pénal. Du moment où l'on admet que ces articles sont inapplicables aux condamnés pour crimes ou délits de presse, il convient de reconnaître que ces condamnés ne peuvent bénéficier du sursis prévu par l'article 1er de la loi de 1891.

Ajoutons que cet article exclut les délits de presse de ses prévisions en visant dans ses deux premiers paragraphes les condamnations « *pour crime ou délit de droit commun* ». De ce texte il faut nécessairement conclure qu'une condamnation à l'emprisonnement pour délit de presse ne fait pas obstacle à ce que le juge ordonne qu'il soit sursis à l'exécution d'une nouvelle condamnation encourue pour délit de droit commun, et en outre qu'une condamnation à l'emprisonnement pour délit de presse ne prive pas du bénéfice du sursis l'individu précédemment condamné pour délit de droit commun.

1006 bis. Du non-cumul des peines. — Lorsque l'article 63 de la loi sur la presse déclare qu'en cas de conviction de plusieurs crimes ou délits de presse, les peines ne se cumuleront pas et que la plus forte sera seule prononcée, il ne fait qu'appliquer à la matière spéciale de la presse les principes posés par l'article 363 C. I. C., pour les crimes et délits de droit commun, et ne fait nullement obstacle au jugement successif des divers délits de presse imputés à un même individu, sous la seule condition que l'ensemble des peines à subir ne dépasse pas le maximum de la peine la plus forte et que la confusion soit prononcée pour le surplus Cass. cr. 8 sept. 1892, D. 94, 1, 29).

L'article 63 § 2 de la loi de 1881, de même que l'article 365 C, I. C., ne parle que des crimes et délits, et il faut reconnaître sans hésitation que le principe prohibitif du cumul des peines est sans application en matière de contraventions à la loi sur la presse *punies de peines de simple police* (Cass. cr. 9 janv. 1890, Gaz. Pal. 90, 1, 318).

La question est plus délicate en ce qui concerne les contraventions à la loi sur la presse *punies de peines correctionnelles*. Un jugement du tribunal correctionnel de la Seine du 25 avril 1894 (Gaz. Pal. 94, 1, 567) a décidé (conformément à deux précédents jugements du même tribunal en date des 8 juin 1882 et 31 janvier 1883 cités sous le n° 1006) que la règle prohibitive du cumul des peines était inapplicable à ces contraventions (publication simultanée de deux actes d'accusation).

Cette décision, basée sur cette remarque que l'article 63 § 2 ne fait que reproduire l'article 365 C. I. C., et ne prohibe, comme ce dernier article, le cumul des peines qu'en cas de conviction de plusieurs crimes ou délits, est en contradiction avec la jurisprudence de la Cour de cassation, qui décide que le principe du non-cumul des peines, écrit dans l'article 365 C. I. C., doit s'appliquer à toutes les infractions punies de peines *criminelles ou correctionnelles*, qui n'en ont pas été explicitement ou implicitement exceptées, soit par les dispositions particulières de la loi qui les réprime, soit par le caractère de réparations civiles attaché aux amendes en matière fiscale (Conf. n° 1006).

1007 bis. Des circonstances atténuantes. — Abaissement obligatoire. — Lorsqu'il y a lieu à l'application de l'article 463 du Code pénal, en matière de délits de presse, la peine prononcée, aux termes de l'article 64, ne peut excéder la moitié de la peine édictée par la loi ce qui doit s'entendre de la moitié du *maximum* fixé par la loi (Cass. cr. 25 avril 1891, D. 91, 5, 420).

PRESCRIPTION.

(Art. 65).

1. *Prescription de l'action publique.*

1008 bis. Délai de la prescription. — Les expressions employées par le législateur « après trois mois révolus à partir du jour où ils auront été commis, » excluent, d'une manière non équivoque, le jour où le délit a été perpétré du délai pendant lequel court le temps de la prescription. Ainsi, une citation, délivrée le 22 juillet, à raison d'un article paru le 22 avril, l'a été avant que la prescription ne fût accomplie (Cass. cr. 2 févr. 1893, D. 93, 1, 581 ; — Bourges, 18 févr. 1886, *Droit* du 21 mars 86).

1009 bis. Point de départ du délai. — Tout délit résultant d'une publication par la voie de la presse est réputé commis le jour où la publication est faite ; c'est à ce moment, en effet, que l'écrit (qu'il s'agisse d'une publication périodique ou non périodique) est porté à la connaissance du public, et c'est par cette publication que se consomment les délits qui peuvent résulter de cet écrit ; le jour où cette publication est réalisée (alors même que l'écrit incriminé ne parvient que plus tard au domicile ou à la résidence du plaignant) marque donc le point de départ de la prescription. S'il en était autrement, et si les délits de ce genre devaient être considérés comme se renouvelant chaque fois que l'écrit publié est vendu, mis en vente, distribué ou exposé aux regards du public, la prescription en cette matière serait indéfiniment suspendue, ce qui est contraire au but manifeste du législateur (Cass. cr. 11 juill. 1889,

D. 90, 1, 237 ; Cass. cr. 28 mars et 26 avril 1890, D, 90, 1, 453 ; Paris, 15 févr. 1890, D. 91. 2, 159).

1012 bis et 1013 bis. Interruption de la prescription de l'action publique. — Actes interruptifs. — 1° *Actes émanant du ministère public et des officiers de police judiciaire.* — Un réquisitoire introductif qui relève contre le prévenu un délit de droit commun (outrage envers un fonctionnaire puni par l'article 222 du Code pénal), alors que le fait constaté devait être qualifié d'injure envers un particulier, réprimé par l'article 33 de la loi du 29 juillet 1881, est nul, aux termes de l'article 48 de cette loi, qui exige, à peine de nullité, que le réquisitoire qualifie les faits avec indication des textes de la loi applicable ; dès lors, un tel réquisitoire ne peut interrompre la prescription de l'action (Dijon, 24 févr. 1886 et Cass. cr. 29 mai 1886, D. 87, 1, 89).

La Cour de Caen, par arrêt du 26 mars 1890 (D. 91, 2, 207) a jugé que la signification d'un arrêt de cassation, avec assignation devant la Cour de renvoi, faite aux prévenus à la requête du Procureur Général près la Cour dont l'arrêt a été cassé, devrait être considérée comme interruptive de la prescription, alors même qu'il serait décidé (contrairement à la solution qu'adopte cette Cour) que ce magistrat était incompétent pour faire cette notification. — Cette solution nous paraît très discutable. Sans doute, il est de jurisprudence qu'une citation donnée devant un juge incompétent est interruptive de la prescription, mais il n'en résulte pas que le même effet doive être produit par une notification faite à la requête d'un magistrat incompétent.

2° *Actes émanant de la partie lésée.* — La citation directe à la requête de la partie civile, aussi bien devant la Cour d'assises que devant le tribunal correctionnel, interrompt la prescription de l'action publique (Cass. cr. 14 févr. 1890, D. 91, 1, 281).

Il est de jurisprudence constante qu'une citation donnée devant une juridiction *incompétente* est interruptive de la prescription, et qu'au contraire une citation, nulle, *par défaut de forme*, ne peut produire cet effet.

Il a été décidé avec raison que si, en matière de délits de presse (d'après une jurisprudence erronée et aujourd'hui abandonnée, Voir n° 810 bis), la poursuite est irrecevable, quand elle est dirigée contre l'écrivain seul comme complice, sans mise en cause de l'éditeur ou du gérant comme auteur principal, il n'en résulte pas que la citation soit en ce cas nulle en la forme ; répondant, au contraire, aux exigences de l'article 50 de la loi sur la presse, elle doit être considérée comme un acte de poursuite valable en la forme ayant pour effet d'interrompre la prescription (Trib. corr. Seine, 21 févr. 1890, *La Loi* du 3 juin 1890 ; — Montpellier, 7 avril 1892, D. 93, 2. 84 ; — Paris, 27 mars 1893, *Lois Nouvelles*, 94, 2, 11), et la procédure peut être utilement régularisée par une citation signifiée à l'auteur principal, avant le jugement définitif (arrêt précité de Montpellier).

Un fonctionnaire public estimant à tort qu'une diffamation dont il se plaint vise uniquement sa vie privée, alors qu'en réalité elle l'atteint à raison de ses fonctions ou de sa qualité, cite le diffamateur devant le tribunal correctionnel, en demandant contre lui l'application de l'article 32, au lieu de le traduire devant la Cour d'assises pour diffamation envers une personne publique prévue par l'article 31. Après jugement d'incompétence rendu par le tribunal correctionnel, peut-il, devant la Cour d'assises où il a appelé le prévenu, se prévaloir de la citation correctionnelle comme d'un acte interruptif de la prescription? — La Cour de cassation, par arrêt du 9 mai 1893 (D. 94, 1, 54 et Gaz. Pal. 93, 2, 34), s'est prononcée pour l'affirmative, par cette raison qu'on se trouve alors, non pas en présence d'une citation *nulle en la forme*, comme ne visant pas les textes de la loi invoqués à l'appui de la demande, mais en présence d'une citation donnée devant un tribunal *incompétent*. Il nous paraît impossible d'accepter, sans critique, cette décision. Suivant nous, la citation, outre qu'elle saisissait un juge incompétent, était nulle en la forme, aux termes de l'article 50, parce qu'elle donnait aux faits poursuivis une *qualification inexacte* et visait (par une conséquence logique de cette première erreur) un texte autre que celui réellement applicable à la répression de ces faits. Il nous paraît évident, en effet, qu'une qualification inexacte, avec indication du texte de la loi applicable aux faits ainsi faussement qualifiés, vicie la citation aussi bien que le ferait l'absence de toute qualification. Notons même que l'inexactitude de la qualification, qui trompe le prévenu sur le caractère de la poursuite, apparaît comme plus dangereuse pour lui, au point de vue de la préparation de sa défense, que l'absence complète de qualification. Or, il ne faut pas perdre de vue que les formalités exigées dans la citation, à peine de nullité, par l'article 50 ont été essentiellement introduites dans l'intérêt de la défense.

D'après l'arrêt que nous critiquons, la citation, au contraire, serait valable, quand, après avoir précisé les faits, elle leur donnerait une qualification quelconque, manifestement erronée, avec indication du texte de la loi sur la presse applicable à la répression du délit ainsi mal qualifié. Si tel était le sens de l'article 50, nous n'hésiterions pas à le déclarer absurde; loin de protéger les prévenus contre le danger de poursuites mal définies, il les exposerait aux pièges de la partie poursuivante, qui, pour embarrasser la défense, pourrait très bien, de propos délibéré, (un tel subterfuge ne comportant plus de sanction) donner aux faits relevés par la citation une qualification volontairement inexacte.

Ajoutons que la doctrine de cet arrêt comporte des conséquences extrêmement graves. Il statue, en effet, dans des termes généraux applicables non seulement à l'espèce qu'il prévoit, mais encore à toutes les espèces analogues. C'est ainsi, par exemple, qu'il faudrait, d'après cet arrêt, déclarer valable en la forme une citation, qui, après avoir précisé un fait, constituant une diffamation, le qualifierait d'injure, avec indication de l'article 33, qui réprime ce dernier délit.

En outre, si, dans ces cas, la citation est valable, elle doit avoir pour effet, non seulement d'interrompre la prescription, mais de permettre au juge compétemment saisi du fait mal qualifié de rectifier cette qualification et de condamner le prévenu comme coupable d'un délit autre que celui dénoncé par la citation.

De telles conséquences nous paraissent en contradiction avec la loi, comme avec la jurisprudence antérieure de la Cour de cassation (Voir n° 918 bis) et ne font que nous fortifier dans la pensée que l'arrêt du 9 mai 1893 renferme une erreur d'interprétation.

La citation donnée au prévenu et à la partie civile à la requête du Procureur *Général* pour *voir* statuer sur l'appel du prévenu, constitue un acte de poursuite interruptif de la prescription (Cass. cr. 18 déc. 1886, Gaz. Pal. 87, 1, 64).

Une citation qui, au cours d'une instance correctionnelle, est signifiée au prévenu, pour le mettre en demeure de se trouver à l'audience à un jour fixe, constitue un acte de poursuite valable, interruptif de la prescription, bien que cet acte ne contienne pas les mentions exigées par l'article 50 dans les citations introductives d'instance (Bordeaux, 30 déc. 1886, D. 87, 5, 349 ; — Cass. 16 juill. 1887, Pand. Franç. 1887, 347). Conf. en outre, Cass. cr. 26 avril 1888, D. 88, 1, 281.

Mais la signification par huissier d'un acte extrajudiciaire dans lequel la partie civile déclare qu'elle entend conserver son droit d'agir (alors que cette signification ne contient ni citation à comparaître, ni à venir à l'audience du tribunal déjà saisi) ne saurait être considérée comme un acte interruptif de la prescription (Cass. cr. 5 nov. 1886, D. 87. I. 240).

La citation donnée au lieu de sa résidence à un prévenu *domicilié* en Algérie (art. 2 de l'ordonnance du 16 avril 1843), sans qu'elle ait été remise à sa personne, et sans qu'elle ait été suivie de sa comparution, est irrégulière et ne peut interrompre la prescription (Cass. cr. 16 mai 1889, D. 90, 1, 189).

D'un arrêt de la Cour de Bastia du 5 février 1890 (D. 91, 2, 125) il résulterait que tout acte d'instruction, formalisé par la partie civile, doit, pour interrompre la prescription, avoir été porté légalement à la connaissance du prévenu, ou tout au moins dirigé directement contre lui ; que, dès lors, si la *citation à témoins*, donnée à la requête du ministère public est interruptive de la prescription, en vertu de ce principe que l'action du ministère public est impersonnelle, il ne saurait en être de même de celle donnée à la requête de la partie civile, dont l'action est essentiellement personnelle. Cette solution nous paraît très-discutable ; si la raison sur laquelle elle est basée était juste, il faudrait aller jusqu'à dire que la prescription ne pourrait être interrompue par la plainte d'une partie lésée, contenant constitution de partie civile, quand cette plainte serait dirigée contre l'auteur d'un délit resté inconnu, et que, d'autre part, la citation à la requête de la partie civile donnée à l'auteur principal n'interromprait pas la prescription à l'égard du complice, ou inversement.

3° *Jugements.* — Un jugement de condamnation prononcé par défaut, et non signifié, n'est pas définitif et, par conséquent, ne peut pas faire courir la prescription de la peine ; il constitue seulement un acte d'instruction interruptif de la prescription de l'action (Cass. cr. 9 janv. 1892, D. 92, 1, 578).

Un jugement nul pour vice de forme ou intervenu sur des poursuites nulles doit être considéré comme non avenu et ne peut interrompre la prescription (Cass. cr. 13 févr. 1891, D. 91, 1, 185).

Un arrêt par défaut, rendu sans que le prévenu ait été appelé à comparaître, ne peut être considéré comme un acte d'instruction valable, interruptif de la prescription (Cass. cr. 16 mai 1889, D. 90, 1, 189).

4° *Remises de cause.* — Consacrant la jurisprudence par elle adoptée dans son arrêt du 31 décembre 1885 (Voir, t. II, p. 513), la Cour de cassation décide qu'une remise de cause dûment constatée, par la mention qui en est faite au *plumitif* (notes d'audience signées du président et du greffier, art. 189 C. I. C.) lorsqu'elle est prononcée à l'audience même où le prévenu régulièrement cité devait comparaître, constitue un véritable jugement préparatoire, de nature à interrompre la prescription, encore bien que le prévenu soit absent et non représenté. Au surplus, quand la remise a été prononcée sur la demande des avocats, elle doit être réputée *contradictoire*, les parties ayant le droit, en matière correctionnelle, de se faire représenter par un avocat ; à ce titre, elle emporte intimation au prévenu de comparaître au jour indiqué, dispensant ainsi la partie civile et le ministère public de lui notifier une nouvelle assignation (Cass. cr. 13 mars 1886, D. 86, 1, 474 ; Cass. cr. 18 déc. 1886, Gaz. Pal. 87, 1, 64 ; Cass. cr. 12 juin 1891, D. 93, 1, 190). — *Adde* : Bordeaux, 18 avr. 1894, D. 94, 2, 403.

Notons que, contrairement à l'opinion soutenue par certaines Cours d'appel (Aix, 7 déc. 1883. — Orléans, 29 juin 1886), il n'est pas nécessaire que la remise de cause, pour avoir le caractère d'un jugement préparatoire, interruptif de la prescription, soit portée sur la *feuille d'audience* où sont transcrites les minutes des jugements (art. 36 et 39 du décret du 30 mars 1808), il suffit qu'elle soit constatée par le *plumitif*, c'est-à-dire par les *notes d'audience* tenues en exécution de l'article 189 du Code d'instruction criminelle. Il ne peut plus exister à ce sujet aucune équivoque, la Cour de cassation ayant, dans ses derniers arrêts du 18 décembre 1886 et du 12 juin 1891, substitué les mots « notes d'audience » au mot « plumitif » employé dans ses arrêts du 31 décembre 1885 et du 13 mars 1886.

La jurisprudence se trouve ainsi nettement fixée, quand les remises de cause sont constatées par les notes d'audience régulièrement revêtues, conformément à l'article 189 C. I. C., des signatures du greffier et du président.

Mais la jurisprudence ne s'est pas prononcée, à notre connaissance, sur la valeur légale d'une remise de cause, qui serait constatée par les notes d'audience tenues en première instance sans qu'elles fussent signées par le greffier et visées par le président, ou qui ne serait constatée que par le plumitif spécial que tiennent généralement les greffiers des Cours d'appel, devant lesquelles les dispositions de l'article 189 C. I. C. sont inappliquées. Nous renvoyons sur ces points aux observations que nous avons précédemment présentées sous l'article 65 (T. II, page 510, à la note).

4° (*bis*). *Radiation du rôle.* — La radiation du rôle n'a pour effet ni de juger, ni de terminer l'affaire, en éteignant l'action, mais seulement de refuser audience jusqu'à réintégration régulière de l'affaire sur le rôle. Simple mesure d'ordre intérieur, la radiation du rôle ne saurait être considérée comme un acte de poursuite ou d'instruction pouvant avoir pour effet d'interrompre la prescription (Paris, Ch. corr. 23 juin 1887).

5° *Recours contre les jugements et arrêts.* — Les recours exercés contre les jugements incidents, tels que ceux statuant sur la compétence, interrompent la prescription, aussi bien que ceux dirigés contre des décisions statuant sur le fond (Paris, 22 févr. 1887, Gaz. Pal. 87, 1, 323 ; Cass. cr. 8 nov. 1889, Gaz. Pal. 89, 2, 658). — Conf. en outre Cass. cr. 30 nov. 1889 (D. 90, 1, 405).

L'appel par la partie civile d'un jugement statuant sur le fond n'a trait qu'aux intérêts civils de cette partie (art. 202 C. I. C.) et ne peut, dès lors, à défaut d'un apppel formé simultanément par le ministère public, interrompre la prescription de l'action publique. Mais il n'en est pas de même de l'appel par la partie civile d'un jugement statuant sur la compétence ; cet appel ayant pour effet de tout remettre en question, de saisir directement la Cour de la cause tout entière, de la mettre en demeure de statuer tant sur la compétence que sur le fond en cas de réformation, et de l'investir, en ce cas (dans les mêmes conditions que les premiers juges, par suite de l'évocation qui lui est imposée par l'article 215 C. I. C.), de la mission de prononcer tant sur l'action publique que sur l'action civile, interrompt nécessairement la prescription des deux actions (Limoges, 28 juill. 1887 et Cass. cr. 3 nov. 1887, D. 89, 1, 221).

L'appel formé par le prévenu interrompt la prescription (Paris, 15 nov. 1889, D. 90, 2, 116).

1014 bis. Effet de l'acte interruptif. — Personnes à l'égard desquelles la prescription est interrompue. — L'acte interruptif de la prescription marque le point de départ d'un nouveau délai de trois mois (Conf. n° 1009 bis).

Ainsi, la prescription est acquise au prévenu quand trois mois se sont écoulés sans poursuite depuis l'appel par lui interjeté (Cass. cr. 30 nov. 1889, D. 90, 1, 405).

Le pourvoi en cassation est à la fois interruptif et suspensif de la prescription (Cass. cr. 5 nov. 1886, D. 87, 1, 240).

En matière de délits de presse, comme en toute autre matière, la prescription est interrompue à l'égard de tous ceux (auteurs ou complices) qui peuvent avoir pris part au fait délictueux, par les poursuites dirigées contre l'un des participants. Spécialement, les poursuites exercéescontre le rédacteur d'un journal comme complice d'un délit de presse conservent l'action à l'égard du gérant de ce journal considéré comme auteur principal (Cass. cr. 21 juin 1889, D. 90, 1, 94).

1015 bis. Cas où la prescription de l'action publique est suspendue. — Le pourvoi en cassation suspend le cours de la prescription tant que dure l'instance devant la Cour de cassation ; mais la prescription recommence à courir au moment même où, par la solution donnée au pourvoi, l'impossibilité d'agir a cessé. Vainement, la partie civile objecterait que l'arrêt ne lui a pas été signifié, aucune disposition de la loi ne prescrivant de notifier à la partie civile l'arrêt rendu par suite du pourvoi du prévenu (Cass. cr. 5 nov. 1886, D. 87, 1, 240).

Un pourvoi déclaré *non recevable* n'en a pas moins eu pour effet de suspendre la prescription (Cass. cr. 8 nov. 1889, D. 90, 1, 329).

La *mise en délibéré* d'une affaire suspend le cours de la prescription pendant toute la durée du délibéré (Cass. cr. 4 déc. 1885, D. 86, 1, 344 et Bordeaux, 29 janv. 1892, D. 92, 2, 391).

Un jugement qui prononce une *remise de cause* interrompt la prescription, mais ne saurait avoir pour effet de la suspendre. Si donc, en matière de presse, la remise a été prononcée à un délai de plus de trois mois, il y a lieu d'empêcher, avant l'expiration de ce délai, par un nouvel acte interruptif, la prescription de s'accomplir. Ce nouvel acte interruptif peut consister dans une citation donnée au prévenu à l'effet de comparaître à l'audience au jour indiqué par le jugement de remise (Cass. cr. 26 avril 1888, D. 88, 1, 281).

2. *Prescription de l'action civile*

1017 bis. De l'action civile jointe à l'action publique. — Conf. Cass. cr. 5 nov. 1886, D. 87, 1, 240 (n° 1015 bis).

1018 bis. De l'action civile séparément exercée devant les tribunaux civils. — L'action civile, née d'une infraction à la loi sur la presse, est soumise à la prescription de trois mois, même quand elle est portée devant la juridiction civile (Bordeaux, 11 nov. 1890, D. 91, 2, 6 ; Grenoble, 26 nov. 1892, D. 93, 2, 270 ; Bordeaux, 29 janv. 1892, D. 92, 2, 391).

Intentée dans les trois mois de l'infraction, l'action civile est encore prescrite, quand elle n'est pas entretenue devant la juridiction civile par des actes de poursuite distants de moins de trois mois (Cass. req. 21 déc. 1885, Gaz. Pal. 86, 1. 159 ; Grenoble, 26 nov. 1892, D. 93, 2, 270).

Du moment où l'action civile est née d'un fait réunissant tous les éléments constitutifs d'une infraction à la loi sur la presse, elle se prescrit par trois mois, quelle que soit la qualification que le demandeur en dommages et intérêts donne à ce fait ; et il appartient en ce cas aux juges de rendre aux faits qualifiés par l'assignation leur véritable caractère (Nancy, 21 nov. 1885, Gaz. Pal. 86,1, 825 ; Paris, 2, janv. 1892, D. 92, 2, 391).

A l'inverse, il est certain que la prescription établie par la loi de 1881 ne s'applique aux actions civiles en responsabilité d'un dommage qu'autant qu'elles ont réellement et exclusivement pour base un crime, un délit ou une contravention prévus par cette loi. Ainsi l'action civile basée sur un propos ou un écrit dommageable, mais non diffamatoire ou injurieux, est soumise à la prescription de droit commun (Cass. civ. 17 mai 1886, D. 87, 1, 54 ; Nancy, 14 mai 1892, D. 92, 2, 433). — Et pour décider si c'est à raison d'un simple fait dommageable, ou d'un délit qualifié et comme tel couvert par la prescription de 3 mois, qu'a été formée la demande en dommages et intérêts dont il est saisi, le juge peut et doit, indépendamment de la qualification donnée aux faits par la procédure, déterminer leur véritable caractère légal. C'est en vain qu'on prétendrait que le juge, pour apprécier l'exception de prescription, doit s'attacher exclusivement à la rédaction de l'exploit introductif d'instance, cette règle, en dehors des demandes en nullité d'exploit, ne concernant que les demandes en renvoi prévues par l'article 168 C. Pr. C. et devant être jugées *in limine litis* (Conf. n° 850). — *Sic* : Cass. 7 mars 1877, 9 janv. 1892, 14 mai 1884, cités en note sous Cass. 27 déc. 1886, D. 87, 1, 312).

Il y a lieu de considérer comme actes interruptifs de la prescription, devant les juridictions civiles :

1° Les jugements ou arrêts rendus soit sur incidents, soit sur le fond, tant qu'ils n'ont pas acquis force de chose jugée (Conf. Riom, 10 août 1891, sous Cass. req. 1er mars 1893, D. 93, 1, 381) ;

2° Les recours (opposition, appel, pourvoi) contre les jugements ou arrêts, qu'ils soient exercés par la partie demanderesse ou par son adversaire (Cass. req. 21 déc. 1885, D. 86, 1, 317) ;

3° *Tout acte de procédure valable, par lequel la partie demanderesse interpelle son adversaire, en lui manifestant par cet acte la volonté de continuer la poursuite entamée* (Cass. civ. 25 juin 1888, D. 88, 1, 356 ; Cass. req. 1er mars 1893 et Riom, 10 août 1891, D. 93, 1, 381). D'après ces arrêts, et par application de cette règle, il convient de considérer comme actes interruptifs : la *sommation* faite, en cause d'appel, par l'avoué de la partie poursuivante, intimée sur l'appel, à l'avoué de l'appelant d'avoir à lui signifier les griefs qu'il entend soulever à l'encontre du jugement ; l'*avenir* donné en première instance par l'avoué de la poursuivante à l'avoué du défendeur avec sommation de signifier ses conclusions et de comparaître à l'audience indiquée pour plaider la cause ; les *remises de cause* intervenues par ordre du tribunal et avec le concours et le consentement des parties (arrêt précité du 25 juin 1888). Toutefois les *bulletins de remise de cause* délivrés par le greffier ne suffisent pas à établir que la prescription a été interrompue, ces bulletins n'établissant en aucune façon que le demandeur ait lui-même sollicité les renvois et ait fait aucune diligence pour hâter la solution du procès (Paris, 27 mai 91, D. 92, 2, 573.

D'après un arrêt de la Chambre civile de la Cour de cassation du 26 octobre 1887 (D. 88, 1, 13), la *mise de la cause au rôle de la cour* ne peut être invoquée par l'intimé (partie poursuivante intimée en appel par le défendeur condamné), comme acte interruptif de la prescription, quand elle est l'œuvre non pas de l'intimé lui-même, mais bien de l'appelant.

Il résulte de cet arrêt et de la définition donnée de *l'acte de poursuite* par l'arrêt précité du 1er mars 1893, qu'un acte de procédure, accompli en cours d'instance soit devant les juges du 1er degré, soit devant les juges d'appel, ne peut avoir pour effet d'interrompre la prescription, qu'autant qu'il émane de la partie poursuivante, c'est-à-dire de la partie demanderesse poursuivant la réparation d'un dommage à elle causé par une infraction à la loi sur la presse.

D'autre part, il faut que, par cet acte de procédure, la partie poursuivante manifeste la volonté de continuer la poursuite entamée. Et la Cour de cassation décide notamment que la *constitution d'avoué* par la partie poursuivante intimée en appel ne saurait interrompre la prescription, cet acte laisant indécis le rôle que le constituant entend prendre dans l'instance, soit par des conclusions où il formulera des demandes, des exceptions ou des défenses, soit en restant dans la condition du défaillant faute de conclure (Cass. req. 21, déc. 1885, D. 86, 1, 317 et Cass. civ. 26 oct. 1887, D. 88, 1, 13).

Notons, après avoir essayé de résumer cette jurisprudence, qu'il eût peut-être été plus simple et plus logique de considérer comme actes de poursuite de nature à interrompre, en cours d'instance, la prescription de l'action, tous les actes ayant pour effet d'interrompre la] péremption de l'instance. Il nous paraît bien arbitraire d'attribuer l'effet interruptif à une remise de cause sollicitée par la partie poursuivante et de refuser cet effet à la constitution d'avoué par la même partie intimée en appel. A notre avis, tout acte de procédure valable, accompli en cours d'instance, tendant à préparer l'instruction de l'affaire ou à la mettre en état d'être jugée, devrait être considéré, alors même qu'il n'atteste pas par lui-même la volonté chez la partie poursuivante de continuer la poursuite commencée, comme un acte de poursuite et d'instruction dans le sens de l'article 65 de la loi sur la presse. Il n'y aurait même pas lieu de distinguer, suivant nous, entre l'acte émanant de la partie poursuivante et celui qui est l'œuvre de la partie poursuivie. Si l'acte de poursuite ou d'instruction dont parle l'article 65 devait nécessairement, pour interrompre la prescription, émaner de la partie poursuivante, il faudrait aller jusqu'à refuser l'effet interruptif aux recours exercés par le défendeur contre les jugements rendus contre lui. Du moment où il est admis sans discussion que les recours exercés par la partie poursuivie constituent des actes de poursuite interruptifs de la prescription, il est logique d'attribuer le même caractère et le même effet aux actes de procédure valablement accomplis en cours d'instance par cette même partie (Conf. Paris, 20 mars 1885, D. 85, 2, 264).

Dès qu'un acte de procédure interruptif de la prescription est intervenu à l'encontre d'une personne responsable d'un délit de publication, il convient d'admettre que cet acte a pour effet d'interrompre la prescription à l'égard des autres personnes *solidairement* tenues, avec la première, de réparer le préjudice causé par cette publication (Conf. Trib. civ. Seine, 1re Ch., 21 mai 1886, Gaz. Pal. 86, 2, Supp. 35).

D'autre part, le délit de diffamation étant essentiellement personnel, puisqu'il ne peut se concevoir, abstraction faite d'une personne désignée qui en souffre et en rend plainte, il y a lieu de reconnaître, dans le cas où une même imputation diffamatoire a été dirigée par une même publication contre *plusieurs personnes*, que l'action intentée par l'une d'elles est sans influence sur le cours de la prescription de l'action pouvant appartenir aux autres.

La défense faite au juge, par l'article 2223 C. civ. de suppléer d'office le moyen tiré de la prescription est absolue ; elle s'applique notamment au cas où il s'agit de l'action civile portée devant la juridiction civile pour la réparation du dommage causé par une infraction à la loi sur la presse (Cass. civ. 5 janv. 1892, D. 92, 1, 45).

1019 bis. De l'action civile contre les personnes civilement responsables. — La citation donnée à la partie civilement responsable interrompt la prescription de l'action civile à l'encontre de l'auteur du délit de publication, et inversement, ces deux personnes étant *solidairement* tenues de la réparation du préjudice causé (Conf. Trib. Seine, 1re Ch. 11 mai 1886, Gaz. Pal. 86, 2, Supp. 35).

Quand trois mois se sont écoulés sans acte de poursuite depuis l'appel interjeté par le propriétaire d'un journal contre un jugement qui, comme civilement responsable, l'a condamné solidairement avec le gérant du journal à réparer le préjudice causé par une diffamation, l'action dirigée contre cette partie civilement responsable doit être déclarée prescrite, bien que la condamnation soit devenue définitive à l'égard du gérant qui n'en a pas relevé appel (Rennes, 5 févr. 1890, D. 91. 2, 269).

ABROGATION DES LOIS ANTÉRIEURES

(Art. 68).

1022 bis. Dispositions implicitement abrogées par la loi de 1881. — Sur le point de savoir si certaines dispositions des articles 222 et s. C. P. ont été implicitement abrogées par les articles 31 et 33 § 1 de la loi de 1881, voir 523 bis à 531 bis.

1023 bis. Réglementation du colportage et du criage par l'autorité municipale. — Voir 208 bis et 229 bis.

APPLICATION DE LA LOI AUX COLONIES

(Art. 69).

1024 bis. Application de la loi à la Tunisie. — La loi du 29 juillet 1881 a été promulguée en Tunisie par un décret beylical du 14 octobre 1884, à l'exclusion toutefois du chapitre v de la dite loi, qui a été remplacé par les dispositions énumérées dans les articles 13 et suivants du dit décret concernant la *compétence* et la *procédure*. En principe, d'après ces dispositions, la poursuite en Tunisie, devant les tribunaux français, en matière de délits de presse, a lieu dans les formes et délais prescrits et devant les juridictions réglées par le Code d'instruction criminelle et par la loi du 27 mars 1883, qui a organisé la juridiction française en Tunisie. Spécialement, le décret précité du 14 octobre 1884 n'ayant pas reproduit les dispositions de l'article 53 de la loi de 1881, il en résulte que le tribunal correctionnel (substitué à la Cour d'assises) peut ordonner l'audition de témoins cités par le ministère public, bien que les noms de ces témoins n'aient pas été notifiés au prévenu (Cass. cr. 26 avr. 1894, D.94, 1, 421).

FIN

TABLE ALPHABÉTIQUE[1]

DU CODE EXPLIQUÉ DE LA PRESSE

ET DE SON COMPLÉMENT

NOTA. — *Les chiffres renvoient aux numéros du Code* (1er *volume de* 1 *à* 454 — 2e *volume de* 455 *à* 1044).

Les chiffres suivis du mot (*bis*), renvoient aux numéros correspondants du *complément*.

A

(1) Voir au commencement de ce volume le tableau de la législation sur la presse.

E

J

L

Q

R

S

T

U

FIN DE LA TABLE ALPHABÉTIQUE

Saint-Amand (Cher). — Imprimerie DESTENAY, Bussière Frères.

www.ingramcontent.com/pod-product-compliance
Ingram Content Group UK Ltd.
Pitfield, Milton Keynes, MK11 3LW, UK
UKHW020954230726
13923UKWH00007B/333

9 782019 302481